Guttentagsche Sammlung
Nr. 51. Deutscher Reichsgesetze. Nr. 51.
Textausgaben mit Anmerkungen und Sachregister.

Hypothekenbankgesetz
vom 13. Juli 1899

(mit den Änderungen durch die Gesetze vom 14. Juli 1923, vom 26. Januar 1926 und 21. Dezember 1927).

Textausgabe
mit Einleitung, Anmerkungen und Sachregister.

Dritte Auflage

des Kommentars von Dr. Heinrich Göppert,
Geheimer Oberregierungsrat,
und Dr. Max Seydel, Geheimer Regierungsrat
bearbeitet von

Dr. Martin Friedlaender.

Berlin und Leipzig 1929.
Walter de Gruyter & Co.
vormals G. J. Göschen'sche Verlagshandlung — J. Guttentag, Verlagsbuchhandlung — Georg Reimer — Karl J. Trübner — Veit & Comp.

Vorwort.

Die vorliegende Neubearbeitung des Göppert-Seydelschen Kommentars zum Hypothekenbankgesetz berücksichtigt die nach dem Kriege erfolgten Änderungen und Ergänzungen des Gesetzes sowie das Aufwertungsrecht, soweit es das Hypothekenbankwesen berührt. Die gesetzgeberischen Neuordnungen und manche Wandlung der wirtschaftlichen Verhältnisse ließen es erforderlich erscheinen, die in den früheren Auflagen vertretenen Auffassungen in einzelnen Punkten zu verlassen und abzuändern. Im wesentlichen aber wurde der Gedankengang des Göppert-Seydelschen Kommentars beibehalten. Wo Kürzungen vorgenommen wurden, handelte es sich vorwiegend um die Erläuterungen zu den Übergangsvorschriften, die mit dem Fortschreiten der Zeit an rechtlicher und wirtschaftlicher Bedeutung verlieren und deshalb eine geringere Ausführlichkeit zulassen.

Der Göppert-Seydelsche Kommentar zum Hypothekenbankgesetz hat vor dem Kriege große Anerkennung und entsprechende Verbreitung gefunden. Die vorliegende neue Auflage nimmt nicht nur den Namen der bewährten Verfasser auf, sondern ist bemüht, ihr Werk in ihrem Sinne fortzuführen.

Berlin-Charlottenburg, im November 1929.

Dr. Martin Friedlaender.

Inhalt.

Schrifttum zum Hypothekenbankrecht.

Budde, Beiträge zum Reichshypothekenbankgesetz. Berlin 1905, 1906, 1910.

Dannenbaum, Deutsche Hypothekenbanken. 2. Auflage. Berlin 1928.

Ehrlich, Das Reichshypothekenbankgesetz in seiner wirtschaftlichen Bedeutung. Berlin 1909.

Hagelberg, Entwicklung und Probleme der neueren Hypothekenpraxis. Tübingen 1926.

Hillig, Hypothekenbankgesetz. Leipzig 1900.

Löhr, Hypothekenbankgesetz. Leipzig 1906.

Merzbacher, Hypothekenbankgesetz. München 1900.

Nußbaum, Deutsches Hypothekenwesen. 2. Auflage. Tübingen 1923.

Schulte, Die Hypothekenbanken. München 1918.

Zitierung der Gesetze und sonstigen Veröffentlichungen nach Maas-Magnus, Abkürzungsverzeichnis der Rechtssprache. 1929.

Einleitung.

Die Bodenkreditanstalten dienen der Vermittelung zwischen dem kreditbedürftigen Grundbesitz und dem anlagesuchenden Kapital. Diese Vermittelung geschieht durch Ausgabe von Schuldverschreibungen (Pfandbriefen) einerseits und hypothekarische Beleihung von Grundstücken andrerseits.

Die ersten dieser Institute in Deutschland waren die auf genossenschaftlicher Grundlage beruhenden preußischen „Landschaften", die auf Grund der an den Etatsminister von Carmer gerichteten Kabinettsorder Friedrichs des Großen vom 29. August 1769 zunächst für Schlesien (1770), später auch für die Kur- und Neumark (1777), Pommern (1781), Westpreußen (1787) und Ostpreußen (1808) unter staatlicher Mitwirkung gebildet wurden. Veranlassung zu dieser Maßnahme gab die Wahrnehmung, „daß der bei dem schlesischen Landadel sich äußernde Geldmangel hauptsächlich von dem Verfall des Kredits herrühre, dieser aber vorzüglich der unproportionierten Verpfändung der Landgüter und den Weitläufigkeiten und Kosten, in welche die Kreditores bei entstehenden Konkursen verwickelt werden, zuzuschreiben sei".

Der Eigentümer eines zu der Landschaft gehörigen Gutes hatte das Recht, auf sein Gut bis zu einer bestimmten Wertgrenze Pfandbriefe der Landschaft aufzunehmen. Die Pfandbriefe wurden einzeln nach der Nummer, gleich als wären sie selbst die Gläubiger, auf das Gut eingetragen. Ihrer rechtlichen Natur nach waren sie Hypothekeninstrumente auf den Inhaber; für sie haftete aber nicht nur das speziell verpfändete Gut, sondern Kapital und Zinsen wurden dem Besitzer auch durch die Landschaft garantiert. Die Zinsen für die Pfandbriefe waren an die Landschaftskasse zu entrichten; diese besorgte die Auszahlung an den Pfandbriefbesitzer und die Realisation des Kapitals. Die Pfandbriefe wurden entweder dem Eigentümer des verpfändeten Gutes zur freien Verfügung ausgehändigt, oder die Landschaft übernahm für ihn auch den Verkauf. Diese „alten Pfandbriefe" gewährten dieselbe Sicherheit wie eine Hypothek. Sie boten aber den Vorteil, daß der Pfandbriefgläubiger des oft lästigen unmittelbaren Verkehrs mit dem Schuldner und der eigenen Prüfung der Sicherheit überhoben war. Dazu kam die Leichtigkeit der Übertragung. So stellten sie ein bequemes Anlagepapier dar, dem sich auch dasjenige Kapital zuwenden konnte, das die sonstige Schwerfälligkeit des Realkredits scheute. Allerdings ließen sie den unmittelbaren Zusammenhang zwischen dem Grundbesitzer und dem Kapitalisten noch unberührt.

An ihrer Stelle wurden später „neue Pfandbriefe" ausgegeben, die auch diesen Zusammenhang aufhoben. Die neuen Pfandbriefe werden nicht auf ein bestimmtes Gut eingetragen, vielmehr werden die beliehenen Güter mit einer Hypothek für die Landschaft belastet und diese gibt zum Betrag und als Valuta der Hypothek Pfandbriefe aus. Für jeden Pfandbrief haften die gesamten Hypotheken der Landschaft, und zwar so, daß sich der Inhaber des Pfandbriefs, falls er nicht befriedigt wird, eine dieser Hypotheken in Höhe seiner Forderung im Wege der Zwangsvollstreckung überweisen lassen kann. Die Erhaltung des Gleichgewichts zwischen Pfandbrief-

und Hypothekenkapital ist durch besondere Maßregeln gesichert.

Dem System der alten Landschaften schlossen sich andere von den Grundbesitzern in und außerhalb Preußens gebildete Kreditvereine an. Im Jahre 1834 wurde auch ein Bankinstitut, die noch heute bestehende „Bayerische Hypotheken- und Wechselbank“ gegründet, das sich der Vermittelung des Realkredits widmete. Die übrigen deutschen Hypothekenbanken sind erst nach dem Jahre 1861 entstanden.

Die genossenschaftlichen Verbände vermochten auf die Dauer das Kreditbedürfnis nicht zu befriedigen. Ein großer Teil des Grundbesitzes blieb von der Aufnahme in den Verband ausgeschlossen, und die aufgenommenen Grundstücke konnten nach den für die Verbände maßgebenden Bestimmungen nur innerhalb einer engen Wertgrenze beliehen werden. Die Umständlichkeit des Hypothekenbuchs- und Subhastationsverfahrens erschwerte die Erlangung hypothekarischer Beleihungen von anderer Seite, zumal das Kapital mehr und mehr Gelegenheit zur Anlage in Staats-, Eisenbahn- und Industriepapieren fand. Die hieraus erwachsende „Hypothekennot“ des Grundbesitzes gab die Veranlassung, daß das Bodenkreditgeschäft mehr und mehr auch von Bankinstituten aufgenommen wurde. Diese Bankinstitute (Hypothekenbanken) gewährten Darlehen gegen hypothekarische Sicherstellung. Zur Beschaffung der Gelder für die Darlehen gaben sie Schuldverschreibungen aus, die zwar, ähnlich wie die „neuen Pfandbriefe“ der Landschaften, kein Recht an einzelnen bestimmten Hypotheken begründen, aber in dem gesamten Hypothekenbestand ihre Unterlage und Deckung finden sollten. Gegenwärtig bestehen in Deutschland 39 Hypothekenbanken. Die von ihnen seit der Neuordnung der Währung (Münzgesetz vom 30. August 1924) ausgegebenen Schuldverschreibungen beliefen sich Mitte 1929 auf mehr als 3,4 Milliarden RM. Die Banken hatten sich vor dem Kriege vorwiegend der Beleihung des städtischen Grundbesitzes zugewandt; nur etwa ein Achtel der zur Deckung der Schuldverschreibungen bestimmten Hypotheken ruhten auf landwirtschaftlichen Grundstücken. Im ganzen hatten die deutschen Hypothekenbanken Ende 1913 einen Hypothekenbestand von rund 11 Milliarden Mark.

Nach dem Kriege wurde durch die Inflation das Hypothekenbankgeschäft schwer mitgenommen. Die Aufwertungsgesetzgebung hat bezüglich der Althypotheken den Rechtszustand geregelt. Das Neugeschäft der Banken weist nicht unwesentliche Unterschiede gegenüber dem Vorkriegsgeschäft auf. An die Stelle der früher am häufigsten vorkommenden Ablösung bestehender Hypotheken durch neue Beleihungen treten jetzt in zahlreichen Fällen völlige Neubeleihungen, da vielfach eine wirksame Tilgung der bestehenden Belastung -- meistens während der Inflation — vorgenommen worden war. Die Ablösungen betrafen in den ersten Jahren nach der Inflation in den meisten Fällen die Aufwertungshypotheken nach dem Aufwertungsgesetz vom 16. Juli 1925 (RGBl. I S. 117), ergänzt durch Gesetz vom 9. Juli 1927 (RGBl. I S. 171) und Durchführungsverordnung vom 29. November 1925 (RGBl. I S. 392, 474). Bei diesen Ablösungen wurde die Aufwertungshypothek gewöhnlich durch eine höhere Goldmark- oder Reichsmarkhypothek mit neuen Zins- und Fälligkeitsvereinbarungen ersetzt. Eine größere Rolle im Nachkriegsgeschäft der Hypothekenbanken spielt auch die Beleihung von Neubauten, insbesondere von neuen Wohnungsbauten. Bevorzugt werden hierbei gewöhnlich solche, die mit Mitteln aus dem Aufkommen der Hauszinssteuer als nachstellige Hypothek bereits beliehen sind. Schließlich ist auch das landwirtschaftliche Beleihungsgeschäft (§ 11 HypBankGes.) von einzelnen Hypothekenbanken nach dem Kriege in größerem Umfange als vorher aufgenommen worden.

Eine reichsgesetzliche Regelung des Hypothekenbankwesens wurde zum ersten Male im Jahre 1868 ins Auge gefaßt. Die damals herrschende Kreditnot des Grundbesitzes veranlaßte den Bundesrat, eine Enquete über die Frage zu veranstalten, ob auf dem Gebiete des Hypothekenbankwesens eine Erleichterung des Realkredits geboten sei. Da sich aber die gewünschte Vermehrung der Hypothekenbanken binnen kurzer Zeit auch ohne Hilfe der Gesetzgebung vollzog, so wurde diesem Schritte keine weitere Folge gegeben.

Ein zweiter im Jahre 1879 unternommener Versuch bewegte sich in wesentlich anderer Richtung.

Obwohl die Bezeichnung der von den Hypothekenbanken ausgegebenen Schuldverschreibungen als Hypothekenpfandbriefe, Hypothekenzertifikate usw. den Anschein erweckte, als stehe den Inhabern dieser Schuldverschreibungen an den zu ihrer Sicherheit bestimmten hypothekarischen Forderungen ein alle übrigen Gläubiger ausschließendes Vorrecht zu, fand doch das Deckungsverhältnis zwischen den Schuldverschreibungen und den ihrer Ausgabe zugrunde liegenden Hypotheken keine solche Gestaltung, daß die Inhaber gegen Verfügungen der Bank über die Hypotheken sowie gegen den Zugriff dritter Gläubiger gesichert waren und im Konkurse der Bank eine vorzugsweise Befriedigung aus diesen Werten beanspruchen konnten. Der Mangel einer solchen Gestaltung erschien um so bedenklicher, als ein Teil der Hypothekenbanken auch andere Bankgeschäfte in großem

Umfange betrieb und die Sicherheit einzelner zeitweise stark gefährdet war. So lag die Befürchtung nahe, daß sich Mißtrauen gegen die Sicherheit der von den Hypothekenbanken ausgegebenen Schuldverschreibungen verbreiten und das Kapital von der Anlage in diesen Werten abgeschreckt werden könnte. Auch bezüglich der von den Landschaften ausgegebenen „neuen Pfandbriefe“ konnten ähnliche Befürchtungen entstehen, da die Pfandbriefgläubiger gleichfalls gegen die Konkurrenz anderer Gläubiger und Verfügungen der Anstalt nicht durchweg gesichert erschienen.

Bereits bei den Vorarbeiten zu der Reichskonkursordnung hatte die Reichsregierung es als ihre Aufgabe erkannt, dem immer lauter geäußerten Verlangen nach einer ausreichenden Sicherung der Pfandbriefgläubiger im Wege der Reichsgesetzgebung stattzugeben, indessen sah sie sich außerstande, vor dem Inkrafttreten der Reichskonkursordnung diese Regelung herbeizuführen. Um aber einstweilen der Landesgesetzgebung die Möglichkeit zu lassen, den Pfandbriefgläubigern eine konkursmäßige Realsicherheit zu gewähren, wurde in das Einführungsgesetz zur Konkursordnung eine Vorschrift aufgenommen (§ 17), die es der Landesgesetzgebung vorbehielt, Bestimmungen zu treffen, nach denen den Inhabern der von den Gemeinden oder anderen Verbänden, von Aktiengesellschaften, Kommanditgesellschaften auf Aktien oder Genossenschaften ausgestellten Pfandbriefe oder ähnlicher auf Grund erworbener Forderungen von denselben ausgestellten Wertpapiere, an solchen Forderungen ein Faustpfandrecht im Sinne des § 40 der Konkursordnung dadurch gewährt werden kann, daß einem Vertreter sämtlicher Inhaber allein oder in Gemeinschaft mit dem Aussteller die Ausübung des Gewahrsams der über die Forderungen lautenden Urkunden übertragen oder auf diesen Urkunden die Gewährung des Pfandrechts vermerkt wird.

Die Ansicht, daß hiermit nur eine einstweilige Abhilfe geschaffen sei, und daß die Sicherstellung der Pfandbriefgläubiger angemessen allein durch ein Reichsgesetz gewährt werden könne, kam auch in dem vom Reichstage bei Beratung der Konkursordnung am 21. Dezember 1876 gefaßten Beschlusse zum Ausdrucke:

> den Reichskanzler zu ersuchen, womöglich noch vor dem Inkrafttreten der Konkursordnung die einheitliche Regelung des im § 17 des Entwurfs des Einführungsgesetzes behandelten Gegenstandes im Wege der Reichsgesetzgebung herbeizuführen (Stenogr. Berichte S. 1000).

Im Jahre 1879 wurde darauf dem Reichstage der Entwurf eines Gesetzes, betreffend das Faustpfandrecht für Pfandbriefe und ähnliche Schuldverschreibungen, vorgelegt (Nr. 50 der Drucksachen). Die Vorlage verfolgte lediglich die Aufgabe, den Bodenkreditanstalten die Möglichkeit einer ausreichenden rechtlichen Sicherstellung der Pfandbriefgläubiger zu geben. Alle Fragen wirtschaftlicher Natur blieben außer Betracht, insbesondere waren keine Bestimmungen aufgenommen über die Voraussetzungen der Errichtung sowie den Geschäftsbetrieb und die Geschäftsverwaltung der Pfandbriefinstitute. Der Entwurf ging von der Auffassung aus, daß die Pfandbriefe als ein Ersatz für die ihnen zugrunde liegenden, mit dem Gelde der Pfandbriefgläubiger erworbenen Hypotheken zu betrachten seien, und entnahm daraus die Notwendigkeit einer unmittelbaren faustpfandmäßigen Haftung der Hypotheken für die Pfandbriefforderungen. Er regelte die Voraussetzungen der Begründung sowie die Wirkungen des Faustpfandrechts und führte auch eine Vertretung der Pfandbriefgläubiger insoweit ein, als es sich um die Erwerbung des Pfandrechts für die unbekannte Menge der Pfandbriefgläubiger und um die Erhaltung dieses Rechtes handelte. Ein Zwang, sich dem Gesetze zu unterwerfen, sollte den Bodenkreditanstalten nicht auferlegt werden, vielmehr sollte es in dem Belieben der einzelnen Anstalt stehen, ob sie von den Vorschriften des Entwurfs Gebrauch machen wolle oder nicht.

Der Entwurf gelangte in dieser Session nicht zur Verabschiedung. Im folgenden Jahre (1880) wurde er mit geringen Änderungen von neuem vorgelegt (Drucksachen Nr. 32). Obwohl er im wesentlichen die Zustimmung der Kommission des Reichstags fand (Drucksachen Nr. 111), konnte er auch in dieser Session nicht erledigt werden.

In den folgenden Jahren wurde von einer Wiederaufnahme des Gegenstandes durch die Reichsgesetzgebung abgesehen, weil es mit dem Fortschreiten der Arbeiten für das Bürgerliche Gesetzbuch zweifelhaft geworden war, ob der für die rechtliche Sicherung der Pfandbriefgläubiger eingeschlagene Weg gegenüber den Vorschriften des künftigen Rechtes festgehalten werden könne. Dagegen machten mehrere Bundesstaaten von der im § 17 des Einführungsgesetzes zur Konkursordnung der Landesgesetzgebung gewährten Befugnis Gebrauch, um in mehr oder weniger engem Anschluß an den gescheiterten Entwurf eines Reichsgesetzes betreffend das Faustpfandrecht für Pfandbriefe und ähnliche Schuldverschreibungen den Pfandbriefgläubigern eine faustpfandmäßige Sicherung zu gewähren. So Sachsen-Koburg-Gotha durch das Gesetz, betreffend die Sicherstellung der Rechte der Besitzer von Pfandbriefen, vom 4. April 1885 (Gemeinschaftliche Gesetzsamml. Nr. 476), Baden durch das Gesetz, betreffend die Pfandrechte für Schuldverschreibungen auf den Inhaber, vom 12. April 1892 (Gesetzes- und Verordnungsbl. S. 112), Elsaß-Lothringen durch das Gesetz, betreffend das Pfandrecht für die von den Bodenkreditgesellschaften ausgegebenen Schuldverschreibungen, vom 22. Mai 1893 (Gesetzbl. S. 65), Mecklenburg-Schwerin durch das Gesetz, betreffend das Faustpfandrecht für Pfandbriefe und ähnliche Schuldverschreibungen, vom 27. Februar 1894 (Regierungsbl. S. 43), Mecklenburg-Strelitz durch ein mit dem vorgenannten Gesetz übereinstimmendes Gesetz vom 21. März 1894 (Offizieller Anzeiger S. 49), Schwarzburg-Sondershausen durch das Pfandbriefgesetz vom 15. Januar 1896 (Gesetz-Samml. S. 23). Preußen beschränkt sich darauf, die auf der Grundlage der Staatsaufsicht erlassenen Normativbestimmungen vom 6. Juli 1863, 22. Juni 1867 unter dem 7. Juni 1893 neu aufzustellen. Diese Normativbestimmungen enthalten keine Regelung der rechtlichen Sicherstellung der Pfandbriefgläubiger, sie geben vielmehr nur Vorschriften über den Geschäftsbetrieb der Hypothekenbanken.

Nach der Fertigstellung des Bürgerlichen Gesetzbuchs und des neuen Handelsgesetzbuchs wurde die Regelung des Hypothekenbankwesens durch die Reichsgesetzgebung von neuem aufgenommen. Wie die Begründung zu dem Entwurf eines Hypothekenbankgesetzes bemerkt, war die Überzeugung, daß die in Betracht kommenden Verhältnisse am zweckmäßigsten durch ein Reichsgesetz zu ordnen wären, durch jene landesgesetzlichen Akte nicht erschüttert worden. Auf diesen Weg wies schon die Art des Geschäftsbetriebs der Hypothekenbanken hin, die sich sowohl bei den Beleihungen als bei dem Absatz ihrer Hypothekenpfandbriefe nicht auf das Gebiet desjenigen Bundesstaats beschränken, in dem sie ihren Sitz haben. (Vgl. Begründung des Entwurfs eines Hypothekenbankgesetzes,

Drucksachen des Reichstags, 10. Legislaturperiode, I. Session 1898/99, Nr. 106 S. 16.)

Im Juni 1897 trat im Reichs-Justizamt eine Kommission von Sachverständigen aus den Kreisen der Hypothekenbanken zur Begutachtung der Grundzüge eines Hypothekenbankgesetzes zusammen. Im November 1897 fanden auch Beratungen der Regierung mit Vertretern der Interessen des Grundbesitzes statt. Der Entwurf wurde dann durch Veröffentlichung in der ersten Beilage des Deutschen Reichs- und Königlich Preußischen Staatsanzeigers vom 27. Mai 1898 Nr. 124, gleichzeitig mit dem Entwurf eines Gesetzes, betreffend die gemeinsamen Rechte der Besitzer von Schuldverschreibungen der öffentlichen Kritik unterbreitet. Die Vorlegung beim Reichstag erfolgte durch Schreiben des Reichskanzlers vom 3. Februar 1899 (Drucksachen Nr. 106). In der Sitzung vom 7. März 1899 überwies der Reichstag den Entwurf einer Kommission von 21 Mitgliedern (Stenogr. Berichte S. 1390), die unter dem 17. Mai 1899 einen schriftlichen Bericht erstattete (Nr. 320 der Drucksachen). Die von der Kommission in Vorschlag gebrachten Änderungen ließen die Grundgedanken des Entwurfs unberührt. Die wichtigste dieser Änderungen war, daß an Stelle eines von den Pfandbriefgläubigern zur Wahrung ihrer Rechte in betreff der Pfandbriefdeckung zu wählenden Vertreters ein von der Aufsichtsbehörde zu ernennender Treuhänder gesetzt wurde. Im übrigen handelte es sich nur um Ergänzungen und Verbesserungen in untergeordneten Punkten. Am 12. und 17. Juni 1899 fand die zweite und die dritte Lesung im Plenum des Reichstags statt, in denen der Entwurf nach den Vorschlägen der Kommission en bloc angenommen wurde (Stenogr. Berichte S. 2493, 2495—2505). Das Gesetz ist am 1. Januar 1900 in Kraft getreten.

Das Hypothekenbankgesetz vom 13. Juli 1899 bezweckt nicht die Regelung der Verhältnisse der gesamten Bodenkreditanstalten, es betrifft vielmehr lediglich die Hypothekenbanken im technischen Sinne, das heißt diejenigen Bodenkreditanstalten, die Aktiengesellschaften oder Kommanditgesellschaften auf Aktien sind. Insofern greift es weniger weit als die Entwürfe von 1879 und 1880, deren Vorschriften für sämtliche Bodenkreditanstalten Geltung haben sollten. Die nicht in der Form von Aktiengesellschaften oder Kommanditgesellschaften auf Aktien errichteten Bodenkreditanstalten unterliegen also nach wie vor den Vorschriften der Landesgesetze. Jedoch wird einzelnen Personen, offenen Handelsgesellschaften, Kommanditgesellschaften, Gesellschaften mit beschränkter Haftung, sowie denjenigen eingetragenen Genossenschaften, die vor dem 1. Mai 1898 Hypothekenbankgeschäfte noch nicht betrieben haben, der Betrieb von Hypothekenbankgeschäften untersagt (§ 2, § 45 Abs. 1). Die Errichtung von Bodenkreditanstalten im Wege einer Vereinigung der kreditbedürftigen Grundbesitzer mußte also in Zukunft in einer anderen Rechtsform erfolgen als in der Form der eingetragenen Genossenschaft.

Anderseits greift das Gesetz weiter als die genannten Entwürfe. Es beschränkt sich nicht darauf, die Stellung der Pfandbriefgläubiger zu sichern, vielmehr bezieht es auch die dem wirtschaftlichen Gebiet angehörigen Fragen, die die Errichtung, den Geschäftsbetrieb und die Beaufsichtigung der Hypothekenbanken betreffen, in die Regelung ein. Insoweit läßt es aber die Vorschriften des Handelsgesetzbuchs über die Aktiengesellschaft und die Kommanditgesellschaft auf Aktien unberührt und ergänzt diese nur mit Rücksicht auf die Besonderheiten der Bodenkreditgeschäfte.

Vorschriften über die Versammlungen der Pfandbriefgläubiger enthält das Gesetz nicht. Hier greifen die Bestimmungen des Gesetzes, betreffend die gemeinsamen Rechte der Besitzer von Schuldverschreibungen, vom 4. Dezember 1899 (RGBl. S. 691) ein.

Der seit 1918 schnell zunehmende Währungsverfall erschütterte die Grundlagen des Realkreditgeschäftes. Die Gesetzgebung versagte demgegenüber beinahe völlig. Einen Versuch der Anpassung an die geänderten Verhältnisse bedeutet das Gesetz zur Änderung und Ergänzung des Hypothekenbankgesetzes vom 14. Juli 1923 (RGBl. I S. 635). Das Gesetz enthält hauptsächlich die Erhöhung der Umlaufgrenze (§ 7) vom fünfzehnfachen für Pfandbriefe auf den zwanzigfachen, für Kommunalobligationen auf den achtundzwanzigfachen Betrag des eingezahlten Kapitals zuzüglich der Deckungs- bzw. Sicherungsreserve.

Weitere Erhöhungen der Umlaufsgrenzen infolge der fortschreitenden inflationistischen Geldentwertung erfolgten durch die Verordnung vom 30. September 1923 (RGBl. I S. 926) auf das 10000- bzw. 14000fache und durch die Verordnung vom 10. Dezember 1923 (RGBl. I S. 1179) auf das 10- bzw. 14millionenfache. Diese Verordnungen sind außer Kraft gesetzt 1. durch das noch geltende zweite Gesetz zur Änderung und Ergänzung des Hypothekenbankgesetzes vom 26. Januar 1926 (RGBl. I S. 97). In diesem Gesetz erhielt § 7 seine heutige Fassung; 2. durch die Verordnung vom 20. Juni 1925 (RGBl. I S. 88) über Wiederherstellung der Umlaufsgrenzen. Die Verordnung ist jetzt praktisch ohne Bedeutung, formell aber nicht aufgehoben. Durch das erwähnte Gesetz vom 26. Januar 1926 ist (in § 5 unter Nr. 7) die Aufnahme von Darlehen bei der Deutschen Rentenbank-Kreditanstalt zwecks Gewährung hypothekarischer Darlehen und die Bestellung von Sicherheiten für diese Darlehen als Geschäftszweig der Hypothekenbanken zugelassen worden. Die Deutsche Rentenbank-Kreditanstalt ist durch Gesetz vom 18. Juli 1925 (RGBl. I S. 145) zur Beschaffung und Gewährung von Krediten für Zwecke der deutschen Landwirtschaft mit dem Sitz in Berlin errichtet worden. Nach § 3 Abs. 1 Ziffer 1 des Gesetzes ist die Deutsche Rentenbank-Kreditanstalt befugt, zum Zwecke der Versorgung der deutschen Landwirtschaft mit Realkredit zinsbare Darlehen an die im § 4 Abs. 1 näher bezeichneten Realkreditinstitute zu geben. Die Berücksichtigung der von den Hypothekenbanken bei der Rentenbank-Kreditanstalt aufgenommenen Darlehen bei der Umlaufsgrenze fand durch die oben erwähnte Verordnung vom 20. Juni 1925 in Verbindung mit den Vorschriften des § 9 Abs. 1 Ziffer 3, Abs. 2 des Gesetzes über wertbeständige Hypotheken vom 23. Juni 1923 (RGBl. I S. 407) statt. Die Änderung des § 7 machte eine entsprechende Änderung des § 41 Abs. 2, sowie der §§ 46 Abs. 2, 48 Abs. 1 HypBankG. erforderlich.

Durch das dritte Gesetz zur Änderung und Ergänzung des Hypothekenbankgesetzes vom 21. Dezember 1927 (RGBl. I S. 491) wurde ein § 34 a eingefügt, der die Arreste und Zwangsvollstreckungen in Registerhypotheken und Wertpapiere auf Ansprüche aus Pfandbriefen beschränkt. Dem beim Treuhänder verwahrten Geld, das Deckungszwecken dient, wird dieselbe Rechtsstellung eingeräumt. Durch das Gesetz würde eine Übereinstimmung der notariell-rechtlichen Vorschriften über die Sicherung der Pfandbriefgläubiger für das Recht der Hypothekenbanken und der öffentlich-rechtlichen Kreditanstalten erzielt. Gemäß §§ 41, 42 HypBankG. gelten die neuen Vorschriften ohne weiteres auch zugunsten der Inhaber von Kommunalobliegenheiten und Kleinbahnobligationen.

Eine Verordnung vom 14. Dezember 1923 über die Umwandlung von Kreditanstalten in Hypothekenbanken (RGBl. I S. 1203) auf Grund des Artikels II des Gesetzes vom 14. Juli 1923 (RGBl. I S. 635) bestimmt, falls eine Kreditanstalt vor dem Inkrafttreten dieses Gesetzes wertbeständige Schuldverschreibungen ausgegeben hat, für deren Deckung Reallasten verwendet werden, sollen im Falle der Umwandlung der Kreditanstalt in eine Hypothekenbank die Vorschriften für Hypothekenbanken mit einer Reihe von Maßgaben Anwendung finden.

Der Entwurf eines vierten Gesetzes zur Abänderung und Ergänzung des Hypothekenbankgesetzes liegt gegenwärtig dem Reichstage vor. Danach soll für Hypothekenbanken u. a. das Verbot, bei Tilgungshypotheken einen Verwaltungskostenbeitrag zu vereinbaren, wieder hergestellt werden, ebenso die frühere Beschränkung des Rechtes der Depositenannahme. Ferner soll die Bezeichnung Pfandbrief den Hypothekenbanken insofern geschützt werden, als anderen privatrechtlichen Kreditanstalten grundsätzlich untersagt sein soll, Schuldverschreibungen unter dieser Bezeichnung in den Verkehr zu bringen.

Das Hypothekenbankgesetz in der geltenden Fassung enthält in § 1 Vorschriften über die Zulassung neuer Hypothekenbanken (§ 1) sowie das Verbot des Betriebs von Hypothekenbankgeschäften, andere Unternehmungen als Aktiengesellschaften und Kommanditgesellschaften auf Aktien (§ 2). Es regelt ferner die staatliche Beaufsichtigung der Hypothekenbanken (§§ 3, 4) und den Kreis ihrer Geschäfte (§ 5) neben den Realkreditgeschäften. In den §§ 6 bis 9 sind die Umlaufgrenze und die sonstigen wesentlichsten Bedingungen, die bei der Ausgabe von Hypothekenpfandbriefen zu erfüllen sind, festgestellt. Hieran schließen sich die bei der Gewährung von hypothekarischen Darlehen zu beobachtenden Grundsätze (§§ 10 bis 21). Es folgen Vorschriften über die Anlegung und Führung des Hypothekenregisters, das zur Eintragung der zur Pfandbriefdeckung verwendeten Hypotheken dienen soll (§§ 22, 23), und über die Buchführung, die Bilanzen, Geschäftsberichte und sonstigen Nachweisungen der Hypothekenbanken (§§ 24 bis 28). Die §§ 29 bis 39 enthalten die Vorschriften über die rechtliche Sicherung der Pfandbriefgläubiger, ihre Befriedigung im Konkurse über Arreste und Zwangsvollstreckungen in die zur Deckung der Hypotheken bestimmten Werte und die Bestrafung der die Sicherheit gefährdenden Handlungen. Mit § 40, der noch Bestimmungen betreffend die Grundschulden enthält, gelangt die Regelung des Bodenkreditgeschäfts zum Abschlusse. Hieran schließen sich in den §§ 41 und 42 Vorschriften über die Ausgabe von Kommunal- und Kleinbahnobligationen durch Hypothekenbanken. In den §§ 43 bis 53 sind Schluß- und Übergangsbestimmungen enthalten, welche namentlich die Anwendung des Gesetzes auf die bestehenden Hypothekenbanken betreffen. Im § 52a ist die Grundlage für die oben erwähnte Verordnung vom 14. Dezember 1923 über die Umwandlung von Kreditanstalten in Hypothekenbanken gegeben.

Zu einzelnen Bestimmungen des Gesetzes haben die Zentralbehörden der Länder, denen die Hypothekenbanken unterstehen, nähere Anweisungen und Verfügungen erlassen. (S. Anhang.)

Die Hypothekenbanken sind von der Aufwertungsgesetzgebung mehrfach betroffen worden. In Betracht kommen für die gegenwärtige Rechtslage das Aufwertungsgesetz vom 16. Juli 1925 (RGBl. I S. 117) und das Gesetz vom 9. Juli 1927 (RGBl. I S. 171), ferner die Durchführungsverordnung vom 29. November 1925 (RGBl. I S. 392, 474) und eine Anzahl weiterer Verordnungen des Reichs und der Länder. Nach dem Aufwertungsgesetz sind Hypotheken auf 25% ihres ursprünglichen Goldwertes in Goldmark aufgewertet. Auch bereits gelöschte Hypotheken sind unter Umständen (Vorbehalt oder Rückwirkung) aufzuwerten. Die Aufwertungshypotheken sind zu einem gesetzlich festgelegten Zinssatz zu verzinsen (zuletzt 5%) und bis zum 1. Januar 1932 gestundet. Doch darf der Grundstückseigentümer die Rückzahlung (unter Abzug eines Zwischenzinses, Verordnung vom 28. Juli 1926, RGBl. I S. 423) schon vorher vornehmen.

Die Aufwertung der Pfandbriefe der Hypothekenbanken ist in den §§ 47 ff. des Aufwertungsgesetzes geregelt. Aus den vom 13. Februar 1924 als Deckung für die Pfandbriefe, Kommunalobligationen und anderen Schuldverschreibungen, Werten und gewissen anderen Vermögensteilen der Hypothekenbank wird eine Teilungsmasse gebildet. Diese ist an die Pfandbriefgläubiger im Verhältnis des Goldwertes ihres Pfandbriefbesitzes auszuschütten. Von der Teilungsmasse erhält die Bank 8% als Beitrag zu den ihr erwachsenden Verwaltungskosten. Die Durchführungsverordnung vom 28. Juli 1926 (RGBl. I S. 423) bestimmt, daß die Banken als Abschlagsleistung an ihre Pfandbriefgläubiger 4½ prozentige Liquidationsgoldpfandbriefe ausgeben können. Von diesem Recht haben die Banken durchweg Gebrauch gemacht. Die Hypothekenbanken haben ferner das Recht, mit den Pfandbriefgläubigern Vergleiche über eine Generalabfindung abzuschließen, wobei den Gläubigern meistens Liquidationspfandbriefe an Zahlungs Statt angeboten werden.

Durch Artikel II der Verordnung sind die Hypothekenbanken ferner zur Ausgabe von Mobilisationspfandbriefen ermächtigt. Die Deckungsunterlage für diese bilden von den Banken angekaufte Aufwertungshypotheken.

Die sich aus der Aufwertungsgesetzgebung ergebenden Besonderheiten des Hypothekenbankgeschäfts nehmen für die Hypothekenbanken infolge der allmählichen Ablösung der Aufwertungshypotheken durch Neubeleihungen sowie infolge der Abwicklung der Verpflichtungen aus Pfandbriefaufwertungen durch Generalabfindungen jetzt mehr und mehr an Bedeutung ab.

Hypothekenbankgesetz.

Vom 13. Juli 1899 (RGBl. 1899 S. 375).

(Geändert durch Gesetze vom 14. Juli 1923 (RGBl. I, 635), 26. Januar 1926 (RGBl. I, 97) und 21. Dezember 1927 (RGBl. I, 491)).

Hypothekenbanken.

1. Hypothekenbanken sind Aktiengesellschaften oder Kommanditgesellschaften auf Aktien, bei denen der Gegenstand des Unternehmens (allein oder in Verbindung mit anderen Geschäften: gemischte Hypothekenbanken, §§ 5, 46) in der hypothekarischen Beleihung von Grundstücken und der Ausgabe von Schuldverschreibungen (Hypothekenpfandbriefe, § 5) auf Grund der erworbenen Hypotheken besteht. Die Beleihung gegen Einräumung einer Grundschuld steht der hypothekarischen Beleihung gleich (§ 40 Abs. 1). Die außer den eigentlichen Hypothekenbankgeschäften zulässigen Nebengeschäfte der Hypothekenbanken sind gesetzlich begrenzt, § 5. Öffentlich-rechtliche Kreditanstalten, die Hypothekenbankgeschäfte betreiben (z. B. Landschaften, Stadtschaften, Ritterschaften), sind nicht Hypothekenbanken i. S. des HypBankG., ebenso nicht die in § 45 Abs. 2 bezeichneten Genossenschaften.

2. Der frühere Ausdruck Hypothekenaktienbank (Pr. Ausführungsgesetz zum BGB. Art. 74) ist ungebräuchlich geworden. Unter Pfandbriefinstituten versteht man Hypothekenbanken und öffentlich-rechtliche Kreditanstalten, die Pfandbriefe ausgeben.

Kommanditgesellschaften auf Aktien sind bisher unter den Hypothekenbanken nicht vorhanden.

§ 1*.

Aktiengesellschaften und Kommanditgesellschaften auf Aktien, bei welchen der Gegenstand des Unternehmens in der hypothekarischen Beleihung von Grundstücken[1] und der Ausgabe von Schuldverschreibungen[2] auf Grund der erworbenen Hypotheken[3] besteht (Hypothekenbanken)[4], bedürfen zur Ausübung ihres Geschäftsbetriebs der Genehmigung[5] des Bundesrats.

Ist in der Satzung einer Hypothekenbank bestimmt, daß die hypothekarischen Beleihungen nur im Gebiete desjenigen Bundesstaats erfolgen dürfen, in welchem die Bank ihren Sitz hat, so steht die Erteilung der Genehmigung der Zentralbehörde dieses Bundesstaats zu[6].

Zu jeder Änderung der Satzung[7] einer Hypothekenbank ist die Genehmigung der nach den Abs. 1, 2 zuständigen Stelle erforderlich.

* Die hier folgenden Vorschriften beziehen sich nur auf inländische Hypothekenbanken. Die Zulassung ausländischer HB., die juristische Personen sind, richtet sich nach Landesrecht (Begr. S. 20, § 12 Abs. 1 GewO.). Das Saargebiet ist Inland. Dagegen ist Danzig nach Art. 100 VersVertr. Ausland (s. auch § 11 und Anm.).

Abs. 1 und 2 betreffen nur HB., die nach Inkrafttreten des Gesetzes den Geschäftsbetrieb begonnen haben (s. § 45 Abs. 1), Abs. 3 betrifft auch die früher entstandenen HB., auch solche, die auf die Ausgabe neuer Pfandbriefe verzichten (KB. 4).

[1] Inbetracht kommen nur inländische Grundstücke nach Maßgabe der §§ 11 und 12. Erbbaurechte (§ 1017 BGB.) stehen den Grundstücken gleich, ebenfalls die in Art. 63, 196 EGBGB. bezeichneten Rechte (§§ 7, 84 GBO.), näheres s. § 12 Abs. 3 letzter Satz. Die in Art. 68 EGBGB. bezeichneten Rechte sind den Grundstücken nicht gleichgestellt.

[2] Hypothekenpfandbriefe, §§ 5, 6. Die seit der Währungsstabilisierung ausgegebenen Pfandbriefe (Reichsmarkpfandbriefe

mit Goldklausel) werden häufig Goldpfandbriefe genannt. Die Bezeichnung „Pfandbrief" findet sich in § 13 OffPfandbrG. für die Schuldverschreibungen öffentlich-rechtlicher Bankkreditanstalten. Die Hypothekenpfandbriefe lauten gewöhnlich auf den Inhaber, sie können aber auch auf den Namen oder auf Order ausgestellt sein. Die Ausgabe von Inhaberpfandbriefen unterliegt der Genehmigung seitens der Zentralbehörde des Landes, in dem die Niederlassung der Bank sich befindet, bei Vermeidung der Nichtigkeit der Schuldverschreibungen, Schadenersatzpflicht der Bank und Strafbarkeit, § 795 BGB., § 145 a StGB., Art. 34 IV EGBGB.

[3] Grundschulden stehen den Hypotheken gleich, § 40 Abs. 1. Rentenschulden (§§ 1199 bis 1203 BGB.) können dagegen nicht die Unterlage für Hypothekenpfandbriefe sein (Begr. 57).

Auch von Dritten erworbene Hypotheken können von den Hypothekenbanken zur Pfandbriefdeckung verwendet werden (§ 5 Abs. 1 Nr. 1).

[4] Der Nachweis der Hypothekenbankeigenschaft ist erforderlichenfalls (z. B. nach dem Aufwertungsgesetz) durch Vorlegung eines Auszugs aus dem Handelsregister (§ 198 HGB.) zu führen.

[5] Für die Genehmigung zuständig ist der Reichsrat. Er hat nach pflichtmäßigem Ermessen zu handeln; die Genehmigung kann von Bedingungen abhängig gemacht werden. Die Genehmigung ist (Begr. 19) gewerberechtlicher Natur, d. h. sie betrifft den Geschäftsbetrieb und bildet keine Bedingung für den Rechtsbestand der Hypothekenbank und für die Rechtswirksamkeit von Geschäften. Betrieb ohne Genehmigung kann nur das Einschreiten der Aufsichtsbehörde (§§ 3, 4) zur Folge haben. Vorlegung der Genehmigungsurkunde ist erforderlich bei der Anmeldung der AG. oder KG. a. A. zur Eintragung in das Handelsregister (§ 195 Abs. 2 Nr. 6, § 320 Abs. 3 HGB.). Die Genehmigung kann nicht zurückgenommen werden (Begr. 20), Rechtsmittel gegen die Versagung der Genehmigung sind nicht zugelassen.

Besondere Genehmigung für Ausgabe von Pfandbriefen auf den Inhaber vgl. Anm. 2.

[6] Bei Beschränkung der Beleihungen auf das Gebiet desjenigen Landes, in dem die Bank ihren Sitz hat, ist für die Genehmigung die Zentralbehörde des Landes zuständig.

[7] Satzungsänderungen unterliegen der gleichen Genehmigungspflicht wie die Ausübung des Geschäftsbetriebes. Handelt es sich darum, die im Abs. 2 bezeichnete Beschränkung zu beseitigen, so ist die Genehmigung des Reichsrats erforderlich (Begr. 20).

Die Aufgabe des Hypothekenbankgeschäfts bedarf der Genehmigung nicht, ebenso nicht die Auflösung der Hypothekenbank. Ein Fusionsvertrag, der die Kapitalerhöhung der übernehmenden Bank vorsieht, ist dagegen als Satzungsänderung genehmigungspflichtig.

§ 2.

Offenen Handelsgesellschaften, Kommanditgesellschaften, Gesellschaften mit beschränkter Haftung, eingetragenen Genossenschaften[1] und einzelnen Personen ist der Betrieb eines Unternehmens der im § 1 Abs. 1 bezeichneten Art untersagt[2, 3].

[1] Auf Genossenschaften, die am 1. Januar 1900 eingetragen waren, findet, sofern sie vor dem 1. Mai 1898 satzungsgemäß Hypothekenbankgeschäfte betrieben haben, § 2 keine Anwendung (vgl. § 45 Abs. 2). Solche Genossenschaften fallen aber nicht unter das Hypothekenbankgesetz; sie sind keine Hypothekenbanken im Sinne dieses Gesetzes.

[2] Rechtsfähige Vereine sind demnach zum Betrieb von Hypothekenbankgeschäften zugelassen. Sie bedürfen nach § 22 BGB. der Verleihung der Rechtsfähigkeit seitens des Landes, in dem sie ihren Sitz haben.

[3] Auch dieses Verbot ist lediglich gewerberechtlicher Natur (s. Anm. 5 zu § 1). Ein Einschreiten der Aufsichtsbehörde nach §§ 3, 4 ist nicht möglich, da dem Aufsichtsrecht nur Hypothekenbanken unterstellt sind. Dagegen findet die Strafvorschrift in § 39 (Geldstrafe) Anwendung.

Schiffshypothekenbanken unterliegen dem HypBankG. nicht.

Staatsaufsicht.

§ 3.

Die Hypothekenbanken unterliegen der staatlichen Aufsicht[1]. Die Aufsicht steht dem Bundesstaate zu, in welchem die Bank ihren Sitz hat[2]. Die Aufsicht erstreckt sich auf den ganzen Geschäftsbetrieb der Bank[3] und dauert auch nach deren Auflösung bis zur Beendigung der Liquidation[4] fort.

[1] Durch den Geschäftsbetrieb der HB. wird das öffentliche Interesse in weit höherem Maße berührt als durch die Tätigkeit anderer dem Kredite dienender Privatunternehmungen. Zur Wahrung dieses Interesses ist die Staatsgewalt mit den erforderlichen Befugnissen ausgestattet worden (Begr. 21). Die Aufsicht steht den Ländern (Ministerien) zu. In Preußen führt die dauernde Aufsicht in der Zentralinstanz der Minister für Volkswohlfahrt, die unmittelbare Aufsicht liegt den Regierungspräsidenten, in Berlin dem Polizeipräsidenten ob. Bei allen außerpreußischen Hypothekenbanken und bei der Preußischen Zentral-Bodenkredit-Akt.-Ges. ist für die unmittelbare Aufsicht ein Staatskommissar (§ 4 Abs. 3) bestellt. Bei den einzelnen preußischen Banken sind zur Ausübung der staatlichen Aufsichtsrechte besondere Staatsbeamte tätig, die im Auftrage der Aufsichtsbehörde die Kontrolle ausüben. (Über die bei den Banken tätigen Treuhänder s. §§ 29 ff.).

Den Umfang der mit der Staatsaufsicht verbundenen Befugnisse zu bestimmen steht der Aufsichtsbehörde nach pflichtmäßigem Ermessen zu. Einzelregelung s. § 4. Die Aufsicht ist nicht dazu bestimmt, dem Publikum die eigne Prüfung der Vertrauenswürdigkeit der HB. zu ersparen (Begr. 21). Weitere Bestimmungen in §§ 4, 13, 15, § 22 Abs. 2, § 29 Abs. 2, §§ 33, 34, § 41 Abs. 1, § 42 Abs. 1, 3, § 51, § 53 Abs. 1. Zutreffend führt Budde, Beiträge II, 34 aus, die Aufsichtsbehörde habe dafür zu sorgen, daß der Geschäftsbetrieb der Bank mit den Gesetzen, der Satzung und den sonst in verbindlicher Weise getroffenen Bestimmungen im Einklang steht; sie muß also

z. B. gegen dauernd gesetzwidrig zu hohe Beleihungen einschreiten. Übereinstimmend: Dannenbaum, Deutsche Hypothekenbanken S. 119, Schulze, Staatsaufsicht S. 84. Abweichend nur Golody (in Schmollers Jahrb. Bd. 29), der der Aufsichtsbehörde nur „Befugnisse", nicht Verpflichtungen zuerkennen will.

² Die Satzung entscheidet über den Sitz der Bank. Die Staatsaufsicht erstreckt sich auch auf Zweigniederlassungen, die außerhalb des Landes liegen, in dem die Bank ihren Sitz hat. Dem Lande, in dem die Zweigniederlassung sich befindet, steht ein Aufsichtsrecht über diese nicht zu. (Begr. 22, s. aber §§ 13, 15, 42).

³ Der ganze Geschäftsbetrieb unterliegt der Aufsicht, d. h. sowohl jedes einzelne Geschäft wie der ganze Umfang der Geschäfte, also auch der Nebengeschäfte, § 5, § 46 Abs. 1. Einzelheiten s. § 4. Handelt es sich um einen Geschäftszweig, der schon nach anderweitigen Vorschriften der Staatsaufsicht unterliegt (z. B. das Versicherungsgewerbe gemäß VersAufsG. § 64), so bleibt die Anwendung dieser Vorschriften unberührt (Begr. 22).

⁴ Das Aufsichtsrecht endigt im Falle der Auflösung erst mit der Beendigung der Liquidation. Bei Auflösung durch Konkurs (§ 292 Abs. 1 Nr. 3, § 320 Abs. 3 HGB.) endigt die Staatsaufsicht mit der Konkurseröffnung. Findet Auflösung ohne Liquidation statt (§§ 304, 305, 306 HGB.), endigt die Aufsicht mit der Eintragung des Auflösungsbeschlusses der Generalversammlung in das Handelsregister. Bei der Fusion mit einer anderen AktGes. oder KommGes. a. A. ist das Aufhören der Staatsaufsicht über die aufgenommene Gesellschaft praktisch nicht von Bedeutung, da die aufnehmende Gesellschaft nunmehr HypBank geworden ist, und der Aufsicht spätestens von nun an untersteht. Genehmigung nach § 1 ist für die aufnehmende Gesellschaft erforderlich.

Im Falle der Nichtigkeit (§§ 309—311 HGB.) gilt entsprechendes wie bei der Auflösung. Nach § 311 HGB. findet eine Abwicklung der Geschäfte statt. Erst nach Beendigung der Abwicklung hört die Staatsaufsicht auf.

§ 4*.

Die Aufsichtsbehörde ist befugt, alle Anordnungen[1] zu treffen, welche erforderlich sind, um den Geschäftsbetrieb der Bank mit den Gesetzen, der Satzung und den sonst in verbindlicher Weise getroffenen Bestimmungen[2] im Einklange zu erhalten.

Die Aufsichtsbehörde ist namentlich[3] befugt:

1. jederzeit die Bücher und Schriften der Bank einzusehen sowie den Bestand der Kasse und die Bestände an Wertpapieren zu untersuchen;
2. von den Verwaltungsorganen der Bank Auskunft über alle Geschäftsangelegenheiten zu verlangen;
3. einen Vertreter in die Generalversammlungen und in die Sitzungen der Verwaltungsorgane der Bank zu entsenden, die Berufung der Generalversammlung, die Anberaumung von Sitzungen der Verwaltungsorgane sowie die Ankündigung von Gegenständen zur Beschlußfassung zu verlangen und, wenn dem Verlangen nicht entsprochen wird, die Berufung, Anberaumung oder Ankündigung auf Kosten der Bank selbst vorzunehmen[4];
4. die Ausführung von Beschlüssen oder Anordnungen zu untersagen, die gegen das Gesetz, die Satzung oder die sonst in verbindlicher Weise getroffenen Bestimmungen verstoßen[5].

Die Aufsichtsbehörde kann einen Kommissar[6] bestellen, der unter ihrer Leitung die Aufsicht ausübt[7]. Sie kann bestimmen, daß für die Tätigkeit des Kommissars eine Vergütung von der Bank an die Staatskasse zu entrichten ist; sie setzt den Betrag der Vergütung fest.

*Durch die Vorschriften des § 4 soll die Aufsichtsbehörde in den Stand gesetzt werden, sich jederzeit zur Erfüllung ihrer

Aufgaben Einblick in die Verhältnisse der Bank zu verschaffen und die Abstellung von Mißständen herbeizuführen. Hierbei handelt es sich nicht so sehr um ein polizeiliches, als um ein obrigkeitliches Recht (vgl. Entsch. des Preuß. OVG. vom 4. Juli 1901, abgedr. im PrVerwBl. 23. Jahrg. S. 218). Die Aufsichtsbehörde ist bei ihren Anordnungen an Gesetz und Satzungen der Bank gebunden; sie kann nicht Maßnahmen treffen, die der Generalversammlung vorbehalten sind (wie z. B. Wahl oder Abberufung von Vorstands- und Aufsichtsratsmitgliedern).

Die Art und Weise, wie nötigenfalls die zwangsweise Durchführung der getroffenen Anordnungen zu erfolgen hat, bestimmt sich, da nur Maßnahmen der Landesbehörden in Frage kommen, nach den landesgesetzlichen Vorschriften über das Zwangsverfahren in Verwaltungssachen (Begr. 22, KB. 6). In Preußen kommen also die im V. Titel des Gesetzes über die allgemeine Landesverwaltung vom 30. Juni 1883 den Verwaltungsbehörden eingeräumten polizeilichen Zwangsbefugnisse in Betracht, die § 132 des näheren bestimmt. Als Rechtsmittel gegen polizeiliche Verfügungen des Regierungspräsidenten (Polizeipräsidenten von Berlin) ist nach § 134 innerhalb zwei Wochen die Beschwerde an den Oberpräsidenten und gegen dessen daraufhin erlassenen Bescheid innerhalb gleicher Frist die Klage beim Oberverwaltungsgericht zulässig; der Rechtsweg gegen die Anordnungen ist nicht gegeben.

Nach dem Ges. betr. die gemeinsamen Rechte der Besitzer von Schuldverschreibungen vom 4. Dez. 1899 (RGBl. 1899 S. 691) mit der Änderung durch Ges. vom 14. Mai 1914 (RGBl. 1914 S. 221) steht der Aufsichtsbehörde das Recht zur Berufung von Versammlungen der Pfandbriefgläubiger und der Beseitigung von Beschlüssen zu (s. auch Begr. 23).

[1] Anordnungen sind Befehle an die Bank. Sie können für den Einzelfall und durch allgemeine Anweisungen ergehen. Auch die Angemessenheit von Geschäften der Bank kann durch die Aufsichtsbehörde nachgeprüft und durch die erforderlichen Anordnungen gesichert werden.

[2] Bestimmungen dieser Art sind z. B. die Anweisungen

über die Beleihung von Wertpapieren (§ 5 Abs. 2) und über die Wertermittlung der zu beleihenden Grundstücke (§ 13). Auch die Anweisungen gemäß §§ 15 und 42 HypBankGes. gehören hierher. Nicht dagegen die von der Aufsichtsbehörde selber getroffenen Bestimmungen. Diese sind als solche noch nicht ohne weiteres verbindlich.

[3] Es folgen Beispiele für das Kontroll- und Anordnungsrecht der Behörde. Darüber hinaus gelten die allgemeinen Rechte und Pflichten.

[4] Die Berufung erfolgt gemäß §§ 255, 256 HGB. Dem Vertreter der Aufsichtsbehörde ist in den Generalversammlungen auf Verlangen jederzeit das Wort zu erteilen, auch zu Anträgen.

[5] Das Untersagungsrecht ist eine besondere Form des Anordnungsrechts. Aus ihm ergibt sich insbesondere die Befugnis zur Verhinderung der Dividendenauszahlung oder der weiteren Ausgabe von Pfandbriefen.

[6] Auch mehrere Staatskommissare können ernannt werden. Der Staatskommissar kann für einen bestimmten Fall sowie allgemein zur Ausübung der Aufsicht bestellt werden. In dem in § 51 bezeichneten Falle ist der Kommissar zugleich Treuhänder (§ 29).

Möglich ist die Bestellung desselben Kommissars für mehrere Banken. Gegen die Anordnungen des Kommissars ist Beschwerde bei der Aufsichtsbehörde zulässig.

[7] In Preußen gilt für die hauptsächlichen Gesichtspunkte bei der Ausübung der Staatsaufsicht die Allgemeine Verfügung vom 17. November 1901 (vom Minister für Landwirtschaft, Domänen und Forsten, der damals die zentrale Aufsichtsinstanz war, s. Anhang). Bezüglich der Bemessung des Beleihungswertes sind u. a. ergangen die Verfügungen vom 2. April 1906 und vom 18. Februar 1911. Ferner vgl. den Erlaß vom 17. Mai 1927 (II. 4. Juni 1919). — In Bayern gelten u. a. die Instruktionen vom 29. Oktober 1899 (mit Weisungen vom August 1904), vom 14. Februar 1901 und vom 31. Juli 1901.

§ 5*.

Die Hypothekenbanken dürfen außer der Gewährung hypothekarischer Darlehen und der Ausgabe von Hypothekenpfandbriefen[1] nur folgende Geschäfte betreiben:

1. den Erwerb, die Veräußerung und die Beleihung von Hypotheken[2];
2. die Gewährung nicht hypothekarischer Darlehen an inländische Körperschaften des öffentlichen Rechtes[3] oder gegen Übernahme der vollen Gewährleistung durch eine solche Körperschaft und die Ausgabe von Schuldverschreibungen[4] auf Grund der so erworbenen Forderungen;
3. die Gewährung von Darlehen an inländische Kleinbahnunternehmungen[5] gegen Verpfändung der Bahn und die Ausgabe von Schuldverschreibungen[6] auf Grund der so erworbenen Forderungen;
4. den kommissionsweisen Ankauf und Verkauf von Wertpapieren, jedoch unter Ausschluß von Zeitgeschäften[7];
5. die Annahme von Geld oder anderen Sachen zum Zwecke der Hinterlegung[8];
6. die Besorgung der Einziehung von Wechseln, Anweisungen und ähnlichen Papieren;
7. die Aufnahme von Darlehen bei der Deutschen Rentenbank-Kreditanstalt zwecks Gewährung hypothekarischer Darlehen und die Bestellung von Sicherheiten für diese Darlehen[9].

Verfügbares Geld dürfen die Hypothekenbanken nutzbar machen[10] durch Hinterlegung bei geeigneten Bankhäusern[11], durch Ankauf ihrer Hypothekenpfandbriefe[12] und ihrer gemäß Abs. 1 Nr. 2, 3 ausgegebenen Schuldverschreibungen, durch Ankauf solcher Wechsel[13] und Wertpapiere, welche nach den Vorschriften des

Bankgesetzes vom 14. März 1875[14] von der Reichsbank angekauft werden dürfen, sowie durch Beleihung von Wertpapieren[15] nach einer von der Hypothekenbank aufzustellenden Anweisung. Die Anweisung hat die beleihungsfähigen Papiere und die zulässige Höhe der Beleihung festzusetzen[16].

Der Erwerb von Grundstücken ist den Hypothekenbanken nur zur Verhütung von Verlusten an Hypotheken[17] oder zur Beschaffung von Geschäftsräumen[18] gestattet. In Ansehung eines solchen Erwerbes stehen in jedem Bundesstaate Hypothekenbanken, die in dem Gebiet eines anderen Bundesstaats ihren Sitz haben, den einheimischen Hypothekenbanken gleich[19, 20].

* Die bei Inkrafttreten des HypBankG. bestehenden HB. unterliegen nach § 46 Abs. 1 den Vorschriften des § 5 insoweit nicht, als sie bis zum 1. Mai 1898 gemäß den Bestimmungen ihrer Satzung Geschäfte in weiterem als dem in § 5 bezeichneten Umfange betrieben haben.

Alle in § 5 nicht aufgezählten Geschäfte sind den HB. verboten. Es handelt sich aber nicht um eine nach § 134 BGB dinglich wirkende Erwerbsbeschränkung.

§ 5 enthält die zugelassenen selbständigen Nebengeschäfte. Die verschiedenartigen Hilfsgeschäfte des Hypothekenbankbetriebes sollen nicht festgelegt werden. Nur über Anlage von Geld und Erwerb von Grundstücken enthalten die Abs. 2 und 3 Bestimmungen; z. B. bleibt es den HB. unbenommen, erworbene Grundstücke zu vermieten, zu verpachten und zu veräußern, ferner Anschaffungen für ihren Geschäftsbetrieb zu machen, Bankkredite zur Beschaffung flüssiger Mittel für Beleihungen in Anspruch zu nehmen (s. a. Anm. zu § 10 a. E.).

Kontokorrentgeschäfte, die sich aus der in Nr. 5 zugelassenen Annahme von Gelddepositen ergeben, sind erlaubt, obwohl in § 5 nicht ausdrücklich erwähnt. Die Kreditgewährung und Übernahme von Wechselverpflichtungen innerhalb des Kontokorrentverkehrs ist aber unstatthaft.

Zu den nicht erlaubten Geschäften gehören ferner die Ausgabe von Interimsscheinen, in denen die Lieferung von Pfandbriefen zugesagt wird. Die Satzungen können den Kreis der zulässigen Nebengeschäfte begrenzen.

Zuwiderhandlung gegen ein Verbot des § 5 hat das Einschreiten der Aufsichtsbehörde zur Folge (Begr. 23—25). S. noch die auch privatrechtlich wirkenden Verbote in § 17.

Für gemischte Hypothekenbanken s. § 46.

[1] Auch der Vorverkauf von Pfandbriefen (unter Wahrung der Vorschrift des § 7) muß als zulässig gelten.

[2] Hier ist der Erwerb von Hypotheken und Grundschulden, deren Veräußerung und Beleihung als selbständiger, von dem eigentlichen Pfandbriefgeschäft nach § 1 getrennter Geschäftszweig gemeint. Die Beschränkungen der §§ 11 bis 21 kommen hier also nicht in Betracht, insbesondere auch nicht die §§ 14 bis 21, wenn der Erwerb von Hypotheken und Grundschulden durch Beleihung von Grundstücken erfolgt. Diese Hypothekendarlehen, die nicht Deckungshypotheken sind, können also auch auf Gruben, Bergwerke und die im Art. 68 EGBGB. bezeichneten Rechte gewährt werden (s. § 12 Abs. 3 S. 2—4). Auch der Erwerb von Rentenschulden ist nicht ausgeschlossen, denn wenn das Gesetz in § 40 Abs. 1 nur die Grundschulden den Hypotheken gleichstellt, so hat es dabei (Begr. 57) nur das Pfandbriefgeschäft im Auge. Die nach § 5 erworbenen Hypotheken können Darlehenshypotheken oder auch Auseinandersetzungs- (Erbteilungs-) Hypotheken oder Restkaufgeldhypotheken sein.

Die HB. sind selbstverständlich berechtigt, die in diesem Nebengeschäftszweig erworbenen Hypotheken oder Grundschulden zur Pfandbriefdeckung zu verwenden, wenn sie den Deckungsvorschriften der §§ 11, 12 entsprechen. Die Vorschriften der §§ 14 bis 21 dagegen finden auf die im Nebengeschäftszweig erworbenen Hypotheken oder Grundschulden Anwendung (wie übereinstimmend mit Dannenbaum, S. 144, und in Abweichung von der in der zweiten Auflage hier vertretenen Auffassung anzunehmen ist). Denn nach dem Wortlaut des § 10 sind nur die Vorschriften in den §§ 11 und 12 auf

Deckungshypotheken beschränkt, während die §§ 14 bis 21 für alle von der HB. erworbenen Hypotheken usw. gelten.

[3] Nicht alle juristischen Personen des öffentlichen Rechts nach § 59 BGB. kommen hier in Frage, also nicht Stiftungen, Anstalten, wie z. B. preußische Landesfeuersozietäten und Universitäten. Anderseits sind nicht nur Gemeinden oder Kommunalverbände, Kirchengemeinden, Religionsgesellschaften u. dgl. gemeint, sondern auch andere Gemeinden, denen nach Reichs- oder Landesrecht die Eigenschaft als juristische Person und Körperschaft des öffentlichen Rechts zuerkannt ist. So z. B. die Innungen, §§ 81, 101, 104 GewO. (in Preußen), die Wasser- und Deichverbände, Ges. vom 7. April 1913. Zusammenfassend spricht man von dem Geschäft nach § 5 Abs. 2 als vom Kommunaldarlehensgeschäft.

[4] Kommunalobligationen, § 41.

[5] Kleinbahnen sind dem öffentlichen Verkehr dienende Bahnunternehmungen, die der Eisenbahnverkehrsordnung vom 23. Dezember 1908 (RGBl. 09 S. 93) nicht unterliegen. So die Begriffsbestimmung in § 473 HGB. Im einzelnen fallen Straßenbahnen, Hoch- und Untergrundbahnen, Schwebe- und Bergbahnen darunter (vgl. noch Pr. Ges. über Kleinbahnen und Privatanschlußbahnen vom 28. Juli 1892, GS. S. 225).

Kleinbahndarlehen gegen Verpfändung der Bahn setzen ein Landesgesetz gemäß Art. 112 EGBGB. voraus (Schaffung von Bahneinheiten, s. Preuß. Ges. vom 19. August 1895, neue Fassung vom 8. Juli 1902).

Die Beleihung von Vollbahnen ist nicht gestattet (KB. 6).

[6] Kleinbahnobligationen, § 42.

[7] Kommissionsgeschäfte in Wertpapieren (auch Wechsel) sind erlaubt, jedoch darf die Form des Kommissionsgeschäftes nicht zu Spekulationen benutzt werden (Begr. 25). Kommissionsgeschäfte in Waren sind ausgeschlossen. Verboten sind alle Termingeschäfte, nicht nur Börsentermingeschäfte (vgl. § 48 des BörsG. vom 22. Juni 1896). Durch das Verbot werden auch Geschäfte betroffen, die zwar in der Form eines Kassageschäftes geschlossen werden, jedoch denselben Zweck verfolgen wie Ultimogeschäfte (KB. 6).

[8] Depositengeschäft, §§ 688 bis 700 BGB. (Depositum irregulare). Die übliche Zusage einer Verzinsung ist zulässig. Nicht dagegen die Gewährung von Kontokorrentkrediten (Begr. 25). Bankdepotgeschäfte sind erlaubt gemäß den Vorschriften des Depotgesetzes vom 5. Juli 1896 und der VO. vom 21. November 1923 (RGBl. I, S. 1119). Zugelassen ist ferner das Schrankfachgeschäft.

Die früher der Nr. 5 beigefügte Beschränkung des Gesamtbetrages des hinterlegten Geldes auf die Hälfte des eingezahlten Grundkapitals ist durch Gesetz vom 14. Juli 1923 mit Rücksicht auf die damalige Inflation aufgehoben worden. Die Wiedereinführung der Beschränkung nach wiedereingetretener Normalisierung der Verhältnisse steht bevor. Ein entsprechender Gesetzentwurf (Entwurf eines vierten Gesetzes zur Abänderung und Ergänzung des Hypothekenbankgesetzes) hat die Zustimmung des Reichsrats gefunden und liegt dem Reichstag vor. (S. noch Anm. 20.) Das Inkrafttreten dieser neuen Vorschrift soll nach Art. 3 des Entwurfes von einer besonderen Bestimmung der Reichsregierung abhängen. Bis zu diesem Zeitpunkt soll den Hypothekenbanken die Annahme von Geld oder anderen Sachen zur Hinterlegung mit der Maßgabe gestattet sein, daß der Gesamtbetrag des hinterlegten Geldes das eingezahlte Grundkapital nicht übersteigen darf.

[9] Nr. 7 ist eingefügt durch Gesetz vom 26. Januar 1926. Die Bestimmung geht zurück auf §§ 3, 4 und 12 des Reichsgesetzes über die Errichtung der Deutschen Rentenbank-Kreditanstalt vom 18. Juli 1925 (RGBl. 1925 I, S. 145, 156, 398). Aus den bei der Rentenbank-Kreditanstalt aufgenommenen Geldern dürfen nur hypothekarische Darlehen gewährt werden.

[10] Die Vorschriften des Abs. 2 beziehen sich nur auf die Nutzbarmachung verfügbaren Geldes. Vgl. Anmerk.* vor § 5 über Nebengeschäfte der HB. Die Geschäfte können auch als Hilfsgeschäfte notwendig werden, z. B. der Ankauf von Pfandbriefen zum Zwecke der Verminderung des Pfandbriefumlaufs, vgl. § 6 Nr. 4 (Begr. 26).

Die im Abs. 2 vorgeschriebenen Beschränkungen greifen

bei anderen Geschäften nicht Platz. Erhält die Bank Wechsel von ihren Schuldnern zur Begleichung von Verbindlichkeiten, so brauchen die Wechsel den Vorschriften des Bankgesetzes nicht zu entsprechen (KB. 8).

[11] Auch bei Einzelfirmen des Bankgewerbes; doch weist der Ausdruck „Bankhaus" auf größere Unternehmungen. Die Aufsichtsbehörde ist befugt, einzugreifen, wenn das betreffende Bankhaus nicht die erforderliche Sicherheit gewährt (Begr. 26).

[12] Die nach Maßgabe dieser Vorschrift angeschafften Pfandbriefe gelten als im Umlaufe befindlich, vgl. Anm. 1 zu § 6. Sie sind also nicht vom Pfandbriefkonto abzuschreiben, sondern auf Effektenkonto zu buchen, und demgemäß in der Bilanz auf der Aktiv- und auf der Passivseite zu berücksichtigen. Vgl. § 24 Nr. 4 (KB. 27).

[13] Außer reichsbankfähigen Wechseln sind sinngemäß auch Schecks zum Ankauf zugelassen (s. auch Tannenbaum S. 153). Maßgebend sind § 13 des BankG. vom 14. März 1875, ferner das Scheckgesetz vom 1. März 1908 und die Bankgesetznovelle vom 1. Juni 1909, das neue Bankgesetz vom 30. August 1924 (RGBl. 24 II S. 235, abgeändert durch RGBl. 1926 II S. 355). Soweit das neue Bankgesetz Bestimmungen des alten Gesetzes abändert, gelten für die HB. die Abänderungen (s. nächste Anmerkungen). Für Wertpapiere s. § 13 des alten BankG. und § 21 des neuen BankG.

[14] Nach § 13 des alten BankG. vom 14. März 1875 (unter Berücksichtigung der Novelle vom 1. Juni 1909) war die Reichsbank befugt, Wechsel mit einer Verfallzeit von höchstens drei Monaten und drei, mindestens aber zwei haftenden zahlungsfähigen Wechselverpflichteten, ebenso Schecks mit mindestens zwei zahlungsfähigen Verpflichteten, ferner Schuldverschreibungen des Reichs, eines deutschen Staats oder inländischer kommunaler Korporationen, die nach spätestens drei Monaten mit ihrem Nennwert fällig sind, zu kaufen. Nach dem neuen BankG. vom 30. August 1924 ist die Bank befugt, Wechsel mit höchstens dreimonatiger Verfallzeit, aus denen drei zahlungsfähige Verpflichtete haften und ebensolche Schecks zu diskontieren, zu kaufen und zu verkaufen. Von dem Er-

fordernis der dritten Unterschrift kann bei Gewährung einer anderweitigen Sicherheit unter Umständen (vgl. § 21 Nr. 2 Satz 2) abgesehen werden. Schatzwechsel des Reichs darf die Bank im Betrage bis zu 400 Millionen Goldmark diskontieren, kaufen und verkaufen, wenn außer dem Reiche noch ein zahlungsfähiger Verpflichteter haftet.

15 In Betracht kommen inländische und ausländische Wertpapiere jeder Art, laut der von der HV. aufzustellenden Anweisung. Wechsel sind nicht beleihbar. Dagegen die eigenen Pfandbriefe der Bank. Die Anweisung unterliegt der Prüfung durch die Aufsichtsbehörde. Lombard- und Giroverkehr, wie bei der Reichsbank üblich, ist unzulässig.

16 Die Höhe der Beleihung richtet sich nach der Anweisung. Der Verpfänder muß die Deckung ergänzen, wenn sie infolge von Kursrückgängen nicht mehr ausreicht. Die Aufsichtsbehörde kann die Beseitigung verlustdrohender Bestimmungen aus der Anweisung verlangen (KB. 8).

17 Zur Verhütung von Verlusten an Deckungs- oder an anderen Hypotheken (Grundschulden) ist Grundstückserwerb zulässig. Erwerb kann freihändig oder in der Zwangsversteigerung erfolgen. Vgl. bez. der Verwendung als Pfandbriefunterlage § 6 Abs. 3, § 40 Abs. 2.

18 Geschäftshäuser für Hauptniederlassung und erforderlichenfalls für Zweigniederlassungen.

19 Vgl. Art. 86 EGBGB., für Preußen Art. 7 § 2 AGBGB.

20 Der dem Reichstag vorliegende Gesetzentwurf zur Abänderung und Ergänzung des Hypothekenbankgesetzes sieht die Einfügung der folgenden neuen Vorschrift vor:

§ 5a.

Privatrechtliche Kreditanstalten, die nicht Hypothekenbanken sind, dürfen Schuldverschreibungen unter der Bezeichnung als Pfandbrief oder unter einer anderen Bezeichnung, die das Wort Pfandbrief enthält, nicht in den Verkehr bringen. Dies gilt nicht für Schuldverschreibungen, die mit staatlicher Genehmigung unter der Bezeichnung als

Schiffspfandbrief in den Verkehr gebracht worden sind oder werden.

Dieser gesetzliche Schutz der Bezeichnung „Pfandbrief" hat sich als erforderlich herausgestellt, weil nach der Währungsbefestigung Geschäftsbetriebe entstanden sind, die zwar dem wirtschaftlichen Ergebnis ihres Geschäftsbetriebes nach wie Hypothekenbanken arbeiten, aber anders organisiert sind, so daß sie nicht als Hypothekenbanken gelten können, auch nicht dem Hypothekenbankgesetz unterliegen. Demgemäß sind die von ihnen ausgegebenen Schuldverschreibungen auch nicht mit den Sicherungen und Vorrechten der Hypothekenbankpfandbriefe ausgestattet. Diesen Schuldverschreibungen kommt daher die Bezeichnung Pfandbrief nicht zu, da der Verkehr unter dieser Bezeichnung nur realgedeckte, durch besondere Schutzvorschriften gesicherte Obligationen versteht. In § 13 des Ges. über die Pfandbriefe öffentlich-rechtlicher Kreditanstalten vom 21. Dezember 1927 (RGBl. I S. 492) ist bereits der Schutz der Bezeichnung „Pfandbrief" für die Schuldverschreibungen dieser Kreditanstalten vorgesehen. Der neue § 5a soll den Schutz auf die privatrechtlichen Kreditanstalten ausdehnen. Auf den seit 1918 im Verkehr üblichen Ausdruck „Schiffspfandbrief", ausgegeben von staatlich beaufsichtigten Schiffskreditanstalten, erstreckt sich das Verbot des § 5a nicht. — Im übrigen sind die Landesregierungen (nach § 795 BGB. und § 1 des Ges. über die Ausgabe wertbeständiger Schuldverschreibungen vom 23. Juni 1923, RGBl. I S. 407) an das Verbot gebunden. Darüber hinaus sind zur Erzwingung der Innehaltung gewerbepolizeiliche Maßnahmen nach dem Recht der einzelnen Länder zulässig.

Ausgabe von Hypothekenpfandbriefen[1].

[1] Hypothekenpfandbriefe sind nur die gemäß § 1 Abs. 1 ausgegebenen Schuldverschreibungen (s. auch Anmerk. zu § 1, sowie Anmerk. 20 zu § 5). Die nach § 5 Abs. 1 gewährten Darlehen berechtigen nur zur Ausgabe besonderer, als solche zu kennzeichnender Schuldverschreibungen (KB. 9). Grenze (§ 6) und Höchstbetrag (§ 7) der auszugebenden Pfandbriefe

sind festgesetzt (Begr. 27). Interimsscheine, die die Zusage der Lieferung von Pfandbriefen enthalten, kennt das Gesetz nicht.

§ 6*.

Der Gesamtbetrag der im Umlaufe[1] befindlichen Hypothekenpfandbriefe muß in Höhe des Nennwerts jederzeit durch Hypotheken[2] von mindestens gleicher Höhe und mindestens gleichem Zinsertrage[3] gedeckt sein[4].

Die Deckung muß[5], soweit Hypotheken an landwirtschaftlichen Grundstücken[6] dazu verwendet werden, mindestens zur Hälfte aus Amortisationshypotheken[7, 8] bestehen, bei denen der jährliche Tilgungsbeitrag[9] des Schuldners nicht weniger als ein Viertel vom Hundert des Hypothekenkapitals[10] beträgt. Die Bank darf jedoch, falls solche Hypotheken vor der Zeit zurückbezahlt werden, an ihrer Stelle bis zum Ablaufe der planmäßigen Tilgungszeit Hypotheken anderer Art zur Deckung benutzen.

Steht der Bank eine Hypothek an einem Grundstücke zu, das sie zur Verhütung eines Verlustes an der Hypothek erworben hat, so darf diese als Deckung von Hypothekenpfandbriefen höchstens mit der Hälfte des Betrags in Ansatz gebracht werden, mit welchem sie vor dem Erwerbe des Grundstücks durch die Bank als Deckung in Ansatz gebracht war[11].

[12]Ist infolge der Rückzahlung von Hypotheken oder aus einem anderen Grunde die vorgeschriebene Deckung in Hypotheken nicht mehr vollständig vorhanden und ist weder die Ergänzung durch andere Hypotheken noch die Einziehung eines entsprechenden Betrags von Hypothekenpfandbriefen sofort ausführbar, so hat die Bank die fehlende Hypothekendeckung einstweilen durch

Schuldverschreibungen des Reichs oder eines Bundesstaats oder durch Geld[13] zu ersetzen[14]. Die Schuldverschreibungen dürfen höchstens mit einem Betrag in Ansatz gebracht werden, der um fünf vom Hundert des Nennwertes unter ihrem jeweiligen Börsenpreise bleibt[15, 16].

* § 6 enthält das Deckungsprinzip und sichert das Gleichgewicht zwischen Pfandbriefumlauf und Pfandbriefdeckung. Die Aufsichtsbehörde hat über die Innehaltung zu wachen, vgl. Anm. 3 zu § 4, der Treuhänder hat das Recht zu zweckentsprechender Kontrolle, § 30 Abs. 1, 3; ferner werden die Vorschriften durch die Strafbestimmungen des § 37 Abs. 1 und des § 38 gesichert. Im übrigen vgl. § 22.

[1] Im Umlauf gemäß § 6 befinden sich nicht nur die Pfandbriefe, die in Händen Dritter sind, sondern auch verloste oder gekündigte PB., die bei der Bank noch nicht zur Einlösung vorgelegt sind, ferner solche, die von der Bank nach § 5 Abs. 2 angeschafft sind (KB. 10). Vernichtete oder dem Treuhänder vorläufig zum Mitverschluß zurückgegebene PB. sind nicht mehr im Umlauf (s. auch Anm. 11). Vgl. auch §§ 23, 24, 48.

[2] Hypotheken nach Vorschrift der §§ 6 und 10, sowie §§ 11 und 12. Nach § 40 auch Grundschulden. Vgl. Anm. 3 zu § 1. Die Hypotheken brauchen nicht den §§ 14 bis 21 zu entsprechen; vgl. § 10 Anm. 1, und § 22.

[3] Eine unmittelbare Beziehung zwischen den einzelnen Pfandbriefen und bestimmten Hypotheken besteht nicht. Demnach kann auch nur der Gesamtbetrag der Hypothekenzinsen dem Gesamtbetrage der Pfandbriefzinsen gegenübergestellt werden (KB. 27). Gedeckt sein müssen die Zinssätze, nicht die gesamte Zinsforderung bis zur Fälligkeit.

[4] Die zur Deckung bestimmten Hypotheken müssen im Hypothekenregister eingetragen sein, vgl. § 22 Abs. 1, § 35 Abs. 1. RM.-Hypotheken müssen durch RM.-Pfandbriefe gedeckt sein, entsprechendes gilt für Goldmark- und evtl. Valutahypotheken.

Nicht zur Volldeckung verwendbare Hypotheken s. § 6 Abs. 3, § 40 Abs. 2, und Anm. 7 zu § 23 Abs. 2.

Das in Abs. 1 vorgeschriebene Mindestmaß an Deckungshypotheken muß, abgesehen von dem Falle des Abs. 4, stets vorhanden sein. Über eine vorhandene Überdeckung kann die Bank frei verfügen, § 21 Abs. 2 S. 1.

5 Auf die Deckung der Pfandbriefe durch Hypotheken, die vor dem 1. Januar 1900 (Inkrafttreten des Gesetzes) von einer HB. satzungsgemäß erworben sind, findet Abs. 2 keine Anwendung, vgl. § 49.

6 Die Bezeichnung ist gemäß §§ 582 ff. BGB. zu verstehen. Entscheidend ist nicht die örtliche Lage, sondern die Bewirtschaftungsart (Begr. 27). Forstwirtschaftliche Grundstücke und solche, die der Gewinnung gärtnerischer Erzeugnisse dienen, gehören ebenfalls dazu. Grundstücke, die nur einem landwirtschaftlichen Nebenerwerbe dienen (z. B. Brennerei), sind als landwirtschaftliche nicht anzuerkennen.

7 Siehe §§ 19 bis 21 über Tilgungshypotheken. Die Hälfte der Deckung muß aus Tilgungshypotheken bestehen; insoweit Hypotheken auf landwirtschaftlichen Grundstücken verwendet werden, reicht die Hälfte der zur Deckung verwendeten Hypotheken dieser Art.

8 Die Berechnungsvorschrift gilt nur für Deckungshypotheken, nicht also für Hypotheken aus den Geldern der Rentenbank-Kreditanstalt.

9 Vgl. § 19 Abs. 2.

10 Vgl. § 21 Abs. 1 S. 2. Der Tilgungsbeitrag beträgt mindestens, d. h. vorbehaltlich anderer Bestimmungen der Bank, ein Viertel v. H. des ursprünglichen Hypothekenkapitals.

11 Die Grundstücke sind entweder freihändig oder in der Zwangsversteigerung erworben. Im übrigen gilt auch für diese Hypotheken das Vorrecht gemäß § 35. Lediglich in der Deckungsfrage werden die Hypotheken anders behandelt als die nach §§ 1, 5 erworbenen Hypotheken, sie sind nämlich nur zur Hälfte unterlagsfähig (V. Begr. 28). Zu berücksichtigen sind noch § 40 Abs. 2 und § 23 Abs. 2.

12 Absatz 4 behandelt die Zulässigkeit der Ersatzdeckung. Sie

ist nicht unbeschränkt an Stelle der Hypothekendeckung gestattet, sondern nur zur zeitweiligen Ergänzung einer bei der Ausgabe der Pfandbriefe vorhanden gewesenen Deckung: Voraussetzung ist, daß eine anderweitige Ergänzung nicht sofort zu beschaffen ist. Die Ersatzdeckung ist also nicht statthaft, um die Deckung für die Ausgabe der Pfandbriefe auf die vorgeschriebene Höhe zu bringen. Bei der Bemessung der Ersatzdeckung sind auch die Pfandbriefzinsen zu berücksichtigen, vgl. Anm. 1 zu § 30 (s. noch KB. 11, Begr. 29). Zur Ergänzung des § 6 ist § 9 des Gesetzes über wertbeständige Hypotheken vom 23. Juni 1923 (RGBl. I S. 407) heranzuziehen. Als Ersatzdeckung wertbeständiger Hypotheken sind danach (nur) wertbeständige Wertpapiere zugelassen; geeignete staatlich oder staatlich gewährleistete Schuldverschreibungen stehen nicht immer zur Verfügung.

[13] Banknoten sind nicht ausgeschlossen (KB. 12). Die Ersatzdeckung der wertbeständigen Pfandbriefe ist im § 9 WertbHypG. (s. Anm. 12) geregelt. Danach können auf Goldmark lautende Pfandbriefe auch durch Geld gedeckt werden, wobei die Reichsmark auf Goldmark nach § 2 der ersten DurchfVO. zum WertbHypG. gerechnet wird.

[14] Geld muß in den Mitverschluß des Treuhänders gelangen, um die Vorzugseigenschaft der Pfandbriefdeckung zu erlangen. Bei Wertpapieren genügt Eintragung in das Hypothekenregister (§ 22, § 35 Abs. 1).

[15] Die Deckung ist bei Kursrückgängen entsprechend zu ergänzen, anderseits kann durch Kurssteigerung ein Teil der Deckung frei werden, § 31 Abs. 2 S. 1. Vgl. auch § 23 Abs. 2. Die Pfandbriefgläubiger haben an den Wertpapieren im vollen Betrage das Vorzugsrecht nach § 35, s. auch § 22 Anm. 1.

[16] Die Ausgabe neuer Pfandbriefe auf Grund der Ersatzdeckung ist im Gesetz nicht erwähnt; die Zulässigkeit ist zweifelhaft. Die preußische Aufsichtsbehörde hat sich in einer Verfügung vom 15. Juni 1910 gegen die Zulassung der Ersatzdeckung als Grundlage einer Neuausgabe von Pfandbriefen ausgesprochen.

§ 7.

Die Hypothekenbanken dürfen Hypothekenpfandbriefe nur insoweit[1] ausgeben und Darlehen von der Deutschen Rentenbank-Kreditanstalt nur insoweit aufnehmen, als der Betrag der ausgegebenen Hypothekenpfandbriefe[2] zuzüglich des Betrags der bei der Deutschen Rentenbank-Kreditanstalt aufgenommenen Darlehen den zwanzigfachen Betrag[3] des eingezahlten[4] Grundkapitals und des ausschließlich zur Deckung einer Unterbilanz[5] oder zur Sicherung der Pfandbriefgläubiger oder der Forderungen der Deutschen Rentenbank-Kreditanstalt aus der Darlehnsgewährung bestimmten Reservefonds[6] nicht übersteigt.

[1] Die ursprüngliche Fassung des § 7 ließ die Ausgabe von Hypothekenpfandbriefen nur bis zum fünfzehnfachen Betrage des eingezahlten Grundkapitals und des Reservefonds zu. Seit dem 2. Gesetz zur Änderung und Ergänzung des HypBankGes. vom 26. Januar 1926 gilt die jetzige Fassung. (Vorangegangen sind Abänderungen durch das erste Änderungsgesetz vom 14. Juli 1923, sowie ferner durch das Gesetz über wertbeständige Hypotheken vom 23. Juni 1923, durch V. vom 30. September 1923, V. vom 7. Dezember 1923, V. über die Umwandlung von Kreditanstalten in Hypothekenbanken vom 14. Dezember 1923, ferner durch die V. vom 20. Juni 1925.

[2] Den Pfandbriefen stehen Kleinbahnobligationen gleich (§ 42). Für Kommunalobligationen gilt § 41 Abs. 2. Die Umlaufsgrenze gilt auch für wertbeständige Hypotheken, aber nicht für Liquidationsgoldpfandbriefe (§ 84 der V. über die weitere Durchführung der Aufwertung von Pfandbriefen und verwandten Schuldverschreibungen vom 28. Juli 1926, RGBl. I S. 423) und Mobilisierungsgoldpfandbriefe (Art. II derselben Verordnung).

Für gemischte Hypothekenbanken s. §§ 46, 48.

[3] **Betrag in Reichsmark.** Alle Hypothekenbanken haben gemäß 2. V. zur Durchführung des Münzgesetzes vom 12. De-

zember 1924 (RGBl. I S. 775) ihr Kapital auf Reichsmark umgestellt. Soweit dem RM.-Kapital Goldmark- oder andere wertbeständige Pfandbriefe gegenüberstehen, berechnet sich ihr Wert nach § 9 des Ges. über wertbeständige Hypotheken vom 23. Juni 1923. Die alten Markpfandbriefe kommen für die Berechnung der Umlaufgrenze nicht in Frage. Für sie gelten die Aufwertungsbestimmungen des AufwG. vom 16. Juli 1925 (RGBl. I S. 117), des Ges. vom 9. Juli 1927 (RGBl. I S. 171), die DurchfVO. vom 9. Juli 1927 und die damit im Zusammenhang ergangenen V.en des Reiches und der Länder.

[4] Vgl. § 186 Abs. 2, § 279. Auch durch Sacheinlagen. Bei vorhandener Unterbilanz ist nur das verminderte Kapital maßgebend (s. auch Begr. 30). S. auch §§ 178, 320 HGB.

[5] Siehe § 262 HGB.

[6] Der Reservefonds zur Deckung einer Unterbilanz ist die Rückstellung nach § 263 HGB. Für die Sicherung der Pfandbriefgläubiger oder der Darlehnsforderung (§ 5 Abs. 1 Ziff. 7) der Rentenbank-Kreditanstalt können (ein oder mehrere) besondere Fonds dienen. Sie müssen in der Bilanz erkennbar ausgewiesen sein.

[7] Aus der Natur der Sache folgt, daß eine Zurückzahlung des Grundkapitals oder eine Verteilung des über die gesetzliche Höhe (§ 262 HGB.) hinausgehenden Teiles des Reservefonds unzulässig ist, soweit bereits Pfandbriefe auf Grund des in Frage kommenden Teiles des Aktienkapitals oder Reservefonds ausgegeben sind (Begr. 30).

§ 8.

In den Hypothekenpfandbriefen[1] sind die für das Rechtsverhältnis zwischen der Hypothekenbank und den Pfandbriefgläubigern maßgebenden Bestimmungen, insbesondere in betreff der Kündbarkeit der Hypothekenpfandbriefe, ersichtlich zu machen[2, 3].

Die Hypothekenbank darf auf das Recht zur Rückzahlung[4] der Hypothekenpfandbriefe höchstens für einen

Zeitraum von zehn Jahren verzichten. Den Pfandbriefgläubigern darf ein Kündigungsrecht nicht eingeräumt werden[5].

[1] Verletzung der vorgeschriebenen Form der Pfandbriefe hat nicht Ungültigkeit zur Folge. Zuständig für die Kontrolle sind die Aufsichtsorgane.

[2] Eine Verweisung auf die Satzungen der Bank oder andere derartige Vorschriften sind unzulässig (Begr. 20). Siehe auch noch § 30 Abs. 3, § 38.

[3] Zu den Kündigungsbestimmungen gehören die für die Bank geltenden Kündigungs- und Rückzahlungsmöglichkeiten, sowie ein etwaiger Tilgungsplan.

[4] Auf das Recht für Rückzahlung kann die Bank nur für höchstens 10 Jahre verzichten. Die Frist beginnt spätestens mit der Ausgabe der Pfandbriefe (Pfandbriefreihe) zu laufen. Wenn eine Hypothekenbank für eine gewisse Zeit auf die Rückzahlung verzichtet, wird auch bei den zur Pfandbriefdeckung bestimmten Hypotheken im großen und ganzen die Rückzahlung für den gleichen Zeitraum ausgeschlossen (Begr. 30). S. auch § 18 Abs. 2.

[5] Kündigungsrecht und Rückforderungsrecht der Pfandbriefgläubiger ist ausgeschlossen.

§ 9.

Die Ausgabe von Hypothekenpfandbriefen, deren Einlösungswert den Nennwert übersteigt, ist nicht gestattet[1].

[1] Zuschlagpfandbriefe und Prämienpfandbriefe sind unzulässig. Die Vorschrift gilt sinngemäß auch für Kommunalobligationen, Kleinbahnobligationen, Rentenbriefe (§§ 41, 42, 52). Ausnahmsweise ist in Art. I § 7 der V. vom 28. Juli 1926 den Banken gestattet, bei den 50-M.-Liquidationsgoldpfandbriefen, die gesamten Pfandbriefzinsen nebst Zinseszinsen erst bei Fälligkeit des Kapitals zu zahlen.

Bedingungen bei der Gewährung hypothekarischer Darlehen[1].

[1] In den nachfolgenden §§ 10 bis 12 sind die Bestimmungen über die von den Hypothekenbanken im Betriebe des Pfandbriefgeschäfts vorgenommenen hypothekarischen Beleihungen enthalten. Die Vorschriften der §§ 13 bis 21 gelten auch für die im Nebengeschäftsbetrieb gewährten Darlehen. Die Satzung kann noch strengere Bestimmungen einführen.

§ 10.

Als Deckung für Hypothekenpfandbriefe dürfen nur Hypotheken benutzt werden, welche den in den §§ 11, 12 bezeichneten Erfordernissen entsprechen[1].

[1] Das Gesetz stellt nur die allgemeinen Grundsätze auf, die für die Hypothekenbanken im Darlehensgeschäft gelten sollen. Der Schwerpunkt der Geschäftshandhabung wird immer in der sachgemäßen Prüfung und Würdigung der Umstände des einzelnen Falles durch die Verwaltungsorgane und der von ihnen beauftragten Schätzer liegen (Begr. 30).

Die Überwachung der Verwendung vorschriftsmäßiger Hypotheken zur Pfandbriefdeckung ist Pflicht des Treuhänders (§§ 29, 30 Abs. 1). Auch die Aufsichtsbehörde hat ein Kontrollrecht. Ein Verstoß gegen die Vorschriften kann eine zivilrechtliche Verantwortlichkeit der Hypothek gegenüber den Pfandgläubigern begründen.

Die §§ 11, 12 finden auch Anwendung, wenn die Hypothekenbank die Hypotheken oder Grundschulden von Dritten erwirbt. S. Anm. 3 zu § 1; Anm. 1 zu § 5. Vgl. ferner § 6 Abs. 2, 3; § 21 Abs. 1 S. 2; § 23 Abs. 2; § 40 Abs. 2.

§ 11.

Die Beleihung ist auf inländische Grundstücke[1] beschränkt und der Regel nach nur zur ersten Stelle zulässig[2, 3].

Die Beleihung darf die ersten drei Fünfteile des

Wertes des Grundstücks[4] nicht übersteigen[5]. Die Zentralbehörde eines Bundesstaats kann die Beleihung landwirtschaftlicher Grundstücke[6] in dem Gebiete des Bundesstaats oder in Teilen dieses Gebiets bis zu zwei Dritteilen des Wertes gestatten[7].

[1] Grundstücke und Berechtigungen. Nach § 18 AusfG. zum Versailler Vertrag vom 31. August 1919 (RGBl. S. 1530) dürfen zur Pfandbriefdeckung die Hypotheken auch in den abgetretenen Gebieten weiter dienen. Diese Hypotheken sind inzwischen zum größten Teil zurückgezahlt. Neue Hypotheken in den abgetretenen Gebieten sind keine Pfandbriefunterlagen. Das Saargebiet gilt als Inland. Jedoch ergeben sich aus der Verschiedenheit der Valuta für die Beleihungstätigkeit unter Umständen praktische Schwierigkeiten. Danzig ist Ausland. Vgl. hierzu noch § 18 AusfGVersVertr.

[2] Die erste Stelle vor (d. i. der Vorrang vor allen) Eintragungen in der zweiten und dritten Abteilung des Grundbuchs ist grundsätzlich gefordert. Für die Zwangsversteigerung bedeutsam. Ausnahmen können nur dann als zulässig gelten, wenn es sich um voreingetragene ältere Lasten oder Schuldposten handelt, die offenbar durch Zahlung erledigt oder sonstwie gegenstandslos geworden sind (Begr. 32). Für gelöschte, aber noch der Aufwertung unterliegende Lasten gilt dies nicht. Im übrigen können zweitstellige Hypotheken zur Pfandbriefdeckung grundsätzlich nicht benutzt werden, vgl. Anm. 3. (S. noch AB. 12.)

[3] Rentenbanklast und Industriebelastung gehen nach den Bestimmungen in § 4 des ReichsG. über die Liquidierung des Umlaufs an Rentenbankscheinen vom 30. August 1924 (RGBl. II S. 252) in Verbindung mit §§ 6 bis 8 und 10 der V. über die Errichtung der Deutschen Rentenbank vom 15. Mai 1923 (RGBl. I S. 693), und nach dem Ges. vom 30. August 1924 (RGBl. II S. 427), auch wenn sie nicht eingetragen sind, allen anderen Grundstückslasten im Range vor. § 24 der 2. DurchfVO. zum Industriebelastungsgesetz vom 5. Dezember 1924 (RGBl. II S. 427) bestimmt aber, daß die

Industrielast bei der Berechnung der Höhe der Bankhypothek (s. Abs. 2 § 11) außer Betracht bleiben kann. In beiden Fällen handelt es sich aber, falls eine Bankhypothek eingetragen wird, um eine nachstellige Hypothek. Sie wird indes von den Banken und im Verkehr wie eine erststellige behandelt.

Sonstige Steuern und Abgaben, die nicht eingetragen sind, gelten nicht als rangschmälernd, doch werden sie bei der Wertschätzung des Grundstücks zu berücksichtigen sein. Dies gilt insbesondere von der Hauszinssteuer nach dem ReichsG. über den Geldentwertungsausgleich bei bebauten Grundstücken vom 1. Juni 1926 (RGBl. S. 251).

[4] Vgl. die Bewertungsvorschriften in § 12.

[5] Die Beleihung darf drei Fünftel oder 60 v. H. des nach § 12 zu ermittelnden Wertes des Grundstückes nicht übersteigen. Gehen Belastungen (s. Anm. 2 u. 3) der Bankhypothek voran, so sind sie bei der Feststellung der Beleihungsgrenze mit einzurechnen. Die Innehaltung der Grenze unterliegt der Nachprüfung durch die Aufsichtsbehörde. Diese hat auch während der Laufzeit der Hypothek das Recht, die Fortdauer des bei der Beleihung geschätzten Wertes zu kontrollieren. — Vgl. noch § 23 Abs. 2.

[6] Die wirtschaftliche Verwendung entscheidet. S. auch § 6 Abs. 2.

[7] Für alle Beleihungen im Gebiet des Staates. Ob die einzelne Hypothekenbank davon Gebrauch machen kann, richtet sich zunächst nach ihren Satzungen.

Zurzeit ist die Zweidrittel-Belastung nirgends zugelassen.

§ 12.

Der bei der Beleihung angenommene Wert[1] des Grundstücks darf den durch sorgfältige Ermittelung[2] festgestellten Verkaufswert[3] nicht übersteigen. Bei der Feststellung dieses Wertes sind nur die dauernden Eigenschaften des Grundstücks und der Ertrag zu be-

rücksichtigen, welchen das Grundstück bei ordnungsmäßiger Wirtschaft jedem Besitzer nachhaltig gewähren kann[4].

Soweit vor der Beleihung die Grundstücke durch eine öffentliche Behörde des Gebiets, in welchem sie liegen, abgeschätzt werden, kann der Bundesrat bestimmen, daß der bei der Beleihung angenommene Wert auch den durch eine solche Abschätzung festgestellten Wert nicht übersteigen darf[5].

Die zur Deckung von Hypothekenpfandbriefen verwendeten Hypotheken an Bauplätzen[6] sowie an solchen Neubauten, welche noch nicht fertiggestellt und ertragsfähig sind, dürfen zusammen den zehnten Teil des Gesamtbetrags der zur Deckung der Hypothekenpfandbriefe benutzten Hypotheken[7] sowie den halben Betrag des eingezahlten Grundkapitals nicht überschreiten[8]. Im übrigen sind Hypotheken an Grundstücken, die einen dauernden Ertrag nicht gewähren[9], insbesondere an Gruben und Brüchen, von der Verwendung zur Deckung von Hypothekenpfandbriefen ausgeschlossen. Das gleiche gilt von Hypotheken an Bergwerken. Hypotheken an anderen Berechtigungen, für welche die sich auf Grundstücke beziehenden Vorschriften Anwendung finden, sind von der Verwendung zur Deckung von Hypothekenpfandbriefen ausgeschlossen, sofern die Berechtigungen einen dauernden Ertrag nicht gewähren.

[1] § 12 enthält die Vorschriften über den Beleihungswert der Grundstücke und die Wertermittlung.

[2] Das Verfahren zur Wertermittlung der zu beleihenden Grundstücke ist durch die nach § 13 zu erlassende Anweisung zu regeln. § 12 enthält die bei der Schätzung zu befolgenden materiellen Grundsätze. Eine genaue Schätzung ist grundsätzlich in allen Fällen, auch bei kleineren Objekten und geringeren Darlehnsbeträgen, vorzunehmen. Das früher für

solche Fälle als üblich zugelassene vereinfachte Wertfestsetzungsverfahren kann wegen der allgemein erhöhten Schwierigkeit zutreffender Wertermittlung jetzt nicht mehr durchweg anerkannt werden. (Für landwirtschaftliche Grundstücke ist in Preußen ausnahmsweise Schätzung nach dem Mehrfachen des Grundsteuerreinertrages zugelassen.)

³ Der Verkaufswert ist der Grenzwert nach oben. Die Feststellung setzt die Kenntnis der Marktverhältnisse voraus. Bei der noch ungewissen Lage des Grundstücksmarktes müssen auch künftige ungünstige Entwicklungsmöglichkeiten berücksichtigt werden. Verkaufswert ist der Wert, den das Grundstück unter Berücksichtigung aller vorliegenden Umstände voraussichtlich bei einem Verkauf aufweist: also der beim Verkauf normalerweise erzielbare Preis.

⁴ Zu berücksichtigen sind bei der Schätzung die dauernden Eigenschaften des Grundstücks und der Ertrag. Zu den dauernden Eigenschaften kann die Lage des Grundstücks, unter Umständen auch die Benutzungsart, zählen.

Bei der Ermittlung des Verkaufswertes ist der Ertrag zu berücksichtigen, den das Grundstück bei ordnungsmäßiger Bewirtschaftung jedem Besitzer regelmäßig und dauernd, das ist nachhaltig gewähren kann. Danach ist nicht neben dem Verkaufswert eine besondere Schätzung des Grundstücks nach dem Ertragswert vorgeschrieben, sondern der Ertrag soll bei der Feststellung des Verkaufswertes mit berücksichtigt werden.

Der zu berücksichtigende Ertrag muß jedem Besitzer zugänglich sein. Individuelle Verhältnisse des derzeitigen Besitzers, besondere Kenntnisse und Fähigkeiten, dürfen also nicht in Betracht gezogen werden. Dies gilt namentlich für die Beleihung von Grundstücken, auf denen sich industrielle Anlagen befinden (KB. 15). Die Entscheidung, ob der Ertrag nur zeitweilig, wegen der besonderen Nutzungsart vorübergehend, oder nachhaltig und dauernd ist, setzte eine Prüfung von Fall zu Fall voraus. Allgemeingültige Regeln können nicht aufgestellt werden.

Hotels und Warenhäuser sind nach der preuß. Aufsichtsverfügung vom 5. März 1904 unter bestimmten Voraussetzungen beleihbar. Die in dieser Hinsicht gegebenen Vorschriften sollen allgemein zur Anwendung kommen, wenn nicht der Wert des unbebauten Bodens bereits den Darlehnsbetrag deckt, oder wenn nicht ganz besonders geartete Verhältnisse vorliegen, die keinen Zweifel an der realen Sicherheit der Unterlagehypothek aufkommen lassen. Um den Wert zu ermitteln, den ein solches Grundstück ohne Berücksichtigung seiner derzeitigen Benutzungsart hat, soll außer der Festsetzung des Wertes des unbebauten Grund und Bodens im einzelnen Falle der Materialwert des Gebäudes um den Betrag gekürzt werden, der auf den Umbau des Hotels oder Warenhauses in ein Wohn- oder Miethaus ortsüblicher Art verwendet werden müßte. Auch bei Bestimmung des Ertragswertes soll von der Verwendung des Gebäudes als gewöhnliches Wohn- oder Miethaus ausgegangen werden. Diese aus dem Jahre 1904 stammenden Grundsätze sind durch die inzwischen erfolgte Entwicklung, namentlich des Warenhauswesens, inzwischen offenbar in vielen Punkten überholt und bedürfen einer Anpassung an die gegenwärtigen Verhältnisse.

5 Der Reichsrat hat die in Abs. 2 vorgesehene Bestimmung bisher nicht getroffen, so daß die Taxen öffentlicher Taxämter, die an manchen Orten bestehen, kein anderes Gewicht für die Wertermittlung zwecks hypothekarischer Beleihung besitzen, wie private Schätzungen (s. auch Begr. 31).

6 Bauplatzhypotheken sind nicht grundsätzlich verboten. Sie dienen der Förderung der Neubautätigkeit, und werden meistens in Verbindung mit Neubauhypotheken gegeben. Der Ertrag (wie in Abs. 1) kann hier nicht berücksichtigt werden. Ob eine Bauplatzhypothek vorliegt, wird im übrigen im allgemeinen danach zu beurteilen sein, ob bei der Ermittlung des Wertes die Bebaubarkeit als entscheidender Umstand berücksichtigt und die Beleihung entsprechend hoch gewährt ist, während die Bebauung noch nicht erfolgt ist. Auch bereits bebaute Grundstücke können unter besonderen Verhältnissen als Bauplätze beliehen werden. (Wegen landwirtschaftlicher Grundstücke, die nicht als Bauplätze gelten können, vgl. Begr. 35.)

[7] Im Falle des § 6 Abs. 4 der gesamten als Pfandbriefdeckung dienenden Werte.

[8] Bauplatz- und Baugeldhypotheken sind also in einer relativ begrenzten Höhe zulässig. S. a. § 28 Abs. 1 Nr. 2.

[9] Für die Frage der dauernden Ertragsfähigkeit ist nicht der Umstand entscheidend, ob der Ertrag während der Dauer des Vertragsverhältnisses bei ordnungsmäßiger Wirtschaft vorhanden sein wird, sondern ein Grundstück ist auch dann nicht dauernd ertragsfähig, wenn die Produktion sich nach dem natürlichen Laufe der Dinge einmal, wenn auch erst lange nach Ablauf des Vertragsverhältnisses, erschöpfen wird. Aus diesem Grunde sind Gruben, Brüche und Bergwerke schlechthin von der Beleihung ausgeschlossen. Das gleiche wird von Mooren, Torfstichen u. dgl. zu gelten haben. Bei Weinbergen und Waldgrundstücken entscheidet die Art der Bewirtschaftung. Im übrigen ist an erster Stelle die Satzung maßgebend.

Erbbaurechte sind beleihbar nach der VO. vom 15. Januar 1919 (RGBl. 72). S. a. pr. Vf. vom 25. März 1919 (JMBl. 138) und 12. Januar 1921 (JMBl. 50). Voraussetzung ist angemessener Verkaufswert. Wegen Beleihbarkeit von Erbpachtrechten s. Begr. 35. Apothekengerechtigkeiten: pr. Vf. vom 18. Februar 1911.

§ 13.

Die Hypothekenbank hat auf Grund der Vorschriften des § 12 eine Anweisung über die Wertermittelung zu erlassen[1]; die Anweisung bedarf der Genehmigung der Aufsichtsbehörde[2].

Nimmt die Bank hypothekarische Beleihungen in dem Gebiet eines Bundesstaats vor, in dem sie nicht ihren Sitz hat, so ist die Anweisung auch der Aufsichtsbehörde dieses Bundesstaats einzureichen[3]. Über Beanstandungen, die von der Behörde erhoben werden, beschließt, wenn die Erledigung in anderer Weise[4] nicht zu erreichen ist, der Bundesrat; die Beschlußfassung des

Bundesrats wird auf Antrag durch den Reichskanzler herbeigeführt[5].

[1] Vgl. Anm. 1 zu § 12. Die Anweisung soll die Beachtung der Vorschriften in den §§ 11 und 12 sichern. Die Anweisung bedarf der Genehmigung der Aufsichtsbehörde. Die Aufsichtsbehörde ist in der Lage, von sich aus Beanstandungen zu erheben und Weisungen zu erteilen. Eine Abweichung von dem in der Anweisung geregelten Ermittlungsverfahren erscheint zwar nicht grundsätzlich ausgeschlossen, doch ist die Hypothekenbank der Aufsichtsbehörde gegenüber bei Abweichungen verantwortlich, auch kann der Treuhänder auf Grund der ihm nach § 30 Abs. 1 obliegenden Prüfung Einwendungen erheben. Darum sollten in der Anweisung möglichst alle denkbaren Fälle der Wertermittlung berücksichtigt werden. Im einzelnen entscheidet über die an die Anweisung zu stellenden Erfordernisse das Ermessen der Aufsichtsbehörde.

[2] Vgl. § 3.

[3] Eine Genehmigung des anderen Staates ist nicht erforderlich.

[4] Z. B. durch Herbeiführung einer Einigung.

[5] Der Aufsichtsbehörde des Beleihungsstaates werden durch die Vorschrift keine Aufsichtsbefugnisse über die Hypothekenbank eingeräumt. Insbesondere ist sie nicht in der Lage, die Vornahme der Beleihung zu untersagen. Dagegen kann die für die Hypothekenbank zuständige Aufsichtsbehörde, sofern sie etwaigen Beanstandungen Folge zu geben gewillt ist, die Beleihung verhindern und die Bank zur Änderung der Anweisung, sei es im allgemeinen, sei es nur für den betreffenden Staat, veranlassen; vgl. § 4 Abs. 1. Bis zum Erlaß einer solchen Anordnung hat die Bank bei der Vornahme von Beleihungen nach Maßgabe ihrer Anweisung zu verfahren. Vgl. noch § 15 Abs. 3.

§ 14.

Die hypothekarischen Darlehen sind in Geld zu gewähren[1].

Die Gewährung von Darlehen in Hypothekenpfandbriefen[2] der Bank zum Nennwert[3] ist nur zulässig, wenn die Satzung der Bank sie gestattet und der Schuldner ausdrücklich[4] zustimmt. In diesem Falle ist dem Schuldner urkundlich das Recht einzuräumen, die Rückzahlung der Hypothek nach seiner Wahl in Geld oder in Hypothekenpfandbriefen der Bank, die derselben Gattung[5] angehören wie die empfangenen, nach dem Nennwerte zu bewirken. Hypothekenpfandbriefe, die bei der amtlichen Feststellung des Börsenpreises nicht unterschieden werden, gelten im Sinne dieser Vorschrift stets als zu derselben Gattung gehörig[6].

[1] Die Verpflichtung der Zahlung der Darlehensvaluta in Geld gilt vorbehaltlich der Ausnahme in Abs. 2 des vorliegenden Paragraphen. Geld ist deutsches Reichsgeld. Anweisung oder Überweisung von Geld statt der Barauszahlung ist zulässig. Die Rückzahlung hat in Geld zu geschehen (KB. 17). Zurückzuzahlen ist die im Darlehensvertrag festgesetzte und im Grundbuch eingetragene Schuldsumme. Die Höhe der Auszahlung, die häufig niedriger ist als der Nennbetrag, kommt für den zurückzuzahlenden Betrag nicht in Betracht.

Für wertbeständige Hypotheken s. § 1 des Ges. vom 23. Juni 1923.

[2] Pfandbriefdarlehen statt Gelddarlehen sind nur als Ausnahmen zugelassen. Bei Pfandbriefdarlehen muß dem Schuldner wahlweise das Recht eingeräumt werden, in Geld oder in Pfandbriefen zurückzuzahlen. (Wahlschuld nach §§ 262 bis 265 BGB.) Reine Pfandbriefdarlehen (Pfandbriefempfang und obligatorische Pfandbriefrückerstattung) wären auch grundbuchlich nicht eintragungsfähig, da es an Bestimmtheit der Geldsumme fehlt.

Einer nachteiligen Beeinflussung des Pfandbriefkurses durch unzeitige Verkäufe des Darlehensempfängers kann die Bank dadurch vorbeugen, daß sie sich das Recht vorbehält, den Verkauf der Pfandbriefe selbst auszuführen oder die Pfandbriefe zum laufenden Kurse zu übernehmen (Begr. 36).

³ Den Kursverlust trägt der Darlehensempfänger.

⁴ Die Zustimmung muß nicht notwendig schriftlich sein; in der Praxis wird sie meist in dieser Form verlangt.

Die Bank vereinbart zuweilen mit dem Darlehensempfänger, daß er die empfangenen Pfandbriefe während einer bestimmten Zeit nicht an einer deutschen Börse verkauft (Sperre als Kursschutzmittel). Die Abmachung hat nur schuldrechtliche Wirkung. Die Verwertung gesperrter Pfandbriefe durch Beleihung (Lombardierung) ist zulässig.

⁵ Wenn der im Abs. 2 Satz 2 vorgesehene Fall nicht gegeben ist, kommt es darauf an, ob die Pfandbriefe den Besitzern gleiche oder verschiedene Rechte gewähren. Namentlich ist die Höhe der Zinsen oder Art und Zeit der Rückzahlung maßgebend. Pfandbriefe, die einer regelmäßigen Verlosung unterliegen, sind der Gattung nach verschieden von Pfandbriefen, für die eine planmäßige Tilgung nicht festgesetzt ist. Ebenso verhält es sich mit Pfandbriefen, hinsichtlich deren die Bank sich des Rechtes der Rückzahlung auf bestimmte Zeit begeben hat, gegenüber solchen, die jederzeit kündbar sind (Begr. 36).

Pfandbriefe mit verschiedenen wertbeständigen Maßstäben (Reichsmark, Goldmark, Roggen usw.) sind verschiedener Gattung.

⁶ Daraus folgt nicht, daß umgekehrt bei getrennter Kursnotiz stets Verschiedenheit der Pfandbriefgattungen anzunehmen ist (Begr. 36). Denn an den Börsen besteht eine verschiedene Praxis. Die Vereinheitlichung wäre zweckmäßig.

§ 15.

Die Grundzüge der Bedingungen für die hypothekarischen Darlehen sind von der Hypothekenbank festzustellen[1]; die Grundzüge bedürfen der Genehmigung der Aufsichtsbehörde. In den Bedingungen ist namentlich zu bestimmen, welche Nachteile den Schuldner bei nicht rechtzeitiger Zahlung treffen sowie unter welchen Voraussetzungen die Bank befugt ist, die vorzeitige Rückzahlung der Hypothek zu verlangen[2].

Nimmt die Bank Beleihungen in dem Gebiet eines Bundesstaats vor, in dem sie nicht ihren Sitz hat, so kann die Aufsichtsbehörde dieses Bundesstaats verlangen, daß ihr die Grundzüge der Darlehensbedingungen eingereicht werden. Auf die Erledigung von Beanstandungen finden die Vorschriften des § 13 Abs. 2 Satz 2 entsprechende Anwendung[3].

Der Aufsichtsbehörde des im Abs. 2 bezeichneten Bundesstaats ist auf ihr Verlangen alljährlich ein Verzeichnis der hypothekarischen Beleihungen einzureichen, welche die Bank in dem Gebiete des Bundesstaats vorgenommen hat[4]. Der Bundesstaat kann Bestimmungen über die Einrichtung und den Inhalt der Verzeichnisse erlassen.

[1] Die Darlehnsbedingungen sind die einzelnen Bestimmungen des mit dem Kreditnehmen abzuschließenden Vertrages. Die Feststellung der Bedingungen in den Grundzügen soll es der Aufsichtsbehörde ermöglichen, auf den Inhalt der Darlehnsbedingungen in geeigneter Weise einzuwirken, und ferner dem Darlehnsuchenden die Möglichkeit geben, die Bedingungen vorher zu prüfen. Den Grundsätzen müssen die Vorschriften der §§ 14 bis 21 zugrunde liegen. Da es sich nur um Grundzüge handelt, bedarf es nicht der Aufzählung und Festlegung aller Einzelheiten.

Auch ist eine Abweichung, wenn besondere Umstände sie erforderlich machen, nicht schlechthin ausgeschlossen.

[2] Die in Abs. 1 Satz 2 bezeichneten Bestimmungen müssen in den aufzustellenden Grundzügen enthalten sein, auch werden sie über die im § 16 angegebenen Punkte Bestimmungen zu treffen haben. Vgl. auch § 19 Abs. 1 Satz 2 und § 17.

[3] Vgl. Anm. 5 zu § 13.

[4] Die Liste ist als geheim zu betrachten (KB. 19).

§ 16.

In den von der Hypothekenbank verwendeten Darlehensprospekten und Antragsformularen[1] sind alle Be-

stimmungen über die Art der Auszahlung der Darlehen, über Abzüge zugunsten der Bank[2], über die Höhe und Fälligkeit der Zinsen und der sonst dem Schuldner obliegenden Leistungen[3], über den Beginn einer Amortisation und über die Kündigung[4] und Rückzahlung[5] aufzunehmen.

[1] Die Benutzung von Prospekten und Formularen ist nicht vorgeschrieben. Die Unterschrift unter das Darlehnsgesuchformular verpflichtet den Darlehnsnehmer zur Abnahme des Darlehns zu den vorgeschriebenen Bedingungen.

[2] Art der Auszahlung: Geld oder Pfandbriefe. Abzüge: Verwaltungskostenbeiträge (s. aber Anmerkung am Schluß des § 19), Provision der Bank, Taxkosten, Stempelauslagen der Bank u. dgl. Auch der Auszahlungskurs (Disagio) ist genau anzugeben. (Vgl. aber § 19 Abs. 2).

[3] Zinsen und Tilgungsraten (s. a. § 20 Abs. 1 S. 2) sind anzugeben; ferner die ausbedungenen Vertragsstrafen, d. h. in der Regel Zinserhöhungen für den Fall des Verzuges. Ferner gehören in die Prospekte und Antragsformulare die Bedingungen der Kündigung und Rückzahlung; auch Rückzahlungsprovisionen (vgl. aber § 18 Abs. 4).

[4] Vgl. §§ 20, 18, 21 Abs. 1.

[5] Die bloße Verweisung auf die Satzungen der Bank oder die Grundzüge (§ 15) genügt nicht.

§ 17.

Im Falle[1] einer Verschlechterung[2] des beliehenen Grundstücks oder seine Zubehörstücke, der ein unwirtschaftliches Verfahren des Besitzers nicht zugrunde liegt, finden zugunsten der Hypothekenbank die Vorschriften der §§ 1133, 1135 des Bürgerlichen Gesetzbuchs über das Recht des Gläubigers auf sofortige Befriedigung aus dem Grundstücke nur in Ansehung des Betrags Anwendung, für welchen in dem verminderten Werte des Grundstücks nicht mehr die nach dem

Gesetz oder der Satzung erforderliche Deckung vorhanden ist[3]. Über diesen Betrag hinaus darf sich die Bank für den Fall einer Verminderung des Wertes des Grundstücks das Recht, die vorzeitige Rückzahlung der Hypothek zu verlangen, nicht ausbedingen[4].

Die Bank darf sich für den Fall, daß ein Teil des Grundstücks veräußert und die Unschädlichkeit der Veräußerung für die Berechtigten nach Maßgabe der Landesgesetze von der zuständigen Behörde festgestellt wird, keine weiteren als die ihr gesetzlich zustehenden Rechte auf Sicherstellung oder Befriedigung vorbehalten[5].

Es darf nicht bedungen werden, daß die Bank im Falle ihrer Auflösung die vorzeitige Rückzahlung der Hypothek verlangen kann[6].

[1] S. 49.

[2] Es ist zu unterscheiden zwischen schuldhafter und nicht schuldhafter Devastation. S. Anm. 3.

[3] Nach §§ 1133, 1135 BGB. kann der Hypothekengläubiger, sofern die Sicherheit der Hypotheken infolge einer Verschlechterung des beliehenen Grundstücks gefährdet ist, dem Eigentümer eine angemessene Frist zur Beseitigung der Gefährdung bestimmen, und wenn nicht innerhalb der Frist die Gefährdung durch Verbesserung des Grundstücks oder durch anderweitige Hypothekenbestellung beseitigt worden ist, sofort für den ganzen Betrag seiner Forderung Befriedigung aus dem Grundstücke suchen, d. h. die Zwangsversteigerung oder Zwangsverwaltung einleiten. Die Hypothekenbank hat dieses Recht bei nicht schuldhafter Devastation nur beschränkt. (Bei Gefährdung des Grundstücks verbleibt es bei § 1134 BGB.) Zubehörstücke: §§ 97, 98 BGB.

[4] Entgegenstehende Verträge sind nichtig, weil sie gegen ein gesetzliches Verbot verstoßen. § 134 BGB.

[5] Das Unschädlichkeitszeugnis wird gemäß Art. 120 Abs. 1 EGBGB. nach Landesrecht ausgestellt. In Preußen findet

u. a. Anwendung das G. betr. den erleichterten Abverkauf kleiner Grundstücke vom 3. März 1850 (GS. S. 145), G. betr. die Erleichterung der Abveräußerung einzelner Teile von Grundstücken in der Provinz Hannover vom 25. März 1889 (GS. S. 65) AGBGB. Art. 19, 20, Landesrentenbankgesetz vom 29. Dezember 1927 (GS. S. 283).

[6] S. Anm. 4.

§ 18.

Dem Schuldner ist[1] urkundlich das Recht einzuräumen, die Hypothek ganz oder teilweise zu kündigen und zurückzuzahlen[2].

Das Recht der Rückzahlung darf nur bis zu einem Zeitraume von zehn Jahren ausgeschlossen werden[3]. Dieser Zeitraum beginnt mit der Auszahlung des Darlehens, im Falle der Auszahlung in Teilbeträgen mit der letzten Zahlung; wird nach der Auszahlung des Darlehens eine Vereinbarung über die Zeit der Rückzahlung getroffen, so beginnt der zehnjährige Zeitraum mit der Vereinbarung.

Die Kündigungsfrist darf neun Monate und bei Hypotheken, welche die Bank kündigen kann, auch die der Bank eingeräumte Kündigungsfrist nicht überschreiten.

Soweit es nach diesen Vorschriften nicht gestattet ist, das Recht des Schuldners zur Rückzahlung der Hypothek auszuschließen, darf sich die Bank eine Rückzahlungsprovision oder die Bestellung einer Sicherheit bei der Kündigung nicht ausbedingen[4].

[1] S. § 49.

[2] Auch die Pflicht zur Rückzahlung zu einem bestimmten Termin kann vereinbart werden. Im übrigen gilt die Vorschrift hinsichtlich aller Arten hypothekarischer Darlehen, auch für solche, die für die Hypothekenbank dauernd unkündbar sind (Amortisations- oder Tilgungshypotheken), vgl. § 19

Abs. 1 (Begr. 38). Ein Mindestbetrag für Teilrückzahlungen ist im Gesetz nicht vorgeschrieben; doch steht die Höhe der einzelnen Teilzahlungen nicht schlechthin im Belieben des Schuldners. Teilrückzahlungen dürfen nicht zu einer Belästigung der Hypothekenbank führen. Im Einzelfall entscheidet die Höhe des Darlehns und die durch die Beschaffenheit des beliehenen Grundstücks bedingten Verhältnisse. Die Grundsätze, nach denen hierbei zu verfahren ist, werden in die Grundzüge (§ 15) aufzunehmen sein. Über das Dritten zustehende Ablösungsrecht s. § 1150 BGB.

In Höhe des getilgten Betrages geht die Hypothek auf den Eigentümer oder auf den persönlichen Schuldner mit der Maßgabe über, daß der Übergang nicht zum Nachteile der dem Gläubiger verbleibenden Hypothek geltend gemacht werden kann: der Hypothek gebührt also der Vorrang. §§ 1143, 1164 bis 1174, 1176 BGB. Der Übergang ist nicht davon abhängig, daß er in das Grundbuch eingetragen wird. Der Gläubiger ist aber verpflichtet, für Umschreibung des getilgten Betrages auf den Namen des Eigentümers oder persönlichen Schuldners gegebenen Falles auch zur Herstellung eines Teilhypothekenbriefes oder zur Löschung des getilgten Betrages mitzuwirken; auf Kosten dessen, der die Berichtigung verlangt. §§ 894 bis 897, 1145, 1167 BGB. Abgesehen von dem Falle eines Tilgungsdarlehens (§ 21 Abs. 2) kann sich die Bank im Voraus von der Verpflichtung, diese Handlungen vorzunehmen, befreien. Indes wird von dieser Befugnis nur in Sonderfällen Gebrauch zu machen sein, nämlich wenn eine Belästigung und unbillige Inanspruchnahme der Bank zu befürchten ist. (Vgl. § 31 Abs. 2 Satz 2.) Anderseits kann es für den Eigentümer von großem wirtschaftlichen Wert sein, seinen Realwert durch Inanspruchnahme der für ihn frei gewordenen Rangstelle auszunützen. Auch um Weiterungen bei einer Veräußerung des Grundstückes zu vermeiden, kann der Eigentümer ein Interesse daran haben, das Grundbuch mit dem Sachverhalt in Übereinstimmung bringen zu lassen.

[3] Die Kündigung ist aber schon früher zulässig, s. Anm. zu § 8 Abs. 2. Für Tilgungshypotheken s. § 19.

[4] Die Vorschrift bezieht sich nur auf den Fall, daß die Rückzahlung nach Ablauf des Zeitraums von zehn Jahren erfolgen soll. Will der Schuldner die Rückzahlung früher vornehmen, so kann die Bank die Annahme der Zahlung auch von der Entrichtung einer Entschädigung abhängig machen (Begr. 38).

§ 19.

Bei Amortisationshypotheken[1] darf zugunsten der Bank ein Kündigungsrecht nicht bedungen werden[2]. Eine Vereinbarung, welche der Bank das Recht einräumt, aus besonderen, in dem Verhalten des Schuldners liegenden Gründen die Rückzahlung der Hypothek vor der bestimmten Zeit zu verlangen, wird hierdurch nicht berührt[3, 4].

[1] Amortisationshypotheken oder Tilgungshypotheken werden nicht durch einmalige Rückzahlung sondern durch jährliche Tilgungsbeiträge (Annuitäten) zurückgezahlt. Vgl. a. § 20; § 6 Abs. 2. Abzahlungshypotheken, die in größeren Raten getilgt werden, sind nicht Amortisationshypotheken. Tilgungsfondshypotheken sind solche, bei denen die Tilgungsbeiträge einem besonderen Fonds zufließen. Der Fonds bleibt Guthaben des Hypothekenschuldners. Bei Hypothekenbanken ist diese Darlehnsform im allgemeinen nicht üblich.

[2] Kündigung seitens des Schuldners s. § 18 und § 21 Abs. 1.

[3] Z. B. weil der Schuldner wiederholt mit der Zahlung der Jahresleistung in Verzug gekommen ist (Begr. 39). Das unmittelbar auf dem Gesetz beruhende Recht auf sofortige Rückzahlung im Falle des § 17 Abs. 1 wird durch die Vorschrift nicht berührt. (KB. 20.) Auch Konkurs des Schuldners oder Zwangsversteigerung des Grundstücks sind Fälle vorzeitigen ausnahmsweisen Kündigungsrechts. Die Darlehen der Rentenbankkreditanstalt nach § 5 Abs. 1 Z. 7 fallen nicht unter § 19.

[4] Ein zweiter Absatz des § 19 ist durch Ges. vom 14. Juli 1923 (zur Zeit der Hochinflation) gestrichen. Er schrieb vor,

daß die Jahresleistung des Schuldners nur die bedungenen Zinsen und den Tilgungsbeitrag enthalten darf. Jetzt können demnach die Hypothekenbanken neben diesen Leistungen auch Verwaltungskostenbeiträge fordern. Der dem Reichstag vorliegende Entwurf eines vierten Gesetzes zur Abänderung und Ergänzung des Hypothekenbankgesetzes sieht die Wiederherstellung der früheren Rechtslage vor, so daß bei Tilgungshypotheken künftig Verwaltungskostenbeiträge wieder nicht gefordert werden dürfen. Diese Vorschrift soll aber nach dem Entwurf keine Anwendung finden, wenn die Hypothek für ein Darlehn bestellt wird, das aus Mitteln der Deutschen Rentenbank-Kreditanstalt stammt. Diese Ausnahme ist festgesetzt, weil die Bedingungen der von der Anstalt aufgenommenen amerikanischen Anleihen die Bestellung von Verwaltungskostenbeiträgen vorschreiben. Vorher ausbedungene Verwaltungskostenbeiträge bleiben allgemein bestehen.

§ 20.

Der Beginn der Amortisation darf für einen zehn Jahre nicht übersteigenden Zeitraum hinausgeschoben werden[1]. Ist in einem solchen Falle infolge der Hinausschiebung der Amortisation außer den bedungenen Zinsen ein Betrag an die Bank zu entrichten, so ist dieser in der Darlehnsurkunde ersichtlich zu machen[2].

Von dem Beginne der Amortisation an dürfen die Jahreszinsen von keinem höheren Betrag als von dem für den Schluß des Vorjahres sich ergebenden Restkapitale[3] berechnet werden[4, 5, 6].

[1] Entsprechend dem § 18 Abs. 2. Auch die Berechnung des Zeitraums ist die gleiche in beiden Paragraphen.

[2] Der Schuldner soll volle Klarheit darüber haben, was er infolge der Hinausschiebung der Tilgung mehr zu leisten hat. Es muß in der Darlehnsurkunde zum Ausdruck kommen, daß der als Tilgungsquote festgesetzte Betrag während des genau anzugebenden Zeitraumes, für den die Tilgung hinausge-

schoben ist, zugunsten der Bank verrechnet wird (KB. 21, 22). Es handelt sich hier um die von der Bank bei Darlehenshingabe berechnete Abschlußprovision und ähnliche Leistungen. Auch in den Grundzügen (§ 15 Abs. 1), den Darlehensprospekten und Antragsformularen (§ 16) dürfen solche Beträge nicht als Tilgungsbeiträge bezeichnet werden.

[3] Die Vorschrift sichert den Schuldner dagegen, daß ein Teil der Zinsen dauernd von dem ursprünglichen Betrage der Hypothek berechnet und damit der Verwendung zur Tilgung entzogen wird. Anderseits wird durch die Vorschrift klargestellt, daß die Hypothekenbanken sich das Recht ausbedingen können, die Zinsen für das ganze Jahr von dem am Schluß des Vorjahrs sich ergebenden Restkapital zu berechnen, den getilgten Betrag also immer nur für das Ende jedes Jahres zu ermitteln. Dies entspricht der bestehenden Übung (Begr. 40). Vgl. a. § 21 Abs. 3.

[4] Ein Zusatz zu § 20, wonach der Mehrbetrag der Jahresleistung zur Tilgung zu verwenden ist, ist durch das Ges. vom 14. Juli 1923 gestrichen, in Übereinstimmung mit der Streichung des ursprünglichen Abs. 2 des § 19 (s. Anm. 1 zu § 19).

[5] Vereinbarungen, die gegen § 20 verstoßen, sind nichtig.

[6] Der dem Reichstag vorliegende Entwurf eines vierten Gesetzes zur Abänderung und Ergänzung des Hypothekenbankgesetzes sieht vor, daß am Schlusse des zweiten Absatzes folgender Halbsatz gesetzt wird: „Der Mehrbetrag der Jahresleistung ist zur Tilgung zu verwenden". Ferner erhält der § 20 nach dem Entwurf folgenden dritten Absatz: „Die Vorschrift des Abs. 2 Halbsatz 2 findet bei Darlehen, die aus Mitteln der Deutschen Rentenbank-Kreditanstalt stammen, keine Anwendung". (Vgl. Anmerkung 4 Schluß zu § 19.)

§ 21.

Das Recht des Schuldners zur teilweisen Rückzahlung der Hypothek kann bei Amortisationshypotheken in der Weise beschränkt werden[1], daß eine Zahlung

von der Bank nur angenommen zu werden braucht, wenn die Zahlung dazu bestimmt und geeignet ist, die Tilgungszeit unter Beibehaltung der bisherigen Höhe der Jahresleistungen um ein Jahr oder um mehrere Jahre abzukürzen[2]. Die Vorschrift findet jedoch keine Anwendung, wenn der Betrag der Zahlung den zehnten Teil des Restkapitals erreicht und der Schuldner verlangt, daß die späteren Jahresleistungen unter Beibehaltung der ursprünglichen Tilgungszeit herabgesetzt werden[3]; in diesem Falle darf bei den im § 6 Abs. 2 bezeichneten Hypotheken der jährliche Tilgungsbeitrag weniger als ein Viertel vom Hundert des ursprünglichen Kapitals betragen; die Bank hat einen neuen Tilgungsplan aufzustellen[4].

Die Bank darf sich von der Verpflichtung, in Ansehung des amortisierten Betrags die ihr behufs der Berichtigung des Grundbuchs, der Löschung der Hypothek oder der Herstellung eines Teilhypothekenbriefs nach den Vorschriften des bürgerlichen Rechtes obliegenden Handlungen vorzunehmen, im voraus nicht befreien[5].

Die Bank hat nach Veröffentlichung der Jahresbilanz jedem Schuldner auf Verlangen mitzuteilen, welcher Betrag der Hypothek am Schlusse des Vorjahrs amortisiert war[6].

[1] § 21 enthält eine Einschränkung des Rechtes aus § 18. Die Teilrückzahlung kann bei Tilgungshypotheken beschränkt werden.

[2] Zahlung zur Kürzung der Tilgungszeit. Wie die Zahlung bemessen sein muß, damit sie geeignet ist, die Tilgungszeit um ein Jahr oder mehrere abzukürzen, ist aus dem Tilgungsplan zu entnehmen. Der Schuldner hat in diesem Falle den Betrag zu zahlen, der aus der Jahresleistung jedes auszuschaltenden Jahres zur Tilgung der Kapitalschuld plan-

mäßig zu entrichten wäre; also nicht nur den als Tilgungsbeitrag festgesetzten Prozentsatz der Darlehnssumme, sondern auch die auf jedes auszuschaltende Jahr fallenden Zinsen des Betrages, der bis dahin planmäßig getilgt sein sollte (Begr. 41). Vgl. noch § 20 Abs. 2, § 19. Da der Schuldner die alte Jahresleistung auch nach der teilweisen Kapitalrückzahlung weiterzahlt, so versteht sich, daß der Teil der Jahresleistung, der den Zinsen des vorzeitig zurückgezahlten Kapitals entspricht, zu seinen Gunsten verrechnet werden muß.

[3] Zahlung zur Verminderung der Jahresleistung. Die Zahlung kann den zehnten Teil des Restkapitals übersteigen.

[4] Der getilgte Betrag der Hypothek ist entweder auf Verlangen des Schuldners oder zahlenden Eigentümers zu löschen oder er geht auf den Eigentümer oder den persönlichen Schuldner über. BGB. §§ 1143, 1153, 1169, 1172, 1174. Wegen des Rangverhältnisses s. § 1176.

[5] Vgl. Anm. 1 zu § 18. Bei der Zahlung zur Kürzung der Tilgungszeit (Anm. 2) bleibt das hypothekarische Recht der Hypothekenbank auf unveränderte Fortentrichtung der bedungenen Jahresleistung auch nach Löschung oder Umschreibung des getilgten Teiles bestehen. Nur die Verrechnung der gezahlten Beträge ändert sich.

Nachträgliche Befreiungen von den in Abs. 2 genannten Verpflichtungen kann die Bank mit dem Schuldner vereinbaren.

[6] Der Schuldner kann das Verlangen ein für allemal stellen. Die Kosten der Mitteilung trägt die Bank (Begr. 42).

Hypothekenregister.

§ 22.

Die zur Deckung der Hypothekenpfandbriefe bestimmten Hypotheken sind von der Bank einzeln in ein Register einzutragen. Im Falle des § 6 Abs. 4 sind die ersatzweise zur Deckung bestimmten Wertpapiere gleichfalls in das Register einzutragen; die Eintragung hat die einzelnen Stücke zu bezeichnen[1, 2].

Innerhalb des ersten Monats eines jeden Kalenderhalbjahrs ist eine von dem nach § 29 bestellten Treuhänder beglaubigte Abschrift der Eintragungen, welche während des letzten Halbjahrs in dem Hypothekenregister vorgenommen worden sind, der Aufsichtsbehörde einzureichen. Die Abschrift wird von der Aufsichtsbehörde aufbewahrt[3].

[1] Die Eintragung im Hypothekenregister ist Voraussetzung für die Pfandbriefausgabe § 30 Abs. 2. S. auch §§ 37, 38. Geld wird im Hypothekenregister nicht eingetragen. Bei wertbeständigen Hypotheken nach § 9 des Ges. über wertbeständige Hypotheken wird für jede Gattung ein besonderes Register geführt.

Zu beachten ist noch Art. 89 DurchfVO. zum AufwG., wonach für verschiedene Pfandbriefausgaben auf Antrag der HypBank verschiedene Teilungsmassen gebildet werden können, wenn die Deckung getrennt verwaltet wurde oder die Pfandbriefe erkennbar auf Grund besonderer Deckung ausgegeben sind.

[2] Durch die Eintragung in das Register wird das Vorzugsrecht der Pfandbriefgläubiger (§ 35 Abs. 1 S. 1) an den zur Pfandbriefdeckung bestimmten Hypotheken, Grundschulden, Wertpapieren begründet. Das Recht dauert so lange, wie die Hypotheken, Grundschulden, Wertpapiere sich im Eigentum der Bank befinden und die Löschung im Register nicht vorschriftsmäßig (§ 30 Abs. 4) erfolgt ist. Jede in das Register eingetragene und im Eigentum der HypBank befindliche Deckungsunterlage unterliegt dem Vorzugsrecht der Pfandbriefgläubiger nach seinem vollen Betrage, auch wenn es bei der Berechnung des Gleichgewichts zwischen im Umlauf befindlichen Pfandbriefen und der Pfandbriefdeckung (§ 6 Abs. 1) nicht mit dem vollen Betrag in Ansatz gebracht werden darf. Vgl. § 23 Abs. 2 und Anm. 7 daselbst. S. ferner §§ 31, 35.

Das Register dient der Kenntlichmachung der Unterlagen, nicht zur Überwachung des Gleichgewichts zwischen Umlauf und Deckung nach § 6 Abs. 1. Es ist daher auch nicht die Aufgabe des Registers, Auskunft über den jeweiligen Bestand der eingetragenen Hypotheken und Grundschulden zu erteilen. Nachrichtliche Vermerke über Abzahlungen auf die Hypotheken u. dgl. gehören nicht in das Register. Dafür sind die Bücher der Bank bestimmt. Die im § 30 Abs. 3 und § 31 Abs. 2 vorgesehenen Löschungen betreffen nur solche Deckungsunterlagen, die aus der Pfandbriefdeckung gänzlich ausscheiden.

Die Frage, ob aus praktischen Gründen nachrichtliche Vermerke in Hypothekenregister zweckmäßig sind und es sich sogar empfiehlt, abgesehen von Tilgungshypotheken, jede Veränderung infolge teilweiser Abzahlungen bei den betreffenden Hypotheken usw. im Register zu vermerken, kann offen bleiben. Es besteht kein gesetzlicher Grund dagegen, wenn auch der Zweck des Registers dadurch nicht mehr rein zum Ausdruck kommt, auch die Übersichtlichkeit der Eintragungen darunter leiden kann. Die Hypothekenbanken führen für solche nachrichtlichen Vermerke gewöhnlich besondere Bücher, die insbesondere auch dem Treuhänder für die ihm zustehende Kontrolle zur Verfügung stehen.

Für Kommunal- und Kleinbahnregister s. §§ 41, 42.

[3] Die Einreichungen geschehen im Januar und im Juli. Die Vorschrift soll auch für den Fall, daß das Register ganz oder teilweise verloren oder vernichtet wird, den Pfandbriefgläubigern den Nachweis der Eintragungen sichern.

§ 23.

Innerhalb des zweiten Monats eines jeden Kalenderhalbjahrs hat die Bank den Gesamtbetrag der Hypothekenpfandbriefe, welche am letzten Tage des vergangenen Halbjahrs im Umlaufe waren[1], und den nach Abzug aller Rückzahlungen oder sonstigen Minderungen[2] sich ergebenden Gesamtbetrag der am letzten

Tage des vergangenen Halbjahrs in das Hypothekenregister eingetragenen Hypotheken sowie den Gesamtbetrag der an diesem Tage in das Register eingetragenen Wertpapiere und des in der Verwahrung des Treuhänders befindlichen Geldes[3] im Deutschen Reichsanzeiger und in den für die Veröffentlichungen der Bank bestimmten Blättern[4] bekanntzumachen[5].

Sind in dem Register Wertpapiere oder solche Hypotheken eingetragen, die nicht ihrem vollen Betrage nach zur Deckung von Hypothekenpfandbriefen geeignet sind, so ist in der Bekanntmachung anzugeben, mit welchem Betrage die Wertpapiere oder die Hypotheken als Deckung nicht in Ansatz kommen[6, 7].

[1] Die Hypothekenbankstatistiken erscheinen im Februar und August jeden Jahres im Reichsanzeiger. Die Banken haben die Veröffentlichungen vorzunehmen. In erster Reihe ist der Gesamtbetrag der Hypothekenpfandbriefe, die am Ende des Kalenderhalbjahres in Umlauf waren, bekanntzumachen (und zwar auch der Nennwert). S. auch § 24 Nr. 7. Die Einbeziehung zurückgekaufter Pfandbriefe in die in Umlauf befindlichen ist vielfach üblich, aber zu beanstanden. Im übrigen s. die Bilanzvorschriften in § 24.

[2] Bei Tilgungsdarlehen sind die Rückzahlungen ebenfalls zu berücksichtigen; das Restkapital ist für die Halbjahresstatistik auf den letzten Tag des Halbjahres zu berechnen. Für die Verrechnung zwischen HB. und Schuldner s. § 20 Abs. 2. Minderung durch Entwertung des Grundstücks s. § 17 Abs. 1 und 2.

[3] Vgl. § 6 Abs. 4. Die Wertpapiere sind mit ihrem Nennwerte anzugeben, wie sich aus Abs. 2 ergibt.

Die wertbeständigen Hypotheken und Wertpapiere sind in den Werten über die sie lauten, oder umgekehrt in Reichswährung anzuführen.

[4] S. § 182 Abs. 2 HGB.

[5] Wissentlich unwahre Darstellung oder Verschleierung des

Standes der Verhältnisse fällt unter die Strafvorschrift des § 314 Abs. 1 Nr. 1 HGB. S. auch §§ 320 Abs. 3, 325 Nr. 9 HGB.

[6] Für die Wertpapiere vgl. § 6 Abs. 4. Bei den Hypotheken und Grundschulden ist in erster Reihe an die im § 6 Abs. 3 und im § 40 Abs. 2 vorgesehene Fälle gedacht. Da eine Hypothek nicht teilweise in das Hypothekenregister aufgenommen werden darf, können auch andere Fälle in Betracht kommen, in denen nicht der volle Betrag in Ansatz gebracht werden darf. Beispiele: Ein Grundstück ist ausnahmsweise über die im § 11 Abs. 2 vorgeschriebene Wertgrenze hinaus beliehen. Eine gewöhnliche Hypothek, oder eine Tilgungshypothek auf einem landwirtschaftlichen Grundstück, bei dem der Tilgungsbeitrag weniger als ein Viertel v. H. des Hypothekenkapitals beträgt, übersteigt (allein oder mit anderen solchen Hypotheken) die Hälfte der aus landwirtschaftlichen Hypotheken bestehenden Pfandbriefdeckung, § 6 Abs. 2. Eine Hypothek auf einem Bauplatz oder einem noch nicht ertragsfähigen Neubau übersteigt den zehnten Teil des Gesamtbetrags der zur Pfandbriefdeckung verwendeten Hypotheken oder den halben Betrag des eingezahlten Grundkapitals, § 12 Abs. 3. In allen diesen Fällen dürfen die Hypotheken oder Grundschulden nur mit dem innerhalb der bezeichneten Grenzen liegenden Betrag als Deckung in Ansatz gebracht werden (Begr. 23). Vgl. Anm. 1 zu § 22.

[7] Nach dem dem Reichstage vorliegenden Entwurf eines vierten Gesetzes zur Abänderung und Ergänzung des Hypothekenbankgesetzes erhält der § 23 folgenden dritten Absatz: „Die Reichsregierung oder die von ihr bestimmte Stelle kann die Banken von der Verpflichtung befreien, Bekanntmachungen im Reichsanzeiger nach Maßgabe der Vorschriften der Abs. 1, 2 zu erlassen, wenn sichergestellt ist, daß die in diesen Vorschriften bezeichneten Angaben anderweit im Reichsanzeiger bekanntgemacht werden". Die Ausnahme ist deshalb zugelassen, weil das Statistische Reichsamt neuerdings zusammenfassende Übersichten über den Umlauf der Schuldverschreibungen der Bodenkreditinstitute und über die ihnen zugrunde liegenden

Deckungswerte veröffentlicht. Die Hypothekenbanken stellen die dazu erforderlichen Nachweisungen zur Verfügung. Diese Veröffentlichung macht eine besondere Bekanntgabe durch die Hypothekenbanken entbehrlich. Die Verpflichtung der Banken zu Bekanntmachungen in sonstigen satzungsmäßig bestimmten Blättern bleibt bestehen.

Buchführung, Bilanzen, Geschäftsberichte und sonstige Nachweisungen der Hypothekenbanken*.

* Grundsätzlich gelten die Vorschriften des HGB. für Aktiengesellschaften (§§ 260 ff., 320 Abs. 3). Die hier folgenden Bestimmungen in §§ 24 bis 28 sind nur eine Ergänzung.

§ 24.

Die Jahresbilanz einer Hypothekenbank hat in getrennten Posten namentlich zu enthalten:

1. den Gesamtbetrag der zur Deckung der Hypothekenpfandbriefe bestimmten Hypotheken und Wertpapiere;
2. den Gesamtbetrag der rückständigen Hypothekenzinsen[2];
3. den Gesamtwert der Grundstücke der Bank unter gesonderter Angabe des Wertes der Bankgebäude[3];
4. die Gesamtbeträge der Bestände an Geld, an Wechseln und an Wertpapieren, unter gesonderter Angabe des Betrags der eigenen Hypothekenpfandbriefe[4] und Schuldverschreibungen der Bank[5];
5. den Gesamtbetrag der Forderungen der Bank aus Lombardgeschäften[6];
6. den Gesamtbetrag der Guthaben bei Bankhäusern[7];
7. den Gesamtbetrag der im Umlaufe befindlichen Hypothekenpfandbriefe[8] nach ihrem Nennwerte, bei

verschieden verzinslichen Hypothekenpfandbriefen den Gesamtbetrag jeder dieser Gattungen;

8. **den Gesamtbetrag der Verbindlichkeiten der Bank aus der Annahme von Geld zum Zwecke der Hinterlegung[9].**

[1] Deckungshypotheken sind die in das Hypothekenregister eingetragenen Hypotheken und Grundschulden (s. § 22 Abs. 1 und 2). Insoweit besondere Register für wertbeständige Hypotheken geführt werden (s. Anm. 1 zu § 22), werden die sich daraus ergebenden Hypothekenforderungen zweckmäßig gesondert angegeben. Gesondert anzugeben sind ferner die Deckungswertpapiere. Der Gesamtbetrag der Hypotheken und Wertpapiere ist unter Abzug aller Rückzahlungen und sonstigen Minderungen (§ 23 Abs. 1) nach dem Zeitpunkt zu berechnen, für den die Bilanz aufgestellt wird. Bei den Wertpapieren (§ 6 Abs. 4) ist der Börsenpreis bzw. der Anschaffungspreis einzusetzen. § 40, § 261 Nr. 1 HGB.

Zu den Deckungshypotheken zählen auch die als Unterlage für die Liquidations- und Mobilisierungspfandbriefe haftenden Hypotheken.

Wertbeständige Hypotheken und Wertpapiere werden in Reichswährung zum Werte des Bilanzstichtages umgerechnet.

Da die Bilanz nicht bestimmt ist, das Gleichgewicht zwischen Pfandbriefdeckung und den in Umlauf befindlichen Pfandbriefen darzutun, so sind in dem Gesamtbetrag auch diejenigen Beträge einzurechnen, mit denen die Wertpapiere und Hypotheken als Deckung nicht in Ansatz kommen. Vgl. § 23 Abs. 2.

Grundschulden stehen nach § 40 den Hypotheken gleich.

Das zur Pfandbriefdeckung dienende Geld (§ 6 Abs. 4) ist nicht hier unter Nr. 1, sondern (s. unter Nr. 4) im Gesamtbetrage der Bestände an Geld aufzuführen.

[2] Zu den rückständigen Hypothekenzinsen gehören hier nur die aus Hypotheken und Grundschulden, die zu den Beständen des eigentlichen Pfandbriefgeschäfts gehören; s. auch §§ 25 bis 27, 28 Abs. 1 Nr. 3 bis 6 (nach Dannenbaum,

S. 250, sind auch die Rückstände aus dem Hypothekenhandelsgeschäft mit aufzunehmen). Die Frage wird bei den gemischten Hypothekenbanken (s. § 5 Abs. 1 Nr. 1) praktisch.

Nur die Zinsen sind nach Nr. 2 aufzunehmen, nicht die Tilgungsquoten und sonstige Leistungen des Schuldners, s. § 27.

Die Stundung hebt nur den Verzug auf, nicht die Fälligkeit. Gestundete Zinsen sind also rückständig.

[3] S. § 5 Abs. 3, vgl. auch § 261 Nr. 3 HGB. Höchstens der Anschaffungspreis darf angesetzt werden.

[4] Die unter Nr. 1 bezeichneten (Deckungs-) Wertpapiere sind hier nicht mehr zu berücksichtigen. S. auch § 5 Abs. 2 Satz 1.

Die eigenen Pfandbriefe stehen im Gegensatz zu den im Umlaufe befindlichen nach Nr. 7.

[5] Über die Art der Bilanzierung der eigenen Pfandbriefe und Schuldverschreibungen der Bank gelten keine gesetzlichen Vorschriften. S. aber die Verf. der preuß. Aufsichtsbehörde vom 13. September 1900 (s. Anhang). Über den Stand der Frage eingehend Dannenbaum S. 252 ff.

[6] § 5 Abs. 2 Satz 2. Hypothekenlombards und Wertpapierlombards.

[7] § 5 Abs. 2 Satz 1.

[8] Vgl. Nr. 4. Bei Nr. 7 handelt es sich um ein Bilanzpassivum. Gattung = Zinsfuß. Bei wertbeständigen Hypotheken (§ 9 Ges. über wertbest. Gesch.) ist eine Trennung auch nach den Werten vorzunehmen (Roggen-, RM.-, Feingoldpfandbriefe).

[9] § 5 Abs. 1 Nr. 5.

§ 25*.

Sind Hypothekenpfandbriefe zu einem geringeren Betrag als dem Nennwert ausgegeben worden, so darf in die Aktiven der Bilanz ein Betrag aufgenommen werden, der vier Fünfteilen des Mindererlöses gleichkommt[1]; von dem Mindererlös ist der Gewinn abzu-

ziehen, den die Bank durch den Rückkauf von Hypothekenpfandbriefen zu einem geringeren Betrag als dem Nennwert erzielt hat[2]. Der demgemäß in die Bilanz eingestellte Aktivposten muß jährlich zu mindestens einem Viertel abgeschrieben werden[3].

In keinem Jahre dürfen die nach den Vorschriften des Abs. 1 in die Bilanz aufgenommenen Aktivposten zusammen mehr betragen als das Doppelte des Überschusses, den die Hypothekenzinsen für das Bilanzjahr[4] ergeben, wenn von ihnen die Pfandbriefzinsen und außerdem ein Viertel vom Hundert der Gesamtsumme der Hypotheken[5] abgezogen werden; auch dürfen die bezeichneten Aktivposten zusammen nicht den Betrag des ausschließlich zur Deckung einer Unterbilanz bestimmten Reservefonds[6] übersteigen.

Die durch die Ausgabe der Hypothekenpfandbriefe entstandenen Kosten[7], mit Einschluß der für die Unterbringung gezahlten Provisionen, sind ihrem vollen Betrage nach zu Lasten des Jahres zu verrechnen, in welchem sie entstanden sind.

Ansprüche der Bank auf Jahresleistungen der Hypothekenschuldner[8] für die auf das Bilanzjahr folgende Zeit dürfen nicht in die Aktiven der Bilanz aufgenommen werden.

* Wegen der Verrechnung der entgegen den Vorschriften dieses Paragraphen in die Bilanzen früherer Jahre aufgenommenen Aktivposten vgl. § 50 Abs. 2.

[1] Die Vorschrift des § 25 betrifft die Behandlung des Pfandbriefdisagios in der Bilanz. Sie will zunächst den Hypothekenbanken die Möglichkeit geben, ein bei Ausgabe von Pfandbriefen entstandenes Disagio, anstatt es ganz zu Lasten des Jahres zu verrechnen, in dem die Ausgabe erfolgt, auf mehrere Jahre zu verteilen. Dies soll bilanzmäßig in der Weise erfolgen, daß den mit dem Nennwert, also zu Pari,

unter die Passiven eingestellten Pfandbriefen ein dem Disagio, also dem Unterschied zwischen Nennwert und Ausgabekurs, entsprechender Aktivposten gegenübergestellt wird. Dieser ist in der Folgezeit durch regelmäßige Abschreibungen allmählich zu tilgen. Die Tilgung soll mindestens binnen fünf Jahren, mit Einschluß des Ausgabejahres, erfolgen. Darum darf der Aktivposten in der Bilanz des Ausgabejahres zu höchstens vier Fünfteln des Disagios eingesetzt werden (Begr. 43).

Über die Behandlung des Pfandbriefagios s. § 26.

Die Ausgabekosten (s. Abs. 3) sind nicht als Disagio zu behandeln.

[2] Der Disagiogewinn beim Rückkauf von Pfandbriefen ist von dem bei der Ausgabe entstandenen (vollen) Disagioverlust abzuziehen.

Unter Rückkauf von Pfandbriefen ist nicht der im § 5 Abs. 2 vorgesehene Ankauf von eigenen Pfandbriefen zur Anlage verfügbaren Geldes zu verstehen, sondern nur ein Rückkauf, der im eigentlichen Pfandbriefgeschäft zur Verminderung des Pfandbriefumlaufs erfolgt (vgl. § 6 Abs. 4), wenn also die zurückgekauften Pfandbriefe vom Pfandbriefkonto abzuschreiben sind. Es macht keinen Unterschied, ob die zurückgekauften Pfandbriefe mit Disagio aufgegeben waren oder nicht. Vgl. auch § 26 Satz 3.

[3] Das Viertel ist von dem Betrage zu berechnen, mit dem das Aktivum ursprünglich in der Bilanz eingestellt war, nicht von seinem zeitigen Betrage (s. Anm. 1).

[4] Die Höhe des Disagioaktivums wird begrenzt. Unter Aktivposten sind das während des Jahres entstandene Disagio, soweit es in der Bilanz aktiviert ist, wie auch der noch nicht abgeschriebene Teil des Disagos aus den Vorjahren zu verstehen.

Das Disagioaktivum soll nicht über das Doppelte des Zinsüberschusses, nach näherer Bestimmung des zweiten Halbsatzes (Anm. 6), betragen. Zu verrechnen sind dabei nicht die im Bilanzjahr vereinnahmten, sondern die in diesem Jahre fälligen Zinsen. Ferner nicht nur die Zinsen der zur

Pfandbriefdeckung bestimmten Hypotheken (§ 22 Abs. 1), aber jedenfalls nur die Zinsen der zu den Beständen des eigentlichen Pfandbriefgeschäfts gehörigen Hypotheken und Grundschulden. Wenn auch die in einem Nebengeschäftszweig erworbenen Hypotheken (§ 5 Abs. 1 Nr. 1) berücksichtigt werden dürften, so würde einerseits, da diese Bestände naturgemäß einem starken Wechsel unterworfen sind, der Überschuß der Hypothekenzinsen über die Pfandbriefzinsen einen sehr ungeeigneten Maßstab abgeben, anderseits aber würden die gemischten Hypothekenbanken einen ganz ungerechtfertigten Vorteil vor den reinen Hypothekenbanken haben.

5 Nur der zu den Beständen des eigentlichen Pfandbriefgeschäfts gehörigen Hypotheken, s. vorst. Anm. 4. Dieser Betrag wird für die Verwaltungskosten der Hypothekenbank in Ansatz gebracht (Begr. 45).

6 § 262 HGB. S. auch § 7. Das Disagioaktivum darf höchstens den Betrag der zur Deckung einer Unterbilanz bestimmten offenen Reserve erreichen.

7 Insbesondere die Kosten für Anfertigung der Pfandbriefe, Stempel usw. (Begr. 45). Auch die Bankierbonifikationen (Absatzprovisionen). Alle diese Posten sind als Ausgaben in der Jahresrechnung zu berücksichtigen.

8 Zinsen, Tilgungsbeiträge usw. Auch der im § 20 Abs. 1 Satz 2 bezeichnete Betrag (Begr. 45).

§ 26.

Sind Hypothekenpfandbriefe zu einem höheren Betrag als dem Nennwert ausgegeben worden und hat die Bank auf das Recht verzichtet, die Hypothekenpfandbriefe jederzeit zurückzuzahlen, so ist der Mehrerlös, soweit er nach Abzug der Herstellungs- und Begebungskosten den Betrag von eins vom Hundert des Nennwertes übersteigt, in die Passiven der Bilanz einzustellen[1, 1a]. Die Bank darf über ihn während der Jahre, für welche die Rückzahlung der Hypotheken-

pfandbriefe ausgeschlossen ist, alljährlich nur zu einem der Zahl dieser Jahre entsprechenden Bruchteile verfügen[2]. Die Verfügung ist ausgeschlossen, solange ein Mindererlös der im § 25 Abs. 1 bezeichneten Art als Aktivposten in der Bilanz steht; zur Tilgung eines solchen Mindererlöses sowie zur Deckung des Verlustes, der für die Bank durch den Rückkauf[3] von Hypothekenpfandbriefen zu einem dem Nennwert übersteigenden Betrag entstanden ist, darf der Mehrerlös jederzeit verwendet werden[4, 5].

[1] Die Vorschrift behandelt die Agioreserve (s. § 25 Disagioreserve). Zu unterscheiden sind nach dem Gesetz die Fälle, ob die Hypothekenbank das Recht hat, die Pfandbriefe jederzeit zu kündigen und zurückzuzahlen, oder ob sie sich gemäß § 8 Abs. 2 dieses Rechtes für bestimmte Zeit begeben hat. Im ersteren Falle ist die Hypothekenbank keine Beschränkung hinsichtlich der Verwendung des bei der Begebung erzielten Agios, also des Aufgeldes über den Nennbetrag hinaus, auferlegt. In diesem Falle kann nämlich die Bank sich jederzeit von der Verpflichtung zur Bezahlung der verhältnismäßig hohen Pfandbriefzinsen durch Kündigung und Einziehung der Pfandbriefe befreien (Begr. 45). Ist aber eine solche Einziehung infolge Verzichts der Bank auf das jederzeitige Rückzahlungsrecht ausgeschlossen, so darf das Agio, das nur mit Rücksicht auf die Höhe der versprochenen Pfandbriefzinsen erzielt ist, nicht ohne weiteres als Gewinn behandelt und zur Ausschüttung von Dividenden an die Aktionäre benutzt werden. Das Agio soll vielmehr mindestens während der Zeit, für die auf die Einziehung der Pfandbriefe verzichtet ist, zur Aufbringung der Pfandbriefzinsen verwendet werden. Dies geschieht bilanzmäßig durch Einstellung eines entsprechenden Postens unter die Passiven der Bilanz. Der Posten ist allmählich abzuschreiben. Die freie Verwendung des Agios ist in diesem Falle der Hypothekenbank nur in Höhe von 1 v. H. des Pfandbriefkapitals, und zwar nach Abzug der Herstellungs- und der Begebungskosten (Änderungsges. vom

14. Juli 1923). Diese betragen gewöhnlich mehr als ein Prozent des Agios. Im übrigen ist die Vorschrift über die Agioreserve zwingend.

1a Der dem Reichstag vorliegende Entwurf eines vierten Gesetzes zur Abänderung und Ergänzung des Hypothekenbankgesetzes sieht folgende Neufassung des § 26 S. 1 vor: „Sind Hypothekenpfandbriefe zu einem höheren Betrag als den Nennwert ausgegeben worden und hat die Bank auf das Recht verzichtet, die Hypothekenpfandbriefe jederzeit zurückzuzahlen, so ist der Mehrerlös, soweit er den Betrag von einhalb vom Hundert des Nennwertes übersteigt, in die Passiven der Bilanz einzustellen". Die hier vorgesehene Erhöhung des abzugsfähigen Teils der Agioreserve auf eineinhalb Prozent (gegen bisher ein Prozent) wird mit Rücksicht auf die eingetretene Erhöhung der Herstellungs- und Begebungskosten zugebilligt.

2 Der Bruchteil ist stets von dem Betrage zu berechnen, der sich ergab, wenn von der Gesamtsumme des erzielten Agios der im Satz 1 bezeichnete Betrag in Abzug gebracht wurde. Nicht also von der zeitigen Höhe des Passivpostens. Sind bereits im Ausgabejahre Pfandbriefzinsen fällig, so steht nichts im Wege, bereits in der Bilanz dieses Jahres über einen entsprechenden Teil des Passivpostens zu verfügen. 3 Vgl. Anm. 2 zu § 25.

4 Verminderung der Agioreserve durch Disagioverlust. Die Entstehung von Agio und Disagio bei Ausgabe von Pfandbriefen beruht auf den wechselnden Verhältnissen des Geldmarktes im Hinblick darauf, daß die Pfandbriefe seinerzeit zum Nennwert einzulösen sind. — Als Agio und Disagio wird nicht nur die Differenz zwischen dem Nennwert und dem Ausgabekurs, sondern auch der Gewinn oder Verlust bezeichnet, der der Bank durch Rückkauf von Pfandbriefen über oder unter Pari erwächst.

5 Die Bestimmungen finden auch Anwendung auf Kommunal- und Kleinbahnobligationen (§§ 41, 42) sowie auf Schuldverschreibungen auf Grund erworbener Rentenforderungen, § 52.

§ 27.

In der Gewinn- und Verlustrechnung sind in getrennten Posten namentlich die Gesamtbeträge der in dem Geschäftsjahre von der Bank verdienten[1] Hypothekenzinsen, Darlehensprovisionen und sonstigen Nebenleistungen[2] der Hypothekenschuldner[3] sowie der Gesamtbetrag der für das Geschäftsjahr von der Bank zu entrichtenden Pfandbriefzinsen anzugeben[4].

[1] Vorgeschrieben sind hier getrennte Posten; keine Aufrechnung untereinander.

Die verdienten Zinsen usw. sind die fällig gewordenen, nicht die vereinnahmten, soweit sie schon in einem früheren Geschäftsjahr fällig geworden sind. Auszuweisen sind die Zinsen aller Hypotheken, nicht nur der Deckungshypotheken.

[2] Außerordentliche Entschädigungen für vorzeitige Rückzahlung, Vertragsstrafen, auch Verwaltungskostenbeiträge. Ein gemeinsamer Posten kann als zulässig gelten.

[3] Vgl. Anm. 2 zu § 24.

[4] § 27 findet nicht Anwendung auf Kommunal- und Kleinbahnobligationen sowie Rentengeschäfte (§§ 41, 42, 52).

Für wertbeständige Hypotheken und Eingänge daraus gilt die Verpflichtung zur Umrechnung, s. ob. Anm. 1 zu § 24.

§ 28.

In dem Geschäftsbericht[1] oder in der Bilanz sind ersichtlich zu machen:

1. **die Zahl der zur Deckung der Hypothekenpfandbriefe bestimmten Hypotheken[2] und deren Verteilung nach ihrer Höhe in Stufen von hunderttausend Mark[3];**
2. **die Beträge, welche davon auf Hypotheken an landwirtschaftlichen[4] und auf solche an anderen Grundstücken, auf Amortisationshypotheken und auf andere Hypotheken, auf Hypotheken an Bauplätzen**

und an unfertigen, noch nicht ertragsfähigen Neubauten fallen[5];

3. die Zahl der Zwangsversteigerungen und die Zahl der Zwangsverwaltungen, welche in dem Geschäftsjahr auf Antrag der Bank bewirkt worden sind, sowie die Zahl der in dem Geschäftsjahre bewirkten Zwangsversteigerungen und Zwangsverwaltungen, an welchen die Bank sonst beteiligt war[6];
4. die Zahl der Fälle, in welchen die Bank während des Geschäftsjahrs Grundstücke zur Verhütung von Verlusten an Hypotheken hat übernehmen müssen[7], sowie den Gesamtbetrag dieser Hypotheken und die Verluste oder Gewinne, welche sich bei dem Wiederverkauf übernommener Grundstücke ergeben haben;
5. die Jahre, aus welchen die Rückstände auf die von den Hypothekenschuldnern zu entrichtenden Zinsen herrühren sowie der Gesamtbetrag der Rückstände eines jeden Jahres;
6. der Gesamtbetrag der im Geschäftsjahr erfolgten Rückzahlungen auf die Hypotheken, getrennt nach den durch Amortisation und den in anderer Weise erfolgten Rückzahlungen;
7. die Beschränkungen, welchen sich die Bank hinsichtlich der Rückzahlung der Hypothekenpfandbriefe unterworfen hat, getrennt nach den einzelnen Gattungen der Hypothekenpfandbriefe.

Die unter Nr. 3 bis 5 bezeichneten Angaben sind getrennt nach landwirtschaftlichen[7] und anderen Grundstücken und nach den Hauptgebieten[8] zu machen, auf welche sich die Geschäftstätigkeit der Hypothekenbank erstreckt.

In dem Geschäftsbericht oder in der Gewinn- und

Verlustrechnung sind der Mehrerlös und der Mindererlös anzugeben, welche in dem Geschäftsjahre durch die Ausgabe von Hypothekenpfandbriefen zu einem höheren oder geringeren Betrag als dem Nennwert entstanden sind[9].

[1] S. § 260 HGB.

[2] Die in das Hypothekenregister eingetragenen Hypotheken und Grundschulden, § 22 Abs. 1, vgl. § 24 Nr. 1.

[3] Gesamthypotheken gelten als eine Hypothek. Mehrere auf ein Grundstück gegebene Darlehen sind für die Stufeneinteilung zusammenzurechnen, unbeschadet besonderer Aufzählung nach § 28 Ziffer 2 (vgl. bayerische Vf. vom 14. Februar 1901).

[4] Vgl. § 6 Abs. 2, § 21 Abs. 1 Satz 2, § 12 Abs. 3.

[5] Vgl. Anm. 2 zu § 24. Die Hypotheken sind getrennt nach Währungs- und anderen wertbeständigen Hypotheken anzuführen.

[6] Zwangsverwaltungen allein und Zwangsversteigerungen allein. Gleichgültig, ob wegen Deckungs- oder freier Hypotheken. Vgl. § 5 Abs. 4, § 6 Abs. 3, § 40 Abs. 2. Ferner wegen des Beteiligtseins der Bank, § 9 ZVG.

[7] Auch außerhalb der Zwangsversteigerung: § 6 Abs. 3, § 40 Abs. 2. Gewinn und Verlust sind zu berechnen nach allgemeinen kaufmännischen Grundsätzen.

[8] Über die Abgrenzung der Hauptgebiete hat nötigenfalls die Aufsichtsbehörde Bestimmungen zu treffen.

[9] S. §§ 25, 26. Nicht der Saldo ist anzugeben, sondern der Betrag des Agios und des Agios in getrennten Posten, ohne vorherige Abzüge.

Die rechtliche Sicherung der Pfandbriefgläubiger*.

* Die Pfandbriefgläubiger haben kein Pfandrecht an den zur Pfandbriefdeckung bestimmten Werten. Die Einräumung eines solchen durch das Gesetz hätte konstruktive und praktische Schwierigkeiten gemacht. Dagegen besteht ein Vorzugsrecht im Konkurse (§ 35). Die Sicherstellung des Vorhanden-

seins einer vorschriftsmäßigen Deckung vor der Ausgabe von Pfandbriefen geschieht durch besondere Schutzvorschriften des Gesetzes (§§ 29 bis 34). Diese dienen insbesondere auch der Sicherung der Pfandbriefgläubiger gegen die Beeinträchtigung ihres lediglich obligatorischen Anspruchs auf das ständige Vorhandensein einer solchen Deckung durch Verfügungen der Bank oder dritter Personen, namentlich im Pfändungswege. Zu diesem Zwecke ist die Bestellung eines Treuhänders bei jeder Hypothekenbank vorgesehen (§ 29), der vor der Ausgabe von Pfandbriefen das Vorhandensein der vorschriftsmäßigen Deckung zu kontrollieren hat (§ 30), und der gleichzeitig für die Erhaltung der Deckung Sorge zu tragen hat (§ 1). Die §§ 36 bis 38 stellen Handlungen, die die Sicherheit der Pfandbriefgläubiger gefährden können, unter Strafe. Zu den Schutzbestimmungen gehört auch die Vorschrift des § 4 Abs. 1, nach der die staatliche Aufsichtsbehörde während der Dauer des Aufsichtsrechtes befugt ist, nach jeder Richtung hin das Gleichgewicht zwischen Pfandbriefdeckung und Pfandbriefumlauf zu prüfen, und überall einzuschreiten, wo sie die Interessen der Pfandbriefgläubiger gefährdet glaubt.

§ 29.

Bei jeder Hypothekenbank ist ein Treuhänder sowie ein Stellvertreter zu bestellen[1].

Die Bestellung erfolgt durch die Aufsichtsbehörde nach Anhörung der Hypothekenbank. Die Bestellung kann jederzeit durch die Aufsichtsbehörde widerrufen werden[2].

[1] Ursprünglich war im Entwurf ein Vertreter der Pfandbriefgläubiger vorgesehen. Die Reichstagskommission setzte den Treuhänder an dessen Stelle. Rechtliche Stellung: der Treuhänder ist nicht Beauftragter oder Vertreter der Pfandbriefgläubiger. Beauftragter nicht, weil den Pfandbriefgläubigern kein Einfluß auf seine Berufung oder Abberufung zusteht; Vertreter nicht, weil er keine Rechte auszuüben hat, die an sich den Pfandbriefgläubigern zustehen würden. Ein

Hauptteil seiner Tätigkeit fällt im übrigen vor Ausgabe der Pfandbriefe, so daß er schon aus diesem Grunde nicht an Stelle der Pfandbriefgläubiger handelt (vgl. KB. 26). Die §§ 167 ff. BGB., 662 bis 674 finden also auf ihn in seinem Verhältnis zu den Pfandbriefgläubigern keine Anwendung. Eher ist der Treuhänder als Beauftragter der Aufsichtsbehörde behufs Vornahme gewisser im Interesse der Pfandbriefgläubiger erforderlichen Handlungen aufzufassen. In einem vertragsmäßigen, auftragsartigen Verhältnis steht er nur zur Aufsichtsbehörde, deren Weisungen er unterliegt, nicht zu den Pfandbriefgläubigern oder der Hypothekenbank. Den Weisungen der Aufsichtsbehörde hat er Folge zu leisten (§ 665 BGB.). Die Ausführung seines Auftrages darf er nur seinem von der Aufsichtsbehörde ernannten Stellvertreter überlassen, und auch diesem nur nach Maßgabe der hierüber von der Aufsichtsbehörde erteilten Weisungen (vgl. § 66 BGB.). Er hat nur der Aufsichtsbehörde, nicht den Pfandbriefgläubigern Rechenschaft abzulegen (§ 666 BGB.). Doch ist er nicht Staatsbeamter. (Tannenbaum S. 272: Der Treuhänder ist eine Zweckperson sui generis.)

Im einzelnen sind die Befugnisse und Pflichten des Treuhänders in den §§ 30 bis 34 abschließend festgelegt. Eine weitergehende Wahrung der Interessen der Pfandbriefgläubiger steht ihm nicht zu. Seine Tätigkeit endet mit der Eröffnung des Konkurses (§ 35).

Für den Stellvertreter des Treuhänders gelten dieselben Vorschriften wie für den Treuhänder.

Wegen der Übertragung der Befugnisse des Treuhänders auf den Staatskommissar vgl. § 51. Fungiert der Staatskommissar als Treuhänder, so gelten für seine Befugnisse nicht die dem Treuhänder sonst gezogenen Grenzen.

Den Pfandbriefgläubigern bleibt das Recht, nach Maßgabe des Gesetzes betreffend die gemeinsamen Rechte der Besitzer von Schuldverschreibungen einen Vertreter (§ 14 des Schuldverschreibungsgesetzes) zu bestellen, dem die Kontrolle der Hypothekenbank zum Schutz der Pfandbriefgläubiger neben dem Treuhänder obliegen würde. Eine Überwachung des

Treuhänders steht ihm nicht zu. Ebensowenig hat der Treuhänder Rechte gegenüber dem gewählten Gläubigervertreter

Strafrechtliche Haftung des Treuhänders s. § 36.

Vgl. ferner noch §§ 41, 42.

[2] Die Bestellung des Treuhänders hat alsbald mit dem Beginn des Geschäftsbetriebes der Hypothekenbank zu erfolgen, da die Ausgabe von Pfandbriefen ohne Mitwirkung des Treuhänders nicht erfolgen darf, § 30 Abs. 3, § 38. Für Hypothekenbanken, die bei Inkrafttreten des Gesetzes schon bestanden, s. § 51 Abs. 1 Satz 3.

In der Auswahl der zum Treuhänder zu bestellenden Person ist die Aufsichtsbehörde durch das Gesetz nur insofern beschränkt, daß, abgesehen vom Falle des § 51, nicht ein nach Maßgabe des § 4 Abs. 3 bestellter Staatskommissar berufen werden darf (KB. 31). Aus dem Zweck des Treuhänderamtes ergibt sich, daß Angestellte oder Mitglieder der Verwaltungsorgane der Hypothekenbank nicht zu Treuhändern bestellt werden können. Zu bestellen ist nur ein Treuhänder und zugleich ein Vertreter. Die Vertretung des Treuhänders durch den Stellvertreter soll nur aushilfsweise, nicht laufend erfolgen. Treuhänder und Vertreter üben das Amt also nicht nebeneinander aus, sondern der Treuhänder allein ist Amtsinhaber und zu den damit verbundenen Funktionen verpflichtet. Der Vertreter hat nur subsidiarische Rechte und Pflichten.

Auch für den Fall, daß die Ausgabe von Schuldverschreibungen auf Grund von Darlehen an inländische Körperschaften des öffentlichen Rechts usw. oder an Kleinbahnunternehmungen erfolgt ist, und sich dadurch die Tätigkeit des Treuhänders erweitert (§§ 41, 42; Begr. 58), ist nur ein Treuhänder und nur ein Vertreter zu bestellen.

Bestellung und Widerruf der Bestellung erfolgen formlos. Vgl. noch § 35.

Für die Rentenbankdarlehen (§ 5 Nr. 7) werden von der Rentenbank-Kreditanstalt Treuhänder bestellt, doch können die Treuhänder nach § 29 auch zu der Funktion der Rentenbanktreuhänder berufen werden.

§ 30.

Der Treuhänder hat darauf zu achten, daß die vorschriftsmäßige Deckung für die Hypothekenpfandbriefe jederzeit vorhanden ist[1]; hierbei hat er, sofern der Wert der beliehenen Grundstücke gemäß der von der Aufsichtsbehörde genehmigten Anweisung festgesetzt ist, nicht zu untersuchen, ob der festgesetzte Wert dem wirklichen Werte entspricht[2].

Er hat darauf zu achten, daß die zur Deckung der Hypothekenpfandbriefe bestimmten Hypotheken und Wertpapiere gemäß den Vorschriften des § 22 Abs. 1 in das Hypothekenregister eingetragen werden.

Er hat die Hypothekenpfandbriefe vor der Ausgabe mit einer Bescheinigung über das Vorhandensein der vorschriftsmäßigen Deckung und über die Eintragung in das Hypothekenregister zu versehen[3].

Eine in das Hypothekenregister eingetragene Hypothek sowie ein in das Hypothekenregister eingetragenes Wertpapier kann nur mit Zustimmung des Treuhänders in dem Register gelöscht werden. Die Zustimmung des Treuhänders bedarf der schriftlichen Form; sie kann in der Weise erfolgen, daß der Treuhänder seine Namensunterschrift dem Löschungsvermerk im Hypothekenregister beifügt[4].

[1] Die Kontrollpflicht beginnt mit der Ausgabe der Pfandbriefe und erstreckt sich auf alle im Umlauf befindlichen Pfandbriefe; sie dauert so lange, wie Pfandbriefe sich im Umlauf befinden. Der Treuhänder kann bei unzureichender Deckung Nachschüsse verlangen. Was unter vorschriftsmäßiger Deckung zu verstehen ist, ergibt sich im einzelnen aus den §§ 6, 10 bis 12, § 21 Abs. 1 Satz 2, § 40 Abs. 2, § 49, vgl. auch Anm. 6 zu § 23 Abs. 2. Wird in den im § 6 Abs. 4 und § 31 Abs. 2 Satz 2 bezeichneten Fällen die Pfandbriefdeckung durch Geld ergänzt, so hat der Treuhänder auch darauf zu achten,

daß gemäß § 6 Abs. 1 Deckung für die Pfandbriefzinsen vorhanden ist. Die Hypothekenbriefe sind ihm zu übergeben. Im einzelnen trifft er seine Maßnahmen nach pflichtgemäßem Ermessen. Bei Nachschußforderungen wird er sich darauf beschränken können, nur eine dem Zeitraum entsprechende Deckung zu verlangen, währenddessen die Hypothekenbank voraussichtlich nicht in der Lage sein wird, Deckung durch Hypotheken oder Grundschulden zu beschaffen.

Die Ausübung der Kontrolle über die Wahrung des Gleichgewichtes zwischen Pfandbriefdeckung und den im Umlauf befindlichen Pfandbriefen sowie über den auch sonst vorschriftsmäßigen Bestand der Deckung wird durch die Vorschrift des § 32 ermöglicht. Erfolgt die vom Treuhänder pflichtgemäß erforderte Ergänzung der Deckung nicht, so hat er die Hilfe der Aufsichtsbehörde in Anspruch zu nehmen.

Die Prüfung der Frage, ob die im § 7 oder im § 46 Abs. 2, 3, § 48 bezeichneten Grenzen bei der Pfandbriefausgabe innegehalten sind, steht dem Treuhänder, sofern nicht der Staatskommissar als solcher fungiert (§ 51), nicht zu.

[2] Der Treuhänder hat grundsätzlich nicht die Verpflichtung oder das Recht, eigene Schätzungen anzustellen. Er hat vielmehr bei den von der Hypothekenbank im Pfandbriefgeschäft ausgeliehenen Hypotheken oder Grundschulden lediglich auf Grund der Akten zu prüfen, ob die Anweisung (§ 13) befolgt ist und kein Verstoß gegen die Wertermittlungsvorschriften (§§ 1, 12) vorliegt. Hat er dies festgestellt, so steht ihm eine sachliche Nachprüfung der Schätzung nicht zu (KB. 29). Doch muß es dem pflichtgemäßen Handeln des Treuhänders überlassen bleiben, Anzeige an die Aufsichtsbehörde zu machen (s. Anm. 1), falls er begründete Bedenken hat, ob der von der Bank formgemäß festgestellte Wert nicht den wirklichen Grundstückswert übersteigt.

Nur ausnahmsweise wird der Treuhänder die Schätzung auch materiell nachzuprüfen haben, wenn er sein Kontrollrecht sachgemäß ausüben will. Werden nämlich im Nebengeschäft (§ 5 Abs. 1 Nr. 1) erworbene Hypotheken oder Grundschulden zur Pfandbriefdeckung verwendet, oder ist die Anweisung (§ 13) nicht befolgt und findet auch eine nachträglich der Anweisung entsprechende Werterrmittlung des beliehenen Grundstücks durch die Hypothekenbank nicht statt, so muß aus dem Sinne des Kontrollrechts gefolgert werden, daß dem Treuhänder die eigene selbständige Prüfung des Grundstückswertes insofern obliegt, als er sich die Gewißheit verschaffen muß, daß der Betrag, mit dem die Hypothek oder Grundschuld als Deckung in Ansatz gebracht werden soll, sich innerhalb der im § 12 bezeichneten Grenze hält. Die nötigen Unterlagen hat ihm die Hypothekenbank zu beschaffen.

[3] Pfandbriefe ohne Bescheinigung sind unvollständig und ungültig. Ihre Ausgabe ist mit Strafe bedroht (§ 38). Die Unterschrift des Treuhänders kann auch durch Faksimilestempel erfolgen.

[4] Die Löschung hat nur zu erfolgen, wenn die Objekte gänzlich aus den zur Pfandbriefdeckung bestimmten Werten ausscheiden. Löschung eines Teiles ist nur zulässig nach vorheriger Abtrennung und Verselbständigung des zu löschenden Teiles. Eine Verpflichtung des Treuhänders, auf die Löschung eines nicht mehr als Deckung in Anspruch genommenen Objekts hinzuwirken, läßt sich nicht annehmen, denn das Fortbestehen der Eintragung gefährdet die Rechte der Pfandbriefgläubiger nicht. Auch ist es den Hypothekenbanken unverwehrt, Überdeckung für ihre Pfandbriefe zu haben.

Ist die vorgeschriebene Form für die Löschung nicht innegehalten, so werden die gelöschten Hypotheken usw., soweit sie sich noch im Eigentum der Hypothekenbank befinden, dem Vorzugsrechte der Pfandbriefgläubiger (§ 35) nicht entzogen.

Vgl. noch §§ 41, 42, 52.

§ 31.

Der Treuhänder hat die Urkunden über die in das Hypothekenregister eingetragenen Hypotheken sowie die in das Register eingetragenen Wertpapiere und das ge-

mäß § 6 Abs. 4 zur Deckung der Hypothekenpfandbriefe bestimmte Geld unter dem Mitverschlusse der Bank zu verwahren[1]; er darf diese Gegenstände nur gemäß den Vorschriften dieses Gesetzes herausgeben[2].

Er ist verpflichtet, Hypothekenurkunden sowie Wertpapiere und Geld auf Verlangen der Bank herauszugeben und zur Löschung im Hypothekenregister mitzuwirken, soweit die übrigen in das Register eingetragenen Hypotheken und Wertpapiere zur Deckung der Hypothekenpfandbriefe genügen oder die Bank eine andere vorschriftsmäßige Deckung beschafft. Ist die Bank dem Hypothekenschuldner gegenüber zur Aushändigung der Hypothekenurkunde oder zur Vornahme der im § 1145 des Bürgerlichen Gesetzbuchs bezeichneten Handlungen verpflichtet, so hat der Treuhänder die Urkunde auch dann herauszugeben, wenn die bezeichneten Voraussetzungen nicht vorliegen; wird die Hypothek zurückgezahlt, so ist in dem letzteren Falle das gezahlte Geld dem Treuhänder zur Verwahrung gemäß Abs. 1 zu übergeben[3].

Bedarf die Bank einer Hypothekenurkunde nur zu vorübergehendem Gebrauche, so hat der Treuhänder sie herauszugeben, ohne daß die Bank verpflichtet ist, eine andere Deckung zu beschaffen[4].

[1] Hypothekenurkunden sind die Hypotheken- oder Grundschuldbriefe (§§ 1116, 1192 BGB., Art. 192, 193, 195 EG-BGB.). Im übrigen gehören diejenigen Urkunden unter gemeinsamen Verschluß, die zur Vornahme von Verfügungen über die Hypotheken und Grundschulden erforderlich sind; in Ermangelung solcher diejenigen, die der Hypothekenbank zum Beweise ihrer Rechte dienen (Begr. 48). Verwahrung unter Mitbesitz der Bank steht dem Treuhänder zu. Äußerlich tritt dies durch Einrichtung eines Mitverschlusses in die Erscheinung. Der Mitverschluß hat bei den Hypotheken oder

Grundschulden sowie bei den Wertpapieren den Zweck, unrechtmäßige Verfügungen der Bank sowie Dritter, insbesondere Pfändungen, auszuschließen. Bei dem zur Pfandbriefdeckung verwendeten Gelde wird außerdem durch den Mitverschluß das Vorzugsrecht der Pfandbriefgläubiger nach § 35 Abs. 1 begründet, das bei Herausgabe des Geldes (nicht aber der Wertpapiere oder Hypothekenbriefe) erlischt.

Nach § 34a (Ges. vom 21. Dezember 1927) ist die Pfändung von Registerhypotheken und -wertpapieren, sowie von Geld, das der Treuhänder verwahrt, nur zugunsten der Pfandbriefgläubiger, nicht also für andere Gläubiger, zulässig. Dadurch erübrigt sich die früher erforderliche besondere Form des Mitverschlusses. Der Mitbesitz des Treuhänders dient dazu, seine Funktionen zu erleichtern und zu sichern (vgl. auch § 35).

Bei Buchhypotheken und Buchgrundschulden hat der Treuhänder die Schuldverträge und die grundbuchlichen Nachrichten in Verwahrung zu nehmen. Den Schutz nach § 34 haben die Pfandbriefgläubiger auch für diese Objekte, sobald sie im Register eingetragen sind.

[2] Nur nach Abs. 2 oder 3 des vorliegenden Paragraphen darf der Treuhänder die von ihm verwahrten Sachen unter Aufgabe des Mitverschlusses herausgeben, und zwar dauernd (Abs. 2) oder vorübergehend (Abs. 3).

Zuwiderhandlung ist nach § 37 Abs. 2 strafbar. Die Aufsichtsbehörde kann außerdem auf Erfüllung der Vorschriften hinwirken. Für den Konkursfall s. § 35 und Anmerkung.

[3] Dauernde Herausgabe:

a) Nach Abs. 2 Satz 1 bei Überdeckung, oder falls eine andere vorschriftsmäßige Deckung von der Bank beschafft wird. Die Überdeckung darf von der Bank nur insoweit herausverlangt werden, als eine vorschriftsmäßige Deckung verbleibt; es muß also nicht nur der Vorschrift des § 6 Abs. 1 und 3 und des § 40 genügt sein, sondern die verbleibende Deckung muß auch den übrigen gesetzlichen Anforderungen entsprechen (§ 6 Abs. 2, § 21 Abs. 1 S. 2, §§ 10 bis 12, 49). Eine Überdeckung im Sinne dieser Vorschrift ist solange nicht vorhanden, als der vorgeschriebene Mindestbetrag der Deckung nur dadurch erreicht wird, daß in der Verwahrung des Treuhänders befindliches Geld mit eingerechnet wird. Denn das Gesetz spricht (im zweiten Halbsatz des Abs. 2) ausdrücklich nur davon, daß die in das Register eingetragenen „Hypotheken und Wertpapiere" zur Deckung ausreichen. Selbst wenn die Hinzufügung des Wortes Geld, wie angenommen wird (Dannenbaum S. 784), versehentlich unterblieben ist, muß dem doch Rechnung getragen werden, zumal da die Schutzvorschriften für die Pfandbriefgläubiger streng auszulegen sind. Ist eine Überdeckung nicht vorhanden, wird aber von der Bank andere Deckung angeboten, so darf der Treuhänder die Herausgabe ebenfalls vornehmen. Er darf aber nur Hypotheken und Grundschulden annehmen, die den §§ 11, 12 entsprechen. Der vorschriftsmäßige Deckungsbestand darf durch den Umtausch nicht berührt werden (vgl. noch § 49). Die Annahme von Geld oder Wertpapieren ist hier ausgeschlossen, da nicht der Fall des § 6 Abs. 4 vorliegt.

b) Zurückzahlung der Hypothek durch den Schuldner. Nach Bezahlung seiner Schuld (§§ 1144, 1167 BGB.) ist der Schuldner berechtigt, die Aushändigung des Briefes zu verlangen oder im Falle teilweiser Zahlung einen entsprechenden Vermerk auf den Brief (§§ 1145, 1167 BGB.), wonach die Bank den Brief zur Berichtigung des Grundbuchs oder zur Löschung dem Grundbuchamt oder zur Herstellung eines Teilhypothekenbriefes dem Notar oder der sonst zuständigen Behörde vorzulegen hat. Ist die Deckung nicht ausreichend und zahlt der Schuldner Zug um Zug gegen Aushändigung des Briefes oder Vornahme der Maßnahmen nach § 1145 BGB., so ist der Treuhänder in der Lage zu veranlassen, daß die Zahlung unmittelbar an ihn erfolgt. Anderenfalls muß das Geld von der Bank unter seinen Mitverschluß gebracht werden (Begr. 49). Es bleibt dem Ermessen des Treuhänders überlassen, inwieweit er es für erforderlich hält, eine Ergänzung der Deckung zu veranlassen (§ 30 Anm. 1).

Die Vorschriften des Abs. 2 Satz 2 finden auch Anwendung,

wenn die Befriedigung aus dem Grundstück im Wege der Zwangsversteigerung erfolgt oder die Forderung sonst im Wege der Zwangsvollstreckung beigetrieben wird.

Wegen der im Falle des Abs. 2 Satz 1 bei Hypotheken, Grundschulden und Wertpapieren, und im Falle des Satz 2 bei der gänzlichen Rückzahlung einer Hypothek oder Grundschuld erforderlichen Löschung im Register vgl. § 30 Abs. 4.

Bei Zurückzahlung der Schuld in Pfandbriefen nach § 14 Abs. 2 sind die Pfandbriefe, falls keine andere Deckung für sie von der Bank hinterlegt wird, einzuziehen.

[4] Vorübergehende Herausgabe: Die Herausgabe von Deckungsobjekten an die Bank zum vorübergehenden Gebrauch ist nach Abs. 3 zulässig. Eine Veränderung im Deckungsbestand tritt nicht ein. Gedacht ist an Fälle, daß die Hypothekenbank die Urkunden für eine Prozeßführung, Zwangsversteigerung oder Zwangsverwaltung, oder gemäß §§ 62 ff. GO. zeitweilig in Besitz haben muß. Deckungseigenschaft und Vorzugsrechte der Pfandbriefgläubiger werden durch die vorübergehende Herausgabe nicht berührt. Wertpapiere und Geld dürfen nicht zeitweilig herausgegeben werden. Der Treuhänder hat dafür zu sorgen, daß die herausgegebenen Urkunden alsbald nach Gebrauch wieder in den gemeinsamen Gewahrsam zurückgelangen (Begr. 56). Eine Nachprüfung des Bedürfnisses zum vorübergehenden Gebrauch steht dem Treuhänder nicht allgemein zu, sondern nur insoweit, als die Angaben der Bank den Akten oder sonstwie nicht hinreichend glaubhaft gemacht sind. Erfolgt, während die Urkunden aus dem gemeinsamen Gewahrsam entfernt sind, die Rückzahlung der Schuld, so greifen die Vorschriften des § 31 Abs. 2 Satz 2 Platz.

§ 32.

Der Treuhänder ist befugt, jederzeit die Bücher und Schriften der Bank einzusehen, soweit sie sich auf die Hypothekenpfandbriefe und auf die in das Hypothekenregister eingetragenen Hypotheken beziehen.

Die Hypothekenbank ist verpflichtet, von den Kapitalrückzahlungen auf die in das Hypothekenregister eingetragenen Hypotheken sowie von sonstigen für die Pfandbriefgläubiger erheblichen Änderungen[1] welche diese Hypotheken betreffen, dem Treuhänder fortlaufende Mitteilung zu machen[2].

[1] Solche Änderungen sind z. B. Verluste bei Zwangsversteigerungen, ferner der Erwerb beliehener Grundstücke (§ 6 Abs. 3, § 40 Abs. 2) und gemäß § 17 Abs. 1, 2 getroffene Maßnahmen.

[2] Wie diese Mitteilungen zu bewirken sind, inwieweit namentlich zu ihrer Erleichterung Nebenregister als Ergänzung des Hypothekenregisters anzulegen sind, ist der Verständigung des Treuhänders mit der Hypothekenbank überlassen (Begr. 31).

Vgl. noch §§ 41, 42 und § 9 Wert- u. HypG.

§ 33.

Streitigkeiten zwischen dem Treuhänder und der Hypothekenbank entscheidet die Aufsichtsbehörde[1].

[1] Die Aufsichtsbehörde entscheidet unter Ausschluß des Rechtsweges (vgl. auch KB. 31).

Die Vorschrift betrifft Streitigkeiten jeder Art, die im Zusammenhang mit der Ausübung der dem Treuhänder in den §§ 30 bis 32 übertragenen Bedürfnisse entstehen. Die Ausführung der getroffenen Maßnahme kann gegenüber der Hypothekenbank von der Aufsichtsbehörde mit Hilfe der ihr nach der maßgebenden Landesgesetzgebung zustehenden Zwangsbefugnisse herbeigeführt werden. Gegenüber dem Treuhänder stehen der Aufsichtsbehörde unmittelbare Zwangsbefugnisse nicht zu. Doch ist sie in der Lage, ihn jederzeit abzuberufen, § 29 Abs. 2.

Sind gemäß § 51 dem Staatskommissar die Befugnisse des Treuhänders übertragen, so können Streitigkeiten gemäß § 33 nicht in Frage kommen. Der Paragraph ist daher in diesem Falle nicht anwendbar. Dagegen kann gegen die Anordnungen des Kommissars Beschwerde bei der Aufsichtsbehörde erhoben werden (KB. 31).

Die Entscheidung der Aufsichtsbehörde gemäß § 33 unterliegt der Anfechtung in dem landesrechtlich gegebenen Instanzenzuge.

§ 34.

Der Treuhänder[1] kann von der Hypothekenbank eine angemessene Vergütung für seine Geschäftsführung verlangen. Der Betrag der vereinbarten Vergütung ist der Aufsichtsbehörde anzuzeigen; in Ermangelung einer Einigung wird der Betrag durch die Aufsichtsbehörde festgesetzt[2].

[1] Sowie der Stellvertreter.

[2] § 34 findet im Falle des § 51 nicht entsprechende Anwendung. S. aber § 4 Abs. 4 Satz 2.

§ 34a*.

* Das in § 34a geschaffene Vorrecht ist eingeführt durch das dritte Ges. zur Änderung und Ergänzung des HypBankG. vom 21. Dezember 1927. Bei der Beratung des HypBankG. war eine entsprechende Bestimmung abgelehnt worden (Begr. 53).

Arreste und Zwangsvollstreckungen in die in das Hypothekenregister eingetragenen Hypotheken und Wertpapiere finden nur wegen der Ansprüche aus den Hypothekenpfandbriefen statt. Das gleiche gilt von Geld, das dem Treuhänder zur Deckung der Hypothekenpfandbriefe in Verwahrung gegeben ist[1].

[1] Der Zwangsvollstreckungstitel braucht nicht gegen den Treuhänder gerichtet zu sein. Es genügt ein vollstreckbarer Anspruch eines Pfandbriefgläubigers gegen die Hypotheken-

bank. Gegen den Treuhänder kann nötigenfalls auf Herausgabe des Hypothekenbriefs geklagt werden.

Entsprechendes gilt für die Deckungsmassen nach § 9 des WertbHaftG.

Den Vollstreckungshandlungen Dritter (Nichtpfandbriefgläubiger) kann von der Bank, dem Treuhänder und auch den Pfandbriefgläubigern widersprochen werden. Der Widerspruch erfolgt durch Erinnerung nach § 766 ZPO.

Konkurs der Hypothekenbank*.

* Durch die Eröffnung des Konkurses wird die Hypothekenbank aufgelöst. Das Aufsichtsrecht der Aufsichtsbehörde endet; ebenso das Amt des Treuhänders.

Konkursgründe sind Zahlungsunfähigkeit und Überschuldung.

Der Treuhänder hat nach Konkurseröffnung sein Mitgewahrsam an den zur Pfandbriefdeckung bestimmten Objekten dem Konkursverwalter zu übergeben. Ein Gläubigerausschuß kann bestellt werden, §§ 108, 110 KO. Konkursverwalter und Gläubigerausschuß werden sich zweckmäßig die Mitarbeit des Treuhänders bis zur völligen Liquidation der Masse sichern. Eine allgemeine Auskunftspflicht des Treuhänders den Konkursorganen gegenüber muß als dem Sinne des Treuhänderamtes entsprechend anerkannt werden.

Gemäß § 65 Abs. 1 KO. gelten die Pfandbriefforderungen als fällig. Das Konkursgericht hat nach §§ 18, 19 SchuldverschrG. unverzüglich eine Versammlung der Pfandbriefgläubiger zu berufen, die über die Bestellung eines gemeinsamen Vertreters im Konkursverfahren zu beschließen hat. Sind verschiedene Klassen von Pfandbriefen ausgegeben, die den Gläubigern nicht gleiche Rechte gewähren, so ist für jede Klasse eine besondere Versammlung zu berufen, § 1 SchuldverschrG. Die Berufung kann unterbleiben, wenn die Pfandbriefgläubiger schon vorher über die Bestellung eines gemeinsamen Vertreters Beschluß gefaßt haben. Vgl. noch die weiteren Bestimmungen in §§ 1, 2, 6, 8 ff. des Ges. Die Pfandbriefgläubiger oder der Vertreter, falls er hierzu ermächtigt wird haben die Pfandbriefforderungen anzumelden (s. noch § 139 KO.), und zwar mit dem Vorrecht aus § 35. Die Feststellung der Forderungen erfolgt entsprechend (§ 141 KO.), jedoch mit der Maßgabe, daß aus der Konkursmasse, soweit sie nicht zur bevorrechtigten Befriedigung der Pfandbriefgläubiger bestimmt ist, nur für den Betrag verhältnismäßige Befriedigung verlangt werden kann, zu dem der Pfandbriefgläubiger auf Befriedigung aus der Pfandbriefdeckung verzichtet oder mit dem er bei dieser ausgefallen ist, § 64 KO.

Mit der Kapitalforderung werden an derselben Stelle angesetzt die Kosten, die den Pfandbriefgläubigern vor Eröffnung des Verfahrens erwachsen sind, sowie die bis zur Eröffnung zu ihren Gunsten aufgelaufenen Zinsen. Nicht geltend gemacht werden können nach der Konkurseröffnung erwachsende Kosten und Zinsen, §§ 62, 63 KO.

Die Doppelstellung der Pfandbriefgläubiger als bevorrechtigt in Ansehung eines Teiles der Masse und als Ausfallsgläubiger in Ansehung des übrigen Teiles kommt auch in der Ausübung ihres Stimmrechts zum Ausdruck. Maßnahmen, die die gesamte Masse betreffen, berechtigen die Gläubiger oder den bestellten Vertreter der festgestellten Pfandbriefforderungen zu ihrem vollen Betrage zur Abstimmung, § 95 KO.; z. B. Wahl des Konkursverwalters, Wahl des Gläubigerausschusses und Widerruf der Wahl, §§ 80, 87, 92 KO. Bei Maßregeln, die nur die nicht dem Vorrecht unterliegende Masse betreffen, z. B. Bestimmung der Hinterlegungsstellen für nicht zur Pfandbriefdeckung gehörige Geldbeträge oder Wertpapiere, hat das Gericht (§ 96 KO.) zu entscheiden, bis zu welchem Betrage die Pfandbriefforderungen zum Stimmen berechtigt sind. Reicht die Pfandbriefdeckung zur Befriedigung der Pfandbriefgläubiger aus, so steht ihnen ein weiteres Stimmrecht nicht zu. Dies gilt auch für den Zwangsvergleich. Soweit die Pfandbriefgläubiger aus der Pfandbriefdeckung befriedigt werden können, werden sie als bevorrechtigte Gläubiger durch den Zwangsvergleich nicht betroffen, § 173 KO. Insoweit dies nicht der Fall ist, sind sie stimmberechtigt. Über das Verfahren nach der Vergleichsordnung vom 5. Juli 1927 s. unten.

Die Verwertung der zur Pfandbriefdeckung gehörigen Objekte und der sonstigen Masse liegt dem Konkursverwalter ob, § 117 KO. Die Kosten werden verhältnismäßig auf Deckungsmasse und freie Masse verteilt. Von dem Reinerlöse ist (§ 35 Abs. 3) der Anteil abzusondern, der auf die der Konkursmasse gehörigen, noch im Umlauf befindlichen Pfandbriefe entfällt, und der übrigen Konkursmasse zuzuschlagen (s. Anm. 4). Beide Teile der Konkursmasse haben zur Berichtigung der Massekosten und der Masseschulden nach dem Verhältnis ihres Wertes beizutragen. Von dem verbleibenden Erlöse der Pfandbriefdeckung sind die Kosten einer Versammlung der Pfandbriefgläubiger, die während des Konkurses nach dem SchuldverschrG. berufen worden ist, zu berichtigen, § 35 Abs. 4. Der Rest ist auf die festgestellten oder nach Maßgabe des § 152 KO. sonst zu berücksichtigenden Pfandbriefforderungen gemäß §§ 149 ff. KO. zu verteilen. Erleiden die Pfandbriefgläubiger einen Ausfall, so sind sie aus dem freien Teil der Masse anteilig zu befriedigen. (S. unten Anm. 3.) Die Vorlegung der Pfandbriefe bei Erhebung eines Verteilungsbetrages ist nicht erforderlich.

Die Begr. (55) weist noch darauf hin, daß das SchuldverschrG. den Pfandbriefgläubigern die Möglichkeit gibt, durch Mehrheitsbeschluß ein besonderes Abkommen mit dem Gemeinschuldner zu treffen, und daß die Ordnung der Verhältnisse auch in der Weise erfolgen kann, daß die Pfandbriefgläubiger auf ihre Rechte gegen die Hypothekenbank verzichten und daß eine andere Hypothekenbank gegen Erwerb der Hypothekenforderungen im Wege der Abtretung die Pfandbriefschulden ganz oder teilweise übernimmt. Hierzu ist von dem Verwalter die Genehmigung des Gläubigerausschusses einzuholen, § 133 Nr. 2 KO.

Einstellung und Aufhebung des Konkursverfahrens vgl. § 202 KO., §§ 307, 320 HGB.

An einem Vergleichsverfahren nach der Vergleichsordnung vom 5. Juli 1927 (RGBl. I S. 139) sind die Pfandbriefgläubiger wegen ihres Vorrechts nicht beteiligt. Sie können nur nach § 2 des Gesetzes bei Verzicht auf das Vorrecht oder bei zu erwartendem Ausfall beteiligt werden. Die Festsetzung des Stimmrechts der Pfandbriefgläubiger im Vergleichsverfahren erfolgt nach § 62 durch das Gericht. Staatsaufsicht und Treuhänder bleiben bestehen. Die Pfandbriefgläubiger werden das Vergleichsverfahren einem Konkurse in der Regel vorziehen, weil ihre Sicherung nicht geringer ist, die Kosten des Vergleichsverfahrens aber wesentlich niedriger als die eines Konkurses sein können.

§ 35.

Ist über das Vermögen der Hypothekenbank der Konkurs eröffnet, so gehen in Ansehung der Befriedigung aus den in das Hypothekenregister eingetragenen Hypotheken und Wertpapieren die Forderungen der Pfandbriefgläubiger den Forderungen aller anderen Konkursgläubiger vor. Das gleiche gilt von Geld, das dem Treuhänder zur Deckung der Hypothekenpfandbriefe in Verwahrung gegeben ist. Die Pfandbriefgläubiger haben untereinander gleichen Rang[1].

In betreff des Anspruchs der Pfandbriefgläubiger auf Befriedigung aus dem sonstigen Vermögen der Bank[2] finden die für die Absonderungsberechtigten geltenden Vorschriften der §§ 64, 153, 155, 156 und des § 168 Nr. 3 der Konkursordnung (RGBl. 1898 S. 612) entsprechende Anwendung[3].

Gehören zur Konkursmasse eigene Hypothekenpfandbriefe der Bank, die von dieser dem Bestand an Wertpapieren zugeschrieben sind, so werden sie bei der Berechnung der auf die einzelnen Hypothekenpfandbriefe fallenden Anteile an dem Erlös aus den im Abs. 1 bezeichneten Gegenständen mitgezählt[4].

Während des Konkurses der Hypothekenbank sind die Kosten einer Versammlung der Pfandbriefgläubi-

ger, die nach den Vorschriften des Gesetzes, betreffend die gemeinsamen Rechte der Besitzer von Schuldverschreibungen, berufen wird, aus dem zur vorzugsweisen Befriedigung der letzteren dienenden Teile der Konkursmasse[5] zu berichtigen.

[1] Das Vorzugsrecht der Pfandbriefgläubiger im Konkurse ist eine Verstärkung ihres durch § 34a geschaffenen Sonderrechts bei Zwangsvollstreckungen. Im übrigen ist es ein Recht eigner Natur. Von den im § 61 Nr. 1—5 KO. aufgeführten Vorrechten unterscheidet es sich dadurch, daß die Pfandbriefgläubiger nicht bezüglich ihrer Befriedigung aus der ganzen Masse, sondern nur an gewissen Bestandteilen der Masse, nämlich den zur Pfandbriefdeckung gehörenden Objekten bevorrechtigt sind. Insofern nähert sich dieses Vorrecht dem Absonderungsrecht, §§ 47 ff. KO. Deshalb finden auch hinsichtlich der Befriedigung der Pfandbriefgläubiger aus der übrigen Masse die für das Absonderungsrecht geltenden Vorschriften Anwendung (§ 35 Abs. 2 u. Anm. 3). Von dem Absonderungsrecht unterscheidet sich aber das Vorrecht dadurch

1. daß die Pfandbriefgläubiger mit ihrer gesamten Forderung Konkursgläubiger sind. Die Forderungen sind, auch soweit Befriedigung aus den zur Pfandbriefdeckung bestimmten Werten verlangt wird, als Konkursforderungen anzumelden (vgl. dagegen § 64 KO.).
2. Aus dem Erlöse der Pfandbriefdeckung sind die Pfandbriefgläubiger nur für die vor Eröffnung des Verfahrens ihnen erwachsenen Kosten und die bis zur Eröffnung des Verfahrens aufgelaufenen Zinsen zu befriedigen (§ 62 KO.). Die seit der Eröffnung des Verfahrens laufenden Zinsen sowie später entstandene Kosten, für die ein Pfand nach bürgerlichem Recht haften würde, werden nicht berücksichtigt; § 48 KO. findet nicht entsprechende Anwendung. (S. a. § 63 Nr. 1 KO. Die Frage ist bestritten. Mit sehr intensiver Auslegung begründet Dannenbaum S. 293 seine abweichende Meinung. Abweichend auch Jaeger, KO. § 61 Anm. 3.)

3. Für die Verwertung der zur Pfandbriefdeckung bestimmten Objekte ist nicht § 127 KO. maßgebend, sondern die Verwertung muß stets durch den Konkursverwalter erfolgen. Ob das Interesse der Pfandbriefgläubiger durch eine sofortige oder auch allmähliche Verwertung der Verteilungsmasse wahrzunehmen ist, unterliegt dem Ermessen des Konkursverwalters. Die Kosten der Verwertung tragen die bevorrechtigten Gläubiger allein.
4. Aus dem Erlöse der Pfandbriefdeckung sind die Massekosten und Masseschulden ebenso wie aus der übrigen Masse vorweg zu befriedigen.

Außerhalb des Konkurses besteht nur ein obligatorischer Anspruch der Pfandbriefgläubiger gegenüber der Hypothekenbank auf Erhaltung einer vorschriftsmäßigen Deckung. Eine nicht nach den Vorschriften der §§ 29 ff. KO. verfechtbare Verfügung der Bank müssen die Pfandbriefgläubiger gegen sich gelten lassen. Das Vorrecht erstreckt sich nur auf diejenigen zur Zeit der Konkurseröffnung im Register (§ 22) eingetragenen und nicht vorschriftsmäßig (§ 30 Abs. 4) gelöschten Hypotheken, Grundschulden und Wertpapiere, die sich im Eigentum der Hypothekenbank befinden, insoweit nicht Rechte Dritter an ihnen begründet sind. Belanglos ist, ob sich die Objekte im Augenblick der Konkurseröffnung im Mitgewahrsam des Treuhänders oder auch nur im Besitz der Hypothekenbank befanden. — Zur Pfandbriefdeckung bestimmtes Geld (§ 6 Abs. 4, § 31 Abs. 2 S. 2) darf nur insoweit zur vorzugsweisen Befriedigung der Pfandbriefgläubiger verwendet werden, als es sich zur Zeit der Konkurseröffnung noch unter Mitverschluß des Treuhänders befand. Wegen des Abzugs für die der Hypothekenbank gehörenden Pfandbriefe s. § 35 Abs. 3 und 4.

Für Kommunalobligationen und Kleinbahnobligationen bestehen besondere Deckungsmassen (§§ 41, 42), die dem Vorrecht der betreffenden Obligationäre unterliegen. S. ferner für wertbeständige Hypotheken § 9 WertbHypG., ebenso wegen der Liquidations- und Mobilisierungspfandbriefe.

[2] Alles Vermögen, das nicht Deckungsmasse ist, gehört zum

sonstigen Vermögen. Zum sonstigen Vermögen gehört auch der Teil des Erlöses der Pfandbriefe, der auf die der Hypothekenbank gehörigen Pfandbriefe entfällt. (§ 35 Abs. 3 u. Anm. 4.)

[3] Hiernach gilt folgendes: Die Pfandbriefgläubiger haben Anspruch auf verhältnismäßige Befriedigung aus dem sonstigen Vermögen nur für den Betrag ihrer Forderungen, für den sie auf vorzugsweise Befriedigung verzichten, oder mit dem sie bei dieser ausgefallen sind (§ 64 KO.). Da die Pfandbriefforderungen in voller Höhe als Konkursforderungen festzustellen sind, der Verwalter die Pfandbriefdeckung selbst zu verwerten und unter die Pfandbriefgläugiger zu verteilen hat, so bedarf es zur Berücksichtigung der Ausfallsforderungen bei einer Verteilung des Nachweises des Ausfalls nicht (§ 153 Abs. 1 KO.). Nur wenn bei einer Abschlagsverteilung der Betrag des mutmaßlichen Ausfalls (§ 153 Abs. 2 KO.) von dem Verwalter zu niedrig geschätzt wird, muß binnen einer Ausschlußfrist von zwei Wochen gemäß § 151 KO. eine größere Höhe des mutmaßlichen Ausfalls glaubhaft gemacht werden. Will ein Pfandbriefgläubiger auf vorzugsweise Befriedigung verzichten und verhältnismäßige Befriedigung wegen seiner ganzen Forderung aus dem sonstigen Vermögen der Hypothekenbank verlangen, so hat er dem Verwalter den Verzicht binnen der Ausschlußfrist nachzuweisen. (S. a. noch §§ 155, 156 KO., die entsprechend Anwendung finden. Die Anteile, die bei einer Abschlagsverteilung auf den mutmaßlichen Ausfall den Pfandbriefgläubiger entfallen, sind zurückzubehalten, § 168 Nr. 3 KO.)

[4] Aus der Natur des den Pfandbriefgläubigern eingeräumten Vorzugsrechtes als eines für gewisse Konkursgläubiger begründeten Vorrechts würde an sich folgen, daß für Pfandbriefe, die sich im Besitz der Hypothekenbank befinden (§ 5 Abs. 2), dieses Recht von der Hypothekenbank nicht geltend gemacht werden könne. Der auf diese Pfandbriefe entfallende Erlös würde also nur den übrigen Pfandbriefgläubigern zugute kommen. Danach wäre es den Banken unmöglich, verfügbare Gelder in eignen Pfandbriefen anzulegen. Um diese

Fortsetzung zu verhindern, ist bestimmt, daß die eignen Hypothekenpfandbriefe, die dem Bestand an Wertpapieren zugeschrieben sind, die freie Masse vergrößern sollen.

5 Der Teil des Erlöses der Pfandbriefdeckung, der auf die im Abs. 3 bezeichneten Pfandbriefe entfällt (Anm. 4), haftet für die Kosten nicht.

Strafvorschriften.

§ 36.

Treuhänder, die absichtlich zum Nachteile[1] der Pfandbriefgläubiger handeln, werden wegen Untreue nach § 266 des Strafgesetzbuchs bestraft[2].

[1] Vgl. § 312 HGB., § 146 des Ges. betr. die Erwerbs- und Wirtschaftsgenossenschaften.

[2] Die Strafe wegen Untreue nach § 266 StGB. ist Gefängnis, neben dem auf Verlust der bürgerlichen Ehrenrechte erkannt werden kann. Hat der Treuhänder die Tat begangen, um sich oder einem anderen einen Vermögensvorteil zu verschaffen, so kann neben der Gefängnisstrafe auf Geldstrafe von 3 RM. bis zu 10 000 RM., bei Gewinnsucht bis 100 000 RM. erkannt werden. Vgl. die V. vom 6. Februar 1924 (RGBl. I S. 44).

Die Vorschrift findet auch auf den Stellvertreter des Treuhänders Anwendung, nicht aber auf den Staatskommissar, wenn er nach § 51 die Funktion des Treuhänders ausübt.

Die Handlungen müssen zum Nachteil der Pfandbriefgläubiger begangen sein. Handlungen zum Nachteil der Bank fallen also nicht unter diese Strafvorschrift. Die Reichstagskommission hatte die Ausdehnung auf solche Handlungen in Betracht gezogen, aber schließlich abgelehnt wegen der Möglichkeit der Interessenkollision zwischen dem Bankgläubiger und dem Pfandbriefgläubiger (KB. 35). In der Tat liegt es dem Treuhänder nicht ob, die Interessen der Bank zu wahren.

Die Bezeichnung „absichtlich“ steht dem Begriffe vorsätzlich gleich. Der Treuhänder muß also das Bewußtsein gehabt haben, daß die Handlung den benachteiligenden Erfolg haben werde. Eventualdolus genügt. Rechtswidrigkeit des Handelns ist nicht erforderlich.

Nachteil ist Vermögensbeschädigung oder eine Gefährdung des Vermögens, durch die das Vermögen eine nachteilige Veränderung erfährt oder in eine bedrohte Lage gebracht wird. Die Vermögensbeschädigung braucht nicht dauernd zu sein; eine nachträgliche Wiedergutmachung macht sie nicht ungeschehen. Eine Handlung zum Schaden der Pfandbriefgläubiger liegt insbesondere in der Herbeiführung einer Minderung der Deckungsmasse. Eine die Anwendbarkeit des § 36 begründende Vermögensbeschädigung kann nur hinsichtlich des obligatorischen Anspruchs der Pfandbriefgläubiger auf Vorhandensein und Erhaltung der vorschriftsmäßigen Deckung in Frage kommen. Hauptsächlich in Betracht kommen die Vorschriften des § 6 Abs. 1, 3, 4, des § 11 und § 12 Abs. 1, 2 und Abs. 3 Satz 2 bis 4, des § 40 Abs. 2 und des § 49. Verstöße gegen Vorschriften, die nicht die Sicherheit der Pfandbriefdeckung, sondern eine Einwirkung auf den Geschäftsbetrieb der Bank bezwecken, sind für die Anwendbarkeit des § 36 nicht als ausreichend anzusehen. Vgl. § 6 Abs. 2, § 21 Abs. 1 Satz 2, § 12 Abs. 3 Satz 1. Ob der Treuhänder pflichtwidrig gehandelt hat, ist zunächst nach Maßgabe der §§ 30 bis 32 zu beurteilen. Der Tatbestand des § 36 wird z. B. erfüllt, wenn der Treuhänder dem § 31 Abs. 1 zuwider ein zur Pfandbriefdeckung bestimmtes Objekt herausgibt, mag auch das übrige Vermögen der Hypothekenbank den Pfandbriefgläubigern volle Sicherheit gewähren. Denn für die Erhaltung dieses übrigen Vermögens besteht keine besondere Schutzvorschrift oder sonstige Gewähr. Es tritt also mit der Herausgabe eine Gefährdung der den Pfandbriefgläubigern gesetzlich verbürgten Sicherheit ein. Ferner ist Benachteiligung nach § 36 die Erteilung der im § 30 Abs. 3 vorgeschriebenen Deckungsbescheinigung ohne Vorhandensein vorschriftsmäßiger Deckung. Auch ein Verstoß gegen § 12 Abs. 3 Satz 1 (Bauplatz- und Baugeldhypothek) muß als Benachteiligung der Pfandbriefgläubiger angesehen werden. — Pflichtwidriges Unterlassen steht dem Handeln gleich. S. auch noch §§ 41, 42.

§ 37.

Wer für eine Hypothekenbank wissentlich[1] Hypothekenpfandbriefe über den Betrag hinaus ausgibt[2], welcher durch die in das Hypothekenregister eingetragenen Hypotheken und Wertpapiere oder das in der Verwahrung des Treuhänders befindliche Geld vorschriftsmäßig gedeckt ist[3], wird mit Gefängnis bis zu einem Jahre und mit Geldstrafe bestraft[4].

Die gleiche Strafe trifft denjenigen, welcher für eine Hypothekenbank wissentlich[5] über eine in das Hypothekenregister[6] eingetragene Hypothek oder über ein in das Register eingetragenes Wertpapier durch Veräußerung oder Belastung verfügt[7], obwohl die übrigen in das Register eingetragenen Hypotheken und Wertpapiere zur vorschriftsmäßigen Deckung der Hypothekenpfandbriefe nicht genügen[7], sowie denjenigen, welcher der Vorschrift des § 31 Abs. 2 Satz 2 zuwider es unterläßt, bei der Rückzahlung einer Hypothek das gezahlte Geld dem Treuhänder zur Verwahrung zu übergeben[8].

Sind mildernde Umstände vorhanden, so kann auf die Geldstrafe allein erkannt werden.

[1] Wissentlich ist nicht sinngleich mit vorsätzlich. Es muß sich um ein positives Wissen handeln; ein bloßer Zweifel, dolus eventualis und Fahrlässigkeit reichen nicht aus. Die Bezeichnung „wissentlich" ist offenbar in gewollter Abweichung von „absichtlich" in § 36 und von dem sonst im Strafrecht verwendeten „vorsätzlich" gebraucht.

[2] Abweichend von § 145a StGB., Art. 34 Nr. IV EGBGB. ist nur das Ausgeben, nicht auch das Inverkehrbringen mit Strafe bedroht. Ausgegeben werden die Pfandbriefe von der Hypothekenbank. Täter des Vergehens nach § 37 kann daher nur eine mit der Geschäftsführung der Hypothekenbank betraute und für diese handelnde Person sein. Dementsprechend

bemerkt auch die Begründung (56), daß die Strafvorschrift sich nur gegen solche Personen richtet. In Betracht kommen die persönlich haftenden Gesellschafter einer KG. a. A., der Vorstand einer AG., auch Prokuristen und Bevollmächtigte. Beim Zusammenwirken mehrerer kann Mittäterschaft oder Beihilfe vorliegen. Es kommt auf die Willensrichtung der Beteiligten an. Bankiers, deren sich die Hypothekenbank beim Absatz der Pfandbriefe bedient, können nicht Täter, sondern nur Gehilfen sein (§ 49 StGB.). Das gleiche gilt vom Treuhänder, der der Hypothekenbank die im § 30 Abs. 3 vorgeschriebene Bescheinigung zu Unrecht erteilt. Hier kann Idealkonkurrenz mit dem Vergehen nach § 36 vorliegen, da dieser Paragraph nicht als lex specialis für die Vergehen des Treuhänders zum Schaden der Pfandbriefgläubiger anzusehen ist.

Ausgegeben kann ein Pfandbrief nur sein, wenn er an Dritte gelangt ist. Der Begriff deckt sich nicht mit „im Umlauf befindlich" (§ 6), eigene Pfandbriefe der Bank sind nicht „ausgegeben". An Dritte gelangen die Pfandbriefe durch Veräußerung oder Verpfändung. Zurückgekaufte Pfandbriefe sind nicht ausgegeben. Werden sie wieder veräußert, so liegt darin ein erneutes Ausgeben. (Dies ist entgegen dem Standpunkt der zweiten Auflage nach dem Sinne der Strafbestimmung des § 37 mit Dannenbaum S. 307 anzunehmen.)

Solange die Pfandbriefe sich noch beim Bankier befinden, der sie zum kommissionsweisen Verkauf übernommen hat, sind die Pfandbriefe noch nicht ausgegeben. Es kann nur ein strafbarer Versuch vorliegen.

[3] Wegen der vorschriftsmäßigen Deckung s. §§ 6, 10—13, 22, 23 Abs. 2, § 31 Abs. 1, § 40. Die Strafbarkeit beginnt, wenn die Deckung nicht mehr im Gleichgewicht mit den in Umlauf befindlichen Pfandbriefen, gleichgültig ob die Bank noch ausreichende, als Deckung geeignete (aber nicht als solche eingetragene) Objekte besitzt. Die Ausgabe kann auch strafbar sein, wenn die Deckung zwar ausreicht, aber nicht vorschriftsmäßig beschaffen ist. Der Eintritt einer Vermögensschädigung ist nicht Voraussetzung der Strafbarkeit nach § 37 (s. aber Anm. 1 zu § 36). Strafbar ist also, wenn die bei der

Neuausgabe erforderliche Ergänzung der Deckung nicht durch Hypotheken oder Grundschulden, sondern durch Geld oder Wertpapiere erfolgt ist, oder wenn sich in der Deckung über den in § 12 Abs. 3 vorgesehenen Betrag hinaus Hypotheken auf Neubauten oder Bauplätzen befinden oder wenn Hypotheken oder Wertpapiere mit einem unzulässig hohen Betrag aus Pfandbriefdeckung in Ansatz gebracht sind. Vgl. §§ 6, 12 Abs. 3, 7 u. Anm. dazu.

[4] Über den Strafrahmen für die Geldstrafe s. § 36 Anm. 1. Derselbe Rahmen gilt auch bei Zubilligung mildernder Umstände nach Abs. 3. Die ursprünglichen Worte im Abs. 1 „bis zu zwanzigtausend Mark" sind fortgefallen.

[5] S. Anm. 1.

[6] § 22.

[7] Als Täter kommen nur die gleichen Personen wie in Abs. 1 in Betracht. Es handelt sich um eine Verminderung der Deckung durch Verfügungen, die den zur Pfandbriefdeckung bestimmten Gegenstand dem Vorzugsrechte der Pfandbriefgläubiger ganz oder teilweise entzieht (§ 35). Die Eingehung von obligatorischen Verbindlichkeiten enthält solche Verfügung noch nicht. Eine Verfügung liegt auch nicht vor, wenn die Bank, nachdem ihr die Hypothek zurückgezahlt ist, dem bisherigen Schuldner oder einem neuen Gläubiger eine Abtretungserklärung ausstellt. Denn diese enthält sachlich keine Verfügung über das Recht, da die Hypothek schon mit der Rückzahlung auf den Eigentümer oder den persönlichen Schuldner übergegangen war. §§ 1143, 1163 Abs. 1 Satz 2, 1164 BGB. Die Abtretungserklärung dient in diesen Fällen nur dazu, die Legitimation des nunmehr Berechtigten darzutun (KB. 36).

Die Verfügung muß in einer Veräußerung oder Belastung bestehen (KB. 36). Die Annahme einer Zahlung, die allerdings eine Verfügung enthält, ist selbst dann nicht strafbar, wenn die verbleibende Pfandbriefdeckung nicht ausreicht und die Hypothekenbank zur Annahme der Zahlung nicht verpflichtet war. Auf diesen Fall findet zum Schutze der Pfandbriefgläubiger die Vorschrift des § 38 Anwendung. Auch eine Kündigung ist unter keinen Umständen strafbar (KB. 36). Die Erteilung einer löschungsfähigen Quittung fällt ebenfalls nicht unter den Paragraphen.

Ob die Veräußerung entgeltlich oder unentgeltlich ist, macht keinen Unterschied. (Merzbacher Anm. 5 zu § 37 nimmt an, daß nur entgeltliche Verfügungen gemeint sind, da unentgeltliche unter § 36 fallen. Aber § 36 betrifft nur den Treuhänder.)

[7] S. Anm. 3. Eine Vermögensbeschädigung braucht nicht eingetreten zu sein. — Deckung sind hier nur Hypotheken und Wertpapiere, Geld ist nicht genannt.

[8] Zur Übergabe des Geldes an den Treuhänder verpflichtet ist nur die Hypothekenbank. Die Strafvorschrift richtet sich daher nur gegen diejenige mit der Geschäftsführung betraute Person (Vorstandsmitglied, Prokuristen oder Angestellten), die nach Lage der Sache und den ihr übertragenen Funktionen für die Übergabe an den Treuhänder Sorge zu tragen hatte. Nicht in Betracht kommt also z. B. der Notar, der zur Empfangnahme des Geldes ermächtigt war.

Das Unterlassen ist nur strafbar, wenn es vorsätzlich geschieht. Das Vergehen ist vollendet, sobald die Übergabe nach dem ordentlichen Geschäftsgang erfolgen konnte, aber unterblieben ist. Es genügt also eine längere wissentliche Verzögerung. Nicht erforderlich ist, daß die Ablieferung in der Absicht unterlassen wird, das Geld für die Hypothekenbank oder anderweitig zu verwenden. — (Vgl. auch §§ 41, 42.)

§ 38.

Wer für eine Hypothekenbank Hypothekenpfandbriefe ohne die nach § 30 Abs. 3 erforderliche Bescheinigung ausgibt[1], wird mit Geldstrafe oder mit Gefängnis[2] bis zu drei Monaten bestraft.

[1] Vgl. Anm. 2 zu § 37.

[2] Ursprünglich war die Geldstrafe auf eintausend Mark begrenzt. Jetzt gilt der erweiterte Strafrahmen von 3—10 000 bzw. 100 000 RM.

§ 39[1].

Zuwiderhandlungen gegen die Vorschrift des § 2 werden mit Gefängnis bestraft.

[1] Ursprünglich war die Geldstrafe auf 3000 M. begrenzt, jetzt gilt der Strafrahmen wie in Anm. 2 zu § 38. Die Strafandrohung richtet sich gegen die Personen, die das Hypothekenbankgeschäft selbständig betreiben, also gegen Inhaber und Mitinhaber oder gesetzliche Vertreter der Gesellschaft. — Vorsatz ist für die Strafbarkeit erforderlich. — Vgl. noch § 45 Abs. 2.

§ 40.

Den Hypotheken stehen im Sinne dieses Gesetzes die Grundschulden gleich[1].

Hat die Bank ein Grundstück zur Verhütung von Verlusten an einer ihr an dem Grundstücke zustehenden Hypothek oder Grundschuld bei der Zwangsversteigerung erworben und an Stelle der gelöschten Hypothek oder Grundschuld für sich eine Grundschuld eintragen lassen, so findet auf diese die Vorschrift des § 6 Abs. 3 entsprechende Anwendung[2].

[1] Grundschulden: §§ 1191 bis 1198 BGB., Art. 195 EGBGB., s. a. § 1 und Anm. Die Grundschulden (nicht aber die Rentenschulden) sind durchweg den Hypotheken gleichgestellt. Wo das Gesetz von Hypotheken spricht, gilt die Vorschrift in gleicher Weise für Grundschulden. Ein Hypothekenbankgeschäft läge auch dann vor, wenn die Bank sich auf die Ausgabe von Schuldverschreibungen auf Grund erworbener Grundschulden beschränkte. Vgl. Vorbemerkung zu § 1. Die Schuldverschreibungen wären alsdann ebenfalls als Hypothekenpfandbriefe zu bezeichnen; das Gesetz kennt keine Grundschuldpfandbriefe. Es ist auch kein Grund ersichtlich, warum die Grundschulden in der Bilanz der Hypothekenbank (§ 24 Nr. 1 u. 2, § 27,

§ 28 Nr. 1 bis 6) gesondert aufgeführt werden müßten (a. M. Merzbacher). Vielmehr können die Angaben für Hypotheken und Grundschulden zusammen erfolgen. In der Praxis werden von den Hypothekenbanken Grundschulden an Stelle von Hypotheken nur ausnahmsweise erworben.

Die Anlegung einer besonderen Abteilung für Grundschulden im Hypothekenregister (§ 22) wird sich der Übersichtlichkeit halber empfehlen. Als notwendig ist die Trennung nicht anzusehen.

Reallasten sind ebensowenig wie Rentenschulden als Grundlage für die Ausgabe von Pfandbriefen zugelassen. Die während der Inflation als Reallastenbank errichtete, inzwischen auf die Preußische Pfandbriefbank übergegangene Roggenrentenbank unterlag nicht den Vorschriften des Hypothekenbankgesetzes.

[2] § 40 Abs. 2 dient zur Ergänzung der im § 6 Abs. 3 enthaltenen Vorschrift. Diese Vorschrift hat nur ein beschränktes Anwendungsgebiet, denn in dem praktisch wichtigsten Falle, daß die Hypothekenbank das Grundstück bei der von ihr selbst betriebenen Zwangsversteigerung erwirbt, erlischt die Hypothek oder Grundschuld, da sie nicht in das geringste Gebot fällt; § 44, § 52 Abs. 2, § 91 Abs. 1 des Ges. über die Zwangsversteigerung und die Zwangsverwaltung. Die Hypothekenbank ist dann nur in der Lage, an Stelle der gemäß § 130 Abs. 1 ZwangsverstGes. gelöschten Hypothek oder Grundschuld eine Grundschuld für sich eintragen zu lassen (§ 1196 BGB.) und diese zur Pfandbriefdeckung zu verwenden. Hierbei greift die Vorschrift des § 6 Abs. 3 ebenfalls Platz. Die Grundschuld darf demnach nur zur Hälfte des Betrages als Pfandbriefdeckung in Ansatz gebracht werden, zu dem die erloschene Hypothek oder Grundschuld in Ansatz gebracht war, s. §§ 6 und 23 sowie Anm. Eine Verpflichtung, die Grundschuld eintragen zu lassen und zur Pfandbriefdeckung zu verwenden, besteht für die Hypothekenbank nicht. Vielmehr kann die Ergänzung der Deckung auch durch andere Hypotheken oder Grundschulden gemäß § 6 Abs. 4 erfolgen.

Ausgabe von Kommunal- und Kleinbahnobligationen durch Hypothekenbanken*).

*) Die Ausgabe von Kommunal- und Kleinbahnobligationen ist in den §§ 41, 42 nur insoweit geregelt, als Hypothekenbanken sich im Nebengeschäft damit befassen (§ 1, § 5 Abs. 1 Nr. 2, 3). Wie die Pfandbriefe nur auf Grund von Hypotheken oder Grundschulden ausgegeben werden dürfen, so darf die Ausgabe von Kommunalobligationen nur auf Grund nicht-hypothekarischer Darlehen erfolgen, die an inländische Körperschaften des öffentlichen Rechtes oder gegen Übernahme der vollen Gewährleistung durch eine solche Körperschaft ausgeliehen sind; und die Ausgabe von Kleinbahnobligationen nur auf Grund von Darlehen, die an inländische Kleinbahnunternehmungen gegen Verpfändung der Bahn oder gegen Übernahme der vollen Garantie durch eine Körperschaft des öffentlichen Rechts (s. zu § 42) gewährt sind. Die Obligationen sind als solche besonders zu kennzeichnen.

Die drei Arten von Schuldverschreibungen (Hypothekenpfandbriefe, Kommunalobligationen, Kleinbahnobligationen) sind in jeder Beziehung getrennt zu behandeln. Vgl. aber Anm. 3f zu § 41. Nur insofern besteht eine gemeinschaftliche Einrichtung, als dieselbe Person für alle drei Arten die Tätigkeit des Treuhänders (§§ 29, 51) ausüben muß. Vgl. Anm. 2 zu § 29. Dagegen ist die Deckung für jede der drei Arten gesondert zu stellen und demgemäß für jede Art ein besonderes Register (§ 22) zu führen. Es ist insbesondere nicht statthaft, dieselbe Darlehnsforderung an ein Kleinbahnunternehmen, für die eine Körperschaft des öffentlichen Rechtes die Gewährleistung übernommen hat, und die demgemäß sowohl zur Ausgabe von Kommunalobligationen wie auch von Kleinbahnobligationen verwendet werden könnte (s. Anm. 5 zu § 42), gleichzeitig zur Deckung für beide Arten zu verwenden. Vielmehr greift auch hier der Grundsatz Platz, daß jedes in das Register eingetragene Objekt dem Vorzugsrechte der Schuldverschreibungsgläubiger in seinem vollen Betrage haftet (§ 22). Ein Objekt kann also nicht gleichzeitig den Kommunalobligationsgläubigern und den Kleinbahnobligationsgläubigern haften. Auch sind die Deckungsmittel für jede Art vom Treuhänder unter Sonderverschluß zu halten (§ 31 Abs. 1). Sonst würden, wenn Geld gemäß § 6 Abs. 4, oder § 31 Abs. 1 Satz 2 als Ersatzdeckung verwendet wird, im Konkursfalle Schwierigkeiten entstehen. Im Konkursverfahren bilden die Inhaber der drei Arten von Schuldverschreibungen drei getrennte Gruppen. Die nach § 35 Abs. 4 zu berufenden Versammlungen finden für jede Art gesondert statt, sind auch gesondert zu berufen. Der Erlös aus der Deckung ist für jede Art gesondert zu behandeln, und nur zur bevorrechtigten Befriedigung der Schuldverschreibungsinhaber der betreffenden Gruppe zu verwenden.

§ 41.

Werden von einer Hypothekenbank auf Grund nicht hypothekarischer Darlehen, die an inländische Körperschaften des öffentlichen Rechtes[1] oder gegen Übernahme der Gewährleistung durch eine solche Körperschaft gewährt sind[2], Schuldverschreibungen ausgegeben, so finden auf diese Schuldverschreibungen und die ihnen zugrunde liegenden Darlehensforderungen die Vorschriften des § 6 Abs. 1, 4 und der §§ 8, 9, 22, 23, 25, 26, 29 bis 38 entsprechende Anwendung[3].

Die Schuldverschreibungen, welche die Hypothekenbank gemäß Abs. 1 ausgibt, dürfen, unter Hinzurechnung der im Umlauf befindlichen Hypothekenpfandbriefe und der bei der Deutschen Rentenbank-Kreditanstalt aufgenommenen Darlehen, den im § 7 bestimmten Höchstbetrag nicht um mehr als zwei Fünfteile übersteigen[4, 5].

[1] S. § 5 Abs. 1 Ziff. 2 und Anm. dazu.

[2] Beide Fälle gelten als Kommunaldarlehen, die auf Grundlage der Darlehen ausgegebenen Schuldverschreibungen

heißen Kommunalobligationen. Das Hypothekenbankgesetz gilt nur für das Kommunaldarlehnsgeschäft der Hypothekenbanken. Über die Bedingungen, unter denen solche Darlehen zu gewähren sind, enthält das Gesetz keine näheren Bestimmungen; sie sind der Festsetzung im Einzelfall überlassen. Auch kurzfristige Vorschüsse an Kommunen und kommunale Einrichtungen (Sparkassen) sind zulässig. Hypothekarische Sicherung ist nicht erforderlich, wohl aber (trotz des unklaren Gesetzeswortlautes) zugelassen.

Für die Bedingungen der Darlehnsgewährung und die Form der Darlehen (Tilgungs- oder kündbare Darlehen) werden von den Instituten in der Regel Richtlinien nach Art der für hypothekarische Darlehen aufzustellenden (§ 15) zugrunde gelegt.

Gewährleistung ist nicht gleichbedeutend mit Bürgschaftsübernahme. Auch andere Formen der Garantie gehören hierher. So z. B. die Ausbietungsgarantie, während die Ausfallsgarantie als schwächere Form nicht als Gewährleistung im Sinne dieses Paragraphen anzusehen sein dürfte.

[3] Zur Anwendung kommen hiernach:

a) die Vorschriften des § 6 Abs. 1 und 4 hinsichtlich der Höhe der Deckung und die Beschaffung einer Ersatzdeckung in Ausnahmefällen;

b) die Vorschriften des § 8 hinsichtlich des Inhalts und der Rückzahlung der Kommunalobligationen;

c) das Verbot des § 9 hinsichtlich der Ausgabe von Obligationen, deren Einlösungswert den Nennwert übersteigt;

d) die Vorschrift des § 22 hinsichtlich der Anlegung eines Registers für die zur Deckung bestimmten Darlehnsforderungen sowie für die zur Ersatzdeckung bestimmten Wertpapiere und hinsichtlich der halbjährlichen Mitteilung der Eintragungen an die Aufsichtsbehörde;

e) die Vorschrift des § 23 über die halbjährliche Veröffentlichung des Gesamtbetrages der im Umlaufe befindlichen Schuldverschreibungen sowie des Standes der Deckung;

f) die Vorschriften des § 25. Über die bilanzmäßige Behandlung eines bei Ausgabe der Obligationen entstandenen

Disagios und der durch die Ausgabe entstandenen Kosten, sowie die Vorschrift, daß Ansprüche der Bank auf Jahresleistungen der Schuldner für die auf das Bilanzjahr folgende Zeit nicht in die Aktiven der Bilanz aufgenommen werden dürfen (s. auch noch §§ 50 Abs. 1 u. 2).

Bei der Anwendung der Vorschrift des § 25 Abs. 2 erster Halbsatz ergeben sich keine Schwierigkeiten. Hiernach dürfen die gemäß § 25 Abs. 1 wegen des bei der Ausgabe von Kommunalobligationen in die Aktiven der Bilanz einzusetzenden Posten nicht mehr betragen, als das Doppelte des Überschusses, den die Zinsen der im § 41 bezeichneten Darlehnsforderungen für die Bank im Bilanzjahr ergeben, wenn von ihnen die Zinsen der Obligationen und außerdem ein Viertel vom Hundert der Gesamtsumme der Darlehnsforderungen abgezogen werden.

Zweifel können entstehen hinsichtlich der weiteren Begrenzung des Höchstbetrages gemäß § 25 Abs. 2 zweiter Halbsatz. Es fragt sich nämlich, ob der hiernach zulässige Höchstbetrag der Aktiven für jede der drei Arten von Schuldverschreibungen besonders zu berechnen ist; wobei also, wenn alle drei Arten von Schuldverschreibungen mit Disagio ausgegeben sind, die gemäß § 25 Abs. 1, § 41 Abs. 1 und § 42 Abs. 1 in die Bilanz einzustellenden drei Aktivposten jeder für sich soviel wie der im § 262 HGB. bezeichnete Reservefonds und zusammen also das Dreifache des Fonds betragen könnten. Oder aber ob sie zusammen nur soviel wie dieser Fonds betragen dürfen. Diese letztere Auffassung dürfte die richtige sein. Die Bestimmung des § 25 Abs. 2, zweiter Halbsatz, ist von der Reichstagskommission eingefügt worden, um zu verhüten, daß eine Hypothekenbank durch Einsetzung des Disagios — also eines nicht wirklichen Vermögensbestandteils — in die Aktiven eine in Wahrheit vorhandene Unterbilanz verdeckt wird (KB. 24). Dieser Absicht des Gesetzgebers wird nur die hier vertretene Auffassung gerecht;

g) die Vorschriften des § 26 hinsichtlich der Verwendung eines bei Ausgabe der Obligationen erzielten Agios;

h) die Vorschriften der §§ 29 bis 34 insofern, als der

für die Bank bestellte Treuhänder (Stellvertreter) dieselben Verrichtungen, die ihm zur Sicherung der Pfandbriefgläubiger obliegen, auch zur Sicherung der Obligationsgläubiger auszuüben hat.

Bei der Prüfung der vorschriftsmäßigen Beschaffenheit der einzelnen zur Deckung verwendeten Darlehnsforderungen (§ 30 Abs. 1) muß sich hier der Treuhänder darauf beschränken, zu untersuchen, ob die Darlehnsforderung gegenüber einer Körperschaft des öffentlichen Rechts besteht, oder ob von einer solchen Körperschaft in rechtsverbindlicher Weise die volle Gewährleistung (s. Anm. 2) übernommen ist. Die Sicherheit der Forderung hat er nicht zu prüfen. Er nimmt die Darlehnsurkunden und sonstigen zum Beweise der Forderung dienenden Urkunden in Gewahrsam (§ 31 Abs. 1). Dadurch wird allerdings keine unbedingte Sicherheit der Obligationsgläubiger gegen Verfügungen über die Darlehnsforderungen bewirkt;

i) die Vorschriften des § 35 hinsichtlich der bevorrechtigten Befriedigung der Obligationsgläubiger aus den im Register eingetragenen Darlehnsforderungen und Wertpapieren sowie aus dem im Mitverschluß des Treuhänders befindlichen Geld, hinsichtlich ihrer Befriedigung wegen des Ausfalls, hinsichtlich der im Besitz der Bank befindlichen Obligationen und hinsichtlich der Versammlungen der Obligationsgläubiger;

k) die Strafvorschriften der §§ 36 bis 38. Eine größere Anzahl weiterer Paragraphen ist durch Einzelbestimmungen für anwendbar auf das Kommunaldarlehnsgeschäft erklärt (s. auch Abs. 2 § 41). Andere werden sinngemäß anzuwenden sein (§ 7, § 46, §§ 47, 48, 50, 51, 53).

[4]) Die Umlaufsgrenze ist durch die Novelle vom 26. Januar 1926 neu geregelt. Statt „zwei Fünfteile" hieß es vorher „ein Fünfteil" (s. auch §§ 42, 46, 47). Die an sich zulässige Bildung eines ausschließlich zur Sicherung der Obligationsgläubiger dienenden Reservefonds ist im Gesetz nicht erwähnt. Es ist daher nicht angängig, einen solchen

Fonds bei der Berechnung des zulässigen Höchstbetrages in Betracht zu ziehen.

[5] Wegen der Mündelsicherheit der Kommunalobligationen s. Art. 212 EGBGB. und für Preußen Art. 74 Preuß. AGBGB.; RGes. vom 29. Oktober 1927 (RGBl. I S. 325), dazu die Preuß. VO. vom 12. Dezember 1927 (GS. 296).

§ 42.

Werden von einer Hypothekenbank auf Grund von Darlehen, die an Kleinbahnunternehmungen[1] gegen Verpfändung der Bahn[2] gewährt sind, Schuldverschreibungen ausgegeben, so finden auf diese Schuldverschreibungen und die ihnen zugrunde liegenden Darlehensforderungen die im § 41 Abs. 1 angeführten Vorschriften entsprechende Anwendung[3]. Die von der Hypothekenbank in der bezeichneten Weise ausgegebenen Schuldverschreibungen stehen im Sinne der Vorschriften des § 7 und des § 41 Abs. 2 den Hypothekenpfandbriefen gleich[4].

Die Satzung der Bank kann bestimmen, daß auf Grund der Forderungen aus den gemäß Abs. 1 gewährten Darlehen und auf Grund der Forderungen aus Darlehen, die an Kleinbahnunternehmungen gegen Übernahme der Gewährleistung durch eine inländische Körperschaft des öffentlichen Rechtes gewährt sind, Schuldverschreibungen einer und derselben Art ausgegeben werden, denen beide Arten von Forderungen zur Deckung dienen[5]. In dem Geschäftsbericht oder in der Bilanz ist der Gesamtbetrag der Forderungen der einen und der anderen Art ersichtlich zu machen[6].

Im übrigen sind die für die Gewährung von Darlehen an Kleinbahnunternehmungen maßgebenden Grundsätze von der Hypothekenbank festzustellen[7]; die Grundsätze bedürfen der Genehmigung der Aufsichts-

behörde. Die Vorschriften des § 13 Abs. 2 finden entsprechende Anwendung[7].

[1] Über den Begriff der Kleinbahn s. § 473 HGB., ferner Eisenbahnverkehrsordnung vom 23. Dezember 1908 (RGBl. 1909 S. 93). Nach Begr. 24 fallen unter den Begriff Kleinbahn diejenigen Bahnen, die zwar dem öffentlichen Verkehr dienen, aber wegen ihrer rein örtlichen Bedeutung kein allgemeines Verkehrsinteresse bieten. Straßenbahnen, Untergrundbahnen, Bergbahnen u. dgl. sind Kleinbahnen. Vgl noch § 1 des Preuß. Gesetzes über Kleinbahnen und Privatanschlußbahnen vom 28. Juli 1892 (GS. 225).

[2] S. Art. 112 EGBGB. Zugelassen ist die Verpfändung von Bahneinheiten in Preußen, Lübeck und Württemberg. Vgl. Preuß. Ges. vom 19. August 1895/11. Juni 1902, in der Fassung vom 8. Juli 1902. Für Lübeck Ges. vom 25. Januar 1904, für Württemberg Ges. vom 23. März 1906.

[3] Wegen der Einzelheiten vgl. Anm. 3 zu § 41. Die Prüfungspflicht des Treuhänders hinsichtlich des einzelnen Deckungsmittels (§ 30 Abs. 1) ist auf die Untersuchung beschränkt, ob die Darlehnsforderungen und die für sie bestellten Sicherheiten (evtl. auch die Gewährleistung nach Abs. 2) zu Recht bestehen und ob die für die Gewährung der Darlehen festgestellten Grundsätze (Abs. 3), soweit sie die Sicherheit der Darlehnsforderungen betreffen, gewahrt sind. Vgl. auch Anm. 7.

[4] Die Kleinbahnobligationen stehen für die Berechnung der Umlaufgrenze nach § 7 und § 41 Abs. 2 den Hypothekenpfandbriefen gleich. Die ausgegebenen Kleinbahnobligationen dürfen also mit Einschluß der Pfandbriefe und der Rentenbankdarlehen das 20fache des in § 7 näher bezeichneten Eigenkapitals, die ausgegebenen Kleinbahnobligationen, Kommunalobligationen, Pfandbriefe und aufgenommenen Rentenbankdarlehen dürfen zusammen nicht das 28fache dieses Kapitals überschreiten (s. noch Begr. 59 und 62).

[5] **Außer den Darlehen gegen Verpfändung der Bahneinheit (s. Anm. 2) können auch Darlehen, die durch Gewähr-**

leistung einer öffentlich-rechtlichen Körperschaft (in Betracht kommen hauptsächlich kommunale Körperschaften) gesichert sind, Unterlage für auszugebende Schuldverschreibungen sein, falls dies in der Satzung der Bank vorgesehen ist. Beide Möglichkeiten sind zugelassen; die ausgegebenen Kleinbahnobligationen gelten aber nur als eine einzige Art. (Begr. 24. „Eine und dieselbe Gattung von Schuldverschreibungen.") Beide Arten von Darlehnsforderungen zusammen stehen dann sowohl hinsichtlich der Aufrechterhaltung des Gleichgewichts zwischen Forderungen und Schuldverschreibungen, wie hinsichtlich der Eintragung in das Register und des Vorzugsrechtes der Schuldverschreibungsbesitzer wie Forderungen einer und derselben Art den Kleinbahnobligationen gegenüber. Für den Höchstbetrag der Obligationen bleibt in einem solchen Falle die Vorschrift des § 42 Abs. 1 Satz 2 maßgebend, ohne daß zu unterscheiden wäre, ob die zugrunde liegenden Darlehnsforderungen der Bank durch eine Garantie von Gemeinden und sonstigen Kommunalverbänden oder durch ein Pfandrecht an der Bahn gesichert sind. Auch, soweit die erste Voraussetzung zutrifft, findet die Vorschrift des § 41 Abs. 2, durch die den Kommunalobligationen hinsichtlich des zulässigen Höchstbetrages eine Begünstigung gewährt wird, hier keine Anwendung (aus der Begründung). Kleinbahndarlehen können auch durch kommunale Gewährleistung und Verpfändung gesichert sein. Auf der Grundlage von Kleinbahndarlehen mit kommunaler Gewährleistung können sowohl Kleinbahnobligationen (§ 42 Abs. 2) als auch Kommunalobligationen (§ 41) ausgegeben werden.

[6] Für die Beurteilung der Kleinbahnobligationen ist es von erheblicher Bedeutung, in welchem Umfange sie durch garantierte oder durch pfandrechtlich gesicherte Darlehnsforderungen gedeckt sind. Darum sind in der Bilanz und im Geschäftsbericht der Bank die Forderungen der einen und der anderen Art ihrem Gesamtbetrage nach anzugeben.

[7] Die Grundsätze sind festzustellen, die für die Gewährung hypothekarisch gesicherter Darlehen an Kleinbahnunternehmungen gelten sollen. Auf Kleinbahndarlehen gegen kommu-

nale Garantie nach § 42 Abs. 2 erstrecken sich die Grundsätze nicht. Dies ergibt sich aus dem Sinne des Abs. 3 sowie aus der entsprechenden Anwendung des § 13 Abs. 2. Die Grundsätze haben die Beleihungsgrenze und die Art der Wertermittlung vorzuschreiben. Die §§ 11 und 12 können sinngemäße Anwendung finden. Der Verkaufswert des Bahnunternehmens wird bei der Wertschätzung zweckmäßig zugrunde zu legen sein, und das Darlehen wird der Regel nach innerhalb derselben Wertgrenze von drei Fünfteln des ermittelten Wertes gegeben werden können. Für Darlehnsforderungen, die durch öffentlich-rechtliche Körperschaften gewährleistet sind, bedarf es besonderer Wertermittlungs- und Beleihungsvorschriften nicht. Hier ist die Gewährleistung und die Person des Garanten ausschlaggebend.

Schluß- und Übergangsbestimmungen.

§ 43.

Der § 17 des Einführungsgesetzes zur Konkursordnung wird durch folgende Vorschriften ersetzt:

Unberührt bleiben die landesgesetzlichen Vorschriften, nach welchen den Inhabern von Pfandbriefen, die von Kreditanstalten, welche nicht zu den Hypothekenbanken gehören, auf Grund von Hypotheken ausgestellt sind, ein Vorrecht vor allen anderen Konkursgläubigern in Ansehung der Befriedigung aus den Hypotheken der Anstalt zusteht[1].

Unberührt bleiben die landesgesetzlichen Vorschriften, nach welchen den Inhabern von Schuldverschreibungen, die von Körperschaften des öffentlichen Rechtes, Aktiengesellschaften, Kommanditgesellschaften auf Aktien, Gesellschaften mit beschränkter Haftung oder Genossenschaften über ein Anlehen ausgestellt sind, ein Vorrecht vor nicht bevorrechtigten Konkursgläubigern, deren Forderungen später entstehen, dadurch

gewährt werden kann, daß diese zu bevorrechtigenden Forderungen in ein öffentliches Schuldbuch eingetragen werden[1].

[1] § 17 EGKO. lautete wie folgt:

Der Landesgesetzgebung bleibt vorbehalten, Bestimmungen zu treffen, nach welchen

1. den Inhabern der von Gemeinden oder anderen Verbänden, von Korporationen, Aktiengesellschaften, Kommanditgesellschaften auf Aktien oder Genossenschaften ausgestellten Pfandbriefe oder ähnlicher auf Grund erworbener Forderungen von denselben ausgestellter Wertpapiere an solchen Forderungen ein Faustpfandrecht im Sinne des § 40 der Konkursordnung dadurch gewährt werden kann, daß einem Vertreter sämtlicher Inhaber allein oder in Gemeinschaft mit dem Aussteller die Ausübung des Gewahrsams der über die Forderungen lautenden Urkunden übertragen oder auf diesen Urkunden die Gewährung des Pfandrechts vermerkt wird;
2. den Inhabern von Schuldverschreibungen, welche von den unter Nr. 1 bezeichneten Schuldnern über eine Anleihe ausgestellt sind, an gewissen beweglichen körperlichen Sachen ein Faustpfandrecht im Sinne des § 40 der Konkursordnung dadurch gewährt werden kann, daß einem Vertreter sämtlicher Inhaber allein oder in Gemeinschaft mit dem Aussteller die Ausübung des Gewahrsams der Sachen übertragen wird;
3. den Inhabern von Schuldverschreibungen, welche von den unter Nr. 1 bezeichneten Schuldnern über eine Anleihe ausgestellt sind, ein Vorrecht vor nicht bevorrechtigten Konkursgläubigern, deren Forderungen später entstehen, dadurch gewährt werden kann, daß die zu bevorrechtigenden Forderungen in ein öffentliches Schuldenbuch eingetragen werden.

Diese Vorschrift ist durch § 43 ersetzt. Durch § 52b (Ges. vom 14. Juli 1923) ist an Stelle des § 17 Abs. 1 EGKO. eine neue Fassung gesetzt worden. Dadurch ist Abs. 1 des

§ 43 hinfällig geworden, obwohl seine Aufhebung nicht ausdrücklich ausgesprochen ist. Es handelt sich um ein gesetzgebungstechnisches Versehen.

Für die Schuldverschreibungen der Hypothekenbanken dürfen neben dem Konkursvorzugsrecht gemäß §§ 35, 41, 42 HBGes. neue landesrechtliche Vorzugsrechte nicht geschaffen werden. Soweit sie bestanden, sind sie mit dem 1. Januar 1900 außer Kraft getreten. Dasselbe gilt für landesrechtliche Pfandrechte an den Deckungsmitteln. Im übrigen s. zu § 52b, § 53 Abs. 2 Satz 1. In Ansehung der von einer Hypothekenbank ausgegebenen Kommunal- und Kleinbahnobligationen ist eine solche Anordnung nicht getroffen, s. Anm. zu § 53 Abs. 2 Satz 1.

Der in § 43 neu gefaßte § 17 Abs. 2 stimmt überein mit dem § 17 Abs. 3 alter Fassung. Bestehen bereits nach § 35 oder § 52b HBGes. für Hypothekenbanken bzw. andere Institute, oder nach dem Ges. vom 21. Dezember 1927 für öffentlich-rechtliche Kreditanstalten reichsrechtlich oder landesrechtlich begründete Vorzugsrechte, so können weitere Rechte nach § 17 Abs. 2 der neuen Fassung landesrechtlich nicht geschaffen werden. Im übrigen können neue landesgesetzliche Vorschriften (Art. 3 EGBGB.) gegeben werden.

§ 44.

Dieses Gesetz tritt, soweit sich nicht aus dem § 53 ein anderes ergibt, gleichzeitig mit dem Bürgerlichen Gesetzbuch in Kraft.

[1] EGBGB. Art. 1. Rückwirkung: §§ 45 bis 49.

§ 45.

Auf die bei dem Inkrafttreten dieses Gesetzes bestehenden Hypothekenbanken finden die Vorschriften des § 1 Abs. 1, 2 keine Anwendung[1].

Auf die bei dem Inkrafttreten dieses Gesetzes in das Genossenschaftsregister eingetragenen Genossen-

schaften findet, sofern sie vor dem 1. Mai 1898 gemäß den Bestimmungen ihrer Satzung die im § 1 Abs. 1 bezeichneten Geschäfte betrieben haben, die Vorschrift des § 2 keine Anwendung[2, 3].

[1] Banken, die vor dem 1. Januar 1900 bereits bestanden haben, bedürfen für ihren Geschäftsbetrieb keiner Genehmigung; wohl aber müssen sie diese für Satzungsänderungen nachsuchen (Abs. 3 § 1). Auch für diejenigen Änderungen der Satzungen, die diese mit dem neuen Gesetz in Übereinstimmung bringen sollen, gilt das Erfordernis der staatlichen Genehmigung (KB. 37). Bestand eine zeitlich begrenzte Konzession, so kann die Fortsetzung des Geschäftsbetriebes über den Ablauftermin hinaus ohne neue besondere Genehmigung erfolgen, es sei denn, daß zu dieser Fortsetzung eine Änderung der Satzungen erforderlich ist. In dem Falle greift § 1 Abs. 3 Platz.

[2] Den Genossenschaften ist der Betrieb des Hypothekenbankgeschäfts grundsätzlich untersagt (§§ 2, 39). Eine Ausnahme gilt nach Abs. 2 für eingetragene Genossenschaften, die schon vor dem 1. Mai 1898 Hypothekenbankgeschäfte im Sinne des § 1 Abs. 1 betrieben haben. Diese können die Geschäfte fortsetzen und fallen nicht unter das Hypothekenbankgesetz. Zurzeit besteht nur noch eine Genossenschaft dieser Art: die Bayerische Landwirtschaftsbank e. G. m. b. H., ein landschaftsähnliches Institut (gegr. 1896).

[3] Der dem Reichstag vorliegende Entwurf eines vierten Gesetzes zur Abänderung und Ergänzung des Hypothekenbankgesetzes sieht folgende Fassung des Abs. 2 des § 45 vor: „Auf die bei dem Inkrafttreten dieses Gesetzes in das Genossenschaftsregister eingetragenen Genossenschaften finden, sofern sie vor dem 1. Mai 1898 gemäß den Bestimmungen ihrer Satzung die im § 1 Abs. 1 bezeichneten Geschäfte betrieben haben, die Vorschriften der §§ 2, 5a keine Anwendung." Es handelt sich lediglich um die Anpassung des Gesetzeswortlauts an die durch den Entwurf vorgesehene Einfügung eines § 5a in das Gesetz.

§ 46.

Die bei dem Inkrafttreten dieses Gesetzes bestehenden Hypothekenbanken[1] unterliegen den Vorschriften des § 5 insoweit nicht, als sie bis zum 1. Mai 1898 gemäß den Bestimmungen ihrer Satzung Geschäfte in weiterem als dem im § 5 bezeichneten Umfange betrieben haben[2].

Eine Hypothekenbank, die von dem Rechte des erweiterten Geschäftsbetriebs nach Maßgabe des Abs. 1 Gebrauch macht, darf Hypothekenpfandbriefe nur insoweit ausgeben und Darlehen bei der Deutschen Rentenbank-Kreditanstalt nur insoweit aufnehmen, als der Betrag der ausgegebenen Hypothekenpfandbriefe zuzüglich des Betrags der bei der Deutschen Rentenbank-Kreditanstalt aufgenommenen Darlehen das Fünfzehnfache des eingezahlten Grundkapitals und des im § 7 bezeichneten Reservefonds nicht übersteigt. Haben bei dem Inkrafttreten des Hypothekenbankgesetzes die von der Bank ausgegebenen Hypothekenpfandbriefe den doppelten Betrag des eingezahlten Grundkapitals nicht überstiegen, so darf die Bank Hypothekenpfandbriefe nur insoweit ausgeben und Darlehen bei der Deutschen Rentenbank-Kreditanstalt nur insoweit aufnehmen, als die ausgegebenen Hypothekenpfandbriefe zuzüglich der bei der Deutschen Rentenbank-Kreditanstalt aufgenommenen Darlehen den doppelten Betrag des eingezahlten Grundkapitals und des im § 7 bezeichneten Reservefonds nicht übersteigen[3].

Der Betrag, bis zu welchem hiernach eine Bank Hypothekenpfandbriefe ausgeben darf, tritt auch im Sinne des § 41 Abs. 2 an die Stelle des im § 7 bestimmten Höchstbetrags[4].

[1] Der § 46 behandelt die gemischten Hypothekenbanken

und enthält sowohl eine Begünstigung wie eine Benachteiligung dieser Banken, die vor dem 1. Mai 1898 einen Geschäftsbetrieb hatten, der über die in § 5 gezogenen Grenzen hinausging. Die Begünstigung besteht in der Gestaltung der Beibehaltung des bisherigen Geschäftsbetriebes im ganzen Umfange; die Benachteiligung darin, daß, falls von dieser Begünstigung Gebrauch gemacht wird, eine Beschränkung des Höchstbetrages, bis zu dem Schuldverschreibungen ausgegeben werden dürfen, eintreten kann (Abs. 2). Doch ist die Benachteiligung wieder abgeschwächt durch die Vorschrift des § 48.

Zu den gemischten Hypothekenbanken gehören die meisten bayerischen Hypothekenbanken und einige mittel- und norddeutsche Institute.

[2] Voraussetzung ist, daß die am 1. Mai 1898 im Handelsregister eingetragenen Satzungen als Gegenstand des Unternehmens Geschäfte vorsahen, die in § 5 gar nicht oder nur in geringerem Umfange gestattet sind; ferner daß diese Geschäfte den Satzungen gemäß bis zum 1. Mai 1898 auch wirklich betrieben worden sind. Wurden sie trotz Zulassung durch die Satzungen nicht betrieben oder nicht mehr betrieben, so konnten sie nach dem 1. Januar 1900 nicht wieder aufgenommen (oder fortgesetzt) werden. Wenn aber eine Hypothekenbank gemäß ihren Satzungen Geschäfte in weiterem als dem im § 5 bestimmten Umfange betrieben hat, so darf sie nach dem 1. Januar 1900 diese Geschäfte in dem vollen durch ihre Satzung gestatteten Umfang auch dann betreiben, wenn sie bisher noch nicht ganz bis zu der in ihren Satzungen gezogenen Grenze gegangen sein sollte (KB. 38).

Die im § 46 Abs. 1 erteilte Erlaubnis bleibt bestehen, auch wenn nicht alsbald von ihr Gebrauch gemacht worden ist. Ein Verzicht (eventuell mit Rücksicht auf Abs. 2) ist jederzeit zulässig (s. § 47).

Die Satzungen müssen die in Betracht kommenden Geschäftszweige klar zum Ausdruck bringen. Eine allgemeine Fassung genügt nicht (KB. 38).

[3] Die Umlaufsgrenze für gemischte Hypothekenbanken ist grundsätzlich der 15fache Betrag des Grundkapitals und der

Reserven nach § 7. Eine Erweiterung ist im Falle des § 48 vorgesehen.

Der Umlauf an Kommunalobligationen darf unter Einbeziehung der Hypothekenpfandbriefe, der Kleinbahnobligationen und der Rentenbankdarlehen das 21fache des Kapitals betragen. Kleinbahnobligationen stehen den Hypothekenpfandbriefen gleich (§ 42).

Abs. 2 Satz 2 ist gegenstandslos geworden, da es Hypothekenbanken, bei denen der Pfandbriefumlauf nach dieser Bestimmung begrenzt ist, nicht mehr gibt.

[4] S. a. Anmerk. 2 zu § 52b.

§ 47.

Beschließt eine Hypothekenbank[1], die nach § 46 nicht an die Vorschriften des § 5 gebunden ist[2], sich diesen Vorschriften zu unterwerfen und ihre Satzung demgemäß zu ändern, so ist, wenn im Zusammenhange damit zugleich eine Herabsetzung des Grundkapitals stattfindet[3], die im § 289 Abs. 3, 4 des Handelsgesetzbuchs vorgesehene Sicherstellung der Gläubiger in Ansehung der Pfandbriefgläubiger nicht erforderlich, sofern die im Umlaufe befindlichen Hypothekenpfandbriefe durch die in das Hypothekenregister eingetragenen Hypotheken vollständig gedeckt sind[4].

[1] § 4 enthält eine Erleichterung für den Fall, daß eine gemischte Hypothekenbank beschließt, reine Hypothekenbank zu werden. Die Reichstagskommission hielt diesen Übergang für erwünscht (KB. 39). Dabei ging man davon aus, daß eine solche Umwandlung in den meisten Fällen nur in der Weise möglich sei, daß ein Teil des Vermögens der Hypothekenbank zur Fundierung des neu zu errichtenden, für den Mobiliarkredit bestimmten Bankinstituts verwendet werde, unter Zurückzahlung also eines Teiles des bisherigen Aktienkapitals, das jetzt dem neuen Zweck zugeführt werden soll. Diese Transaktion will der § 47 erleichtern (KB. 39; s. Anm. 3, 4).

[2] Vgl. Anm. 2 zu § 46.

[3] Es handelt sich um den Beschluß einer gemischten Hypothekenbank, ihren Geschäftsbetrieb in den einer reinen Hypothekenbank umzuwandeln. Wird im Zusammenhang mit diesem Beschluß, d. h. in zeitlicher und ursächlicher Verknüpfung, eine Herabsetzung des Grundkapitals beschlossen und durchgeführt, so tritt für die Bank unter Umständen die Befreiung von gewissen sonst für diesen Fall geltenden Gläubigersicherungsvorschriften ein. Dabei ist es gleichgültig, ob die Herabsetzung des Grundkapitals erfolgt zur teilweisen Rückzahlung des Kapitals an die Aktionäre, oder zu anderen Zwecken, z. B. zur Befreiung der Aktionäre von noch nicht geleisteten Einzahlungen, zur Beseitigung einer Unterbilanz oder dergleichen.

Die gesetzliche Umlaufsgrenze muß gewahrt bleiben, d. h. also, trotz der Herabsetzung muß das der Bank verbleibende eigene Kapital noch mindestens den Bruchteil des Pfandbrief- und Obligationenumlaufs betragen, der sich aus den §§ 7, 41, 42 ergibt. Für gemischte Hypothekenbanken, deren Schuldverschreibungsumlauf sich nach § 46 Abs. 2, 3 bestimmt, ist zu bemerken, daß der Umwandlungsbeschluß mit seiner Eintragung gemäß § 277 Abs. 3 HGB. die Wirkung hat, daß die Hypothekenbank den Beschränkungen des § 46 Abs. 2, 3 nicht mehr unterliegt, sondern daß nunmehr die allgemeinen Deckungsvorschriften der §§ 7, 41 Abs. 2, 42 Abs. 1 oder gegebenenfalls auch des § 48 gelten.

Die Umwandlung kann jederzeit erfolgen. Die damit verbundene Satzungsänderung bedarf der Genehmigung gemäß § 1 Abs. 3.

[4] Gemäß § 289 HGB. ist bei Herabsetzung des Grundkapitals einer Aktiengesellschaft den Gläubigern der Gesellschaft Befriedigung zu gewähren oder Sicherheit zu leisten; erfolgt die Herabsetzung des Kapitals zur teilweisen Rückzahlung an die Aktionäre, so dürfen Zahlungen an diese erst nach Ablauf des Sperrjahres und nach erfolgter Befriedigung oder Sicherstellung geleistet werden. Von der hier vorgeschriebenen Sicherstellung ist die Hypothekenbank hinsichtlich

der Pfandbriefgläubiger befreit, falls die vorschriftsmäßige Deckung durch Hypotheken (und Grundschulden, § 40 Abs. 1) vorhanden ist. Auch Ersatzdeckung durch Wertpapiere oder Geld (§ 6) muß als zulässig gelten, obwohl § 47 nur von Hypotheken spricht, denn die Voraussetzung des Gleichgewichts überhaupt zwischen umlaufenden (§ 6 Anm. 1) Pfandbriefen und Deckungsobjekten ist dem Sinne der Vorschrift gemäß als ausreichend anzusehen.

Auf die Inhaber der Kleinbahn- und Kommunalobligationen findet § 47 keine Anwendung. Diese sind also zu befriedigen oder sicherzustellen (§ 289 Abs. 3, 4). Die Sicherheitsleistung ist gemäß §§ 232 bis 240 BGB. zu bewirken. Das Vorhandensein der Deckung nach §§ 40, 42 genügt nicht als Sicherheitsleistung. Es ist auch nicht zulässig, etwa zur Deckung verwendetes Geld oder Wertpapiere, die nach den Vorschriften des bürgerlichen Rechts nicht zur Sicherheitsleistung geeignet wären (§§ 232, 234 BGB.), zu dieser Sicherheitsleistung zu verwenden, solange sie zur Erhaltung der vorschriftsmäßigen Deckung für die noch im Umlauf befindlichen Obligationen erforderlich sind. Der Treuhänder ist nicht befugt, das Geld oder die Wertpapiere zu diesem Zwecke herauszugeben. Das Gesetz gibt keinen Anhalt für die Annahme, daß mit Rücksicht auf eine nach § 289 Abs. 3 BGB. bestellte Sicherheit von der Erhaltung der vorschriftsmäßigen Deckung abgesehen werden kann.

§ 48.

Eine Hypothekenbank, die bei dem Inkrafttreten dieses Gesetzes[1] das Recht besitzt, über den in den §§ 7, 41, 42 oder im § 46 Abs. 2 Satz 1, Abs. 3 bestimmten Betrag hinaus Hypothekenpfandbriefe oder Schuldverschreibungen auszugeben[2], behält dieses Recht mit der Maßgabe, daß die Hypothekenpfandbriefe, die bei der Deutschen Rentenbank-Kreditanstalt aufgenommenen Darlehen und die auf Grund von Darlehen an

Kleinbahnunternehmungen ausgegebenen Schuldverschreibungen zusammen den zwanzigfachen Betrag des eingezahlten Grundkapitals nicht übersteigen dürfen und daß hierbei das eingezahlte Kapital nur insoweit berücksichtigt wird, als es innerhalb des Betrags verbleibt, auf welchen am 1. Mai 1898 das Grundkapital der Bank durch die Satzung festgestellt war[3]; die Schuldverschreibungen, welche die Bank auf Grund nicht hypothekarischer Darlehen an Körperschaften des öffentlichen Rechtes oder gegen Übernahme der Gewährleistung durch eine solche Körperschaft ausgibt, dürfen unter Hinzurechnung der im Umlauf befindlichen Hypothekenpfandbriefe und auf Grund von Darlehen an Kleinbahnunternehmungen ausgegebenen Schuldverschreibungen sowie unter Hinzurechnung der bei der Deutschen Rentenbank-Kreditanstalt aufgenommenen Darlehen den im Halbsatz 1 bezeichneten Betrag nicht um mehr als zwei Fünfteile übersteigen.

Auf Grund einer nach dem 1. Mai 1898 in das Handelsregister eingetragenen Kapitalserhöhung[4] dürfen Hypothekenpfandbriefe und Schuldverschreibungen nur nach den Vorschriften der §§ 7, 41, 42, 46 ausgegeben werden. Hierbei bleibt der Reservefonds, der bei Erreichung des nach Abs. 1 zulässigen Höchstbetrags vorhanden war, außer Betracht[5].

Diese Vorschriften finden in den Fällen des § 46 Abs. 2 Satz 2 keine Anwendung.

[1] Der erste Absatz des Paragraphen hat die jetzige Fassung seit dem Ges. vom 26. Januar 1926. Vorher war durch Ges. vom 14. Juli 1923 die Umlaufgrenze geändert. Die zweite Änderung betraf die Einfügung der Darlehen der Rentenbank-Kreditanstalt.

²Die Hypothekenbanken, die im § 46 Abs. 2 Satz 2 bezeichnet sind, können die Voraussetzung zur Anwendbarkeit des § 48 dadurch schaffen, daß sie sich den Vorschriften des § 5 unterwerfen (vgl. § 47 Anm. 2 Abs. 2). Im übrigen handelt es sich um den Schutz des am 1. Januar 1900 bereits erworbenen Rechtes zur Ausgabe einer erhöhten Anzahl Pfandbriefe. Die Vorschrift ist eben inzwischen, namentlich durch die Wertvernichtung infolge der Inflation und durch den Wiederaufbau des Pfandbriefgeschäftes der Banken auf neuer Grundlage, so gut wie gegenstandslos geworden, zumal da sie die alte Mark der Reichsmark gleichsetzt (s. Dannenbaum S. 342).

³Die Fassung läßt zu, daß Gesellschaften, die unmittelbar vor dem 1. Januar 1900 das Recht zu erhöhter Pfandbriefausgabe durch Erhöhung der Einzahlungen erlangt haben, dieses Recht behalten haben, obwohl darin eine sachlich nicht gerechtfertigte Bevorzugung liegen kann.

⁴Wie eine vor dem 1. Mai 1898 erfolgte Kapitalserhöhung an den heutigen Währungsverhältnissen zu messen ist, bleibt offen. Nach der Terminologie des § 48 ist die damalige Mark schlechthin der Reichsmark gleichzusetzen, was aber zu offenbaren Widersprüchen führt.

⁵Der in § 262 HGB. vorgeschriebene Reservefonds darf bei der Berechnung des hiernach zulässigen Höchstbetrages der Obligationenausgabe nur mit dem Betrage berücksichtigt werden, um den er höher ist, als in dem Augenblick, in dem der gemäß Abs. 1 zulässige Höchstbetrag erreicht war. Der zulässige Umlauf berechnet sich jetzt nach Reichsmark (siehe Anm. 4).

In Betracht kommen für diese Vorschriften nur gemischte Hypothekenbanken.

§ 49.

Auf die Deckung der Hypothekenpfandbriefe durch Hypotheken, die vor dem Inkrafttreten dieses Gesetzes von einer Hypothekenbank gemäß den Bestimmungen

ihrer Satzung erworben sind[1], finden die Vorschriften des § 6 Abs. 2 und der §§ 10 bis 12 keine Anwendung. Die Vorschriften des § 17 Abs. 1 Satz 2, Abs. 2, 3 und der §§ 18 bis 21 sind nur für Verträge maßgebend, die nach dem Inkrafttreten dieses Gesetzes abgeschlossen werden.

[1] Die Vorschrift hat für die gegenwärtigen Verhältnisse keine Bedeutung mehr.

§ 50.

Die Vorschriften der §§ 24 bis 28 finden bei den bestehenden Hypothekenbanken erst auf die Bilanz, die Gewinn- und Verlustrechnung und den Geschäftsbericht für das mit oder in dem Jahre 1900 beginnende Geschäftsjahr Anwendung.

Auf die Verrechnung des Mindererlöses, der vor dem Inkrafttreten dieses Gesetzes durch die Ausgabe von Hypothekenpfandbriefen zu einem geringeren Betrag als dem Nennwert entstanden ist, sowie auf die Verrechnung der Kosten der vor dem bezeichneten Zeitpunkt erfolgten Ausgabe von Hypothekenpfandbriefen finden die Vorschriften des § 25 keine Anwendung. Die Bank hat jedoch die zur Deckung eines solchen Mindererlöses oder solcher Kosten in die Aktiven der Bilanz aufgenommenen Posten, soweit die Aufnahme nach § 25 nicht zulässig sein würde, längstens binnen fünf Jahren abzuschreiben. Das gleiche gilt bezüglich der vor dem Inkrafttreten dieses Gesetzes in die Aktiven der Bilanz aufgenommenen Ansprüche auf künftige Jahresleistungen der Darlehensschuldner[1].

[1] Die Vorschrift ist ebenso wie die des § 49 bedeutungslos geworden.

§ 51.

Ist bei einer Hypothekenbank zur Zeit des Inkrafttretens dieses Gesetzes ein Staatskommissar mit der Überwachung der Pfandbriefausgabe betraut, so können die Obliegenheiten, welche nach § 22 Abs. 2 und den §§ 30 bis 32, 41, 42 von dem Treuhänder wahrzunehmen sind, dem nach § 4 Abs. 3 bestellten Kommissar übertragen werden[1].

[1] Der Kommissar ist nicht Treuhänder, ihm konnten aber in seiner Eigenschaft als Staatskommissar neben seinen sonstigen Verrichtungen und Befugnissen noch die in den §§ 30 bis 32, 41, 42, 52 bezeichneten Obliegenheiten und Befugnisse des Treuhänders übertragen werden. Von der Vorschrift ist mehrfach Gebrauch gemacht worden.

Zulässig ist auch die Bestellung eines Stellvertreters. Eine Teilung des Amtes unter mehrere Staatskommissare (etwa unter Aufteilung des Ressorts) ist aber unzulässig.

Die §§ 29, 33, 34 und 36 sind nicht anwendbar.

§ 52.

Hat eine Hypothekenbank[1] auf Grund von Rentenforderungen, die vor dem 1. Januar 1899 als Reallasten in das Grundbuch eingetragen worden sind, besondere Schuldverschreibungen ausgegeben, so finden auf diese Schuldverschreibungen und auf die ihnen zugrundeliegenden Rentenforderungen die Vorschriften der §§ 6, 22, 29 bis 35, des § 37 Abs. 2, 3, des § 41 Abs. 1 und des § 51 entsprechende Anwendung.

[1] Die Vorschrift bezog sich ausschließlich auf ein Institut, die Mitteldeutsche Bodenkreditanstalt in Greiz. Die Bank hatte das Recht, Rentenforderungen, die als Reallasten eingetragen waren, zur Grundlage der Ausgabe von Schuldverschreibungen zu nehmen. Den Besitzern der Grundrentenbriefe werden hinsichtlich ihrer Befriedigung aus den ihren

Obligationen zugrunde liegenden Rentenforderungen dieselben Rechte eingeräumt wie den Pfandbriefgläubigern bei Hypothekenbanken.

Da die Vorschrift nur diejenigen Rentenbriefe betrifft, die auf der Grundlage von vor dem 1. Januar 1899 bestellten Rentenforderungen ausgegeben sind, so ist sie durch das Aufwertungsrecht ersetzt. Danach können auf die alten Grundrentenforderungen jetzt keine Grundrentenbriefe mehr ausgegeben werden. Die alten Grundrentenbriefverpflichtungen werden im Aufwertungsverfahren abgewickelt.

Nach den Satzungen der Mitteldeutschen Bodenkreditanstalt kann die Bank auch gegenwärtig noch Grundrentenbriefe auf Grund von Grundrentenforderungen ausgeben. Die Bank hat seit der Währungsneuordnung von dem Recht nicht Gebrauch gemacht.

§ 52a.

Hat eine Kreditanstalt vor dem Inkrafttreten dieses Gesetzes[1] wertbeständige Schuldverschreibungen ausgegeben, für deren Deckung Reallasten verwendet werden, so kann im Falle der Umwandlung der Kreditanstalt in eine Hypothekenbank die Reichsregierung mit Zustimmung des Reichsrats bestimmen

1. **daß die Vorschriften des Hypothekenbankgesetzes und des Gesetzes über wertbeständige Hypotheken ganz oder teilweise auf diese Schuldverschreibungen und Reallasten Anwendung finden;**
2. **daß und unter welchen Voraussetzungen die Kreditanstalt zur Deckung von Schuldverschreibungen neben Hypotheken auch Reallasten verwenden darf.**

[1] Das ist das Gesetz vom 14. Juli 1923, in Kraft seit dem 3. August 1923. Auf Grund des Gesetzes ist die Verordnung vom 14. Dezember 1923 (RGBl. I S. 1203) erlassen, nach der Hypothekenbanken auch Reallasten als Unter-

lage für Pfandbriefe verwenden können. Auf Grund der Verordnung ist neben einigen kleineren Instituten die Roggenrentenbank Aktiengesellschaft in Berlin errichtet worden. Diese ist später in die Preußische Pfandbriefbank aufgegangen.

Die Bestimmung des Paragraphen ist ohne wesentliche praktische Bedeutung geblieben.

§ 52b.

§ 17 Abs. 1 des Einführungsgesetzes zur Konkursordnung erhält folgende Fassung:

„Unberührt bleiben die landesgesetzlichen Vorschriften, nach welchen den Inhabern von Schuldverschreibungen, die von anderen Kreditanstalten als Hypothekenbanken auf Grund von Hypotheken oder von Reallasten oder von nichthypothekarischen Darlehen der im § 41 Abs. 1 des Hypothekenbankgesetzes bezeichneten Art ausgegeben sind, ein Vorrecht vor allen anderen Konkursgläubigern in Ansehung der Befriedigung aus den Hypotheken oder den Reallasten oder den genannten Darlehen der Anstalt zusteht. Wird ein solches Vorrecht gewährt, so gehen in Ansehung der Befriedigung aus den Hypotheken die Forderungen aus Schuldverschreibungen, zu deren Deckung Hypotheken verwendet werden, den Forderungen aus den übrigen Schuldverschreibungen vor; entsprechendes gilt für die Befriedigung aus Reallasten und nichthypothekarischen Darlehen. Werden wertbeständige Hypotheken verschiedener Gattung zur Deckung verwendet, so gehen in Ansehung der Befriedigung aus den Hypotheken der einen Gattung die Forderungen aus Schuldverschreibungen der gleichen Gattung den Forderungen aus anderen Schuldverschreibungen anderer Gattungen vor; entsprechendes gilt für Reallasten und nichthypothekarische Darlehen[2]."

[1] S. § 43 und Erläuterung dazu.

[2] Der dem Reichstag vorliegende Entwurf eines vierten Gesetzes zur Abänderung und Ergänzung des Hypothekenbankgesetzes sieht die Einfügung folgenden § 52c vor:

„Der Landesgesetzgebung bleibt vorbehalten, dem § 34a entsprechende Vorschriften für die im § 45 Abs. 2 bezeichneten Genossenschaften zu erlassen."

Es handelt sich um das Recht, den Pfandbriefgläubigern der Genossenschaften, die das Hypothekenbankgeschäft betreiben dürfen, das außerkonkursmäßige Zwangsvollstreckungsvorrecht einzuräumen, das den Inhabern von Pfandbriefen der Hypothekenbanken durch das Dritte Gesetz zur Änderung und Ergänzung des Hypothekenbankgesetzes vom 21. Dezember 1927 (RGBl. I S. 491) gewährt worden ist. Eine Ermächtigung der Landesgesetzgebung zur Einführung des Konkursvorrechts für die Pfandbriefe derartiger Genossenschaften gemäß § 52b besteht bereits.

§ 53.

Die bestehenden Hypothekenbanken haben mit der Anlegung der in den §§ 22, 41, 42, 52 vorgeschriebenen Register so zeitig zu beginnen, daß die Register am 1. Januar 1900 angelegt sind. Unverzüglich nach diesem Zeitpunkte haben sie der Aufsichtsbehörde anzuzeigen, daß die Anlegung der Register erfolgt ist. Eine von dem Treuhänder oder dem Kommissar der Aufsichtsbehörde beglaubigte Abschrift des Registers ist der Behörde mit tunlichster Beschleunigung einzureichen[1].

Mit der Erstattung der im Abs. 1 Satz 2 vorgeschriebenen Anzeige erlöschen die Pfandrechte, welche für die Pfandbriefgläubiger nach den Landesgesetzen bestellt sind[2]. Soweit einer Bank in der Satzung oder den Pfandbriefbedingungen die Verpflichtung zur Bestellung eines Pfandrechts für die Pfandbriefgläubiger auferlegt ist, verlieren die hierauf bezüglichen Bestimmungen mit dem gedachten Zeitpunkt ihre Wirksamkeit[3].

[1] Die Bestimmung ist durch Zeitablauf überholt.

[2] Frühere Vorzugsrechte sind aufgehoben. Vgl. jetzt § 35. Auch treten die Vorschriften des Gesetzes betreffend die gemeinsamen Rechte der Besitzer von Schuldverschreibungen an die Stelle etwaiger in die Pfandbriefe aufgenommener früherer Bestimmungen über die Form der Berufung und Abhaltung von Versammlungen der Pfandbriefgläubiger (Begr. 67).

Anhang.

Gesetz, betreffend die gemeinsamen Rechte der Besitzer von Schuldverschreibungen.

Vom 4. Dezember 1899 (RGBl. S. 691) [geändert durch G. v. 14. 5. 1914 (RGBl. S. 121) und V. v. 12. 12. 1924 (RGBl. I S. 775)].

§ 1. Sind von jemand, der im Inlande seinen Wohnsitz oder seine gewerbliche Niederlassung hat, im Inlande Schuldverschreibungen mit im voraus bestimmten Nennwerten ausgestellt, die nach dem Verhältnisse dieser Werte den Gläubigern gleiche Rechte gewähren, und betragen die Nennwerte der ausgegebenen Schuldverschreibungen zusammen mindestens dreihunderttausend Reichsmark und die Zahl der ausgegebenen Stücke mindestens dreihundert, so haben die Beschlüsse, welche von einer Versammlung der Gläubiger aus diesen Schuldverschreibungen zur Wahrung ihrer gemeinsamen Interessen gefaßt werden, nach Maßgabe dieses Gesetzes verbindliche Kraft für alle Gläubiger der bezeichneten Art.

Die Versammlung kann insbesondere zur Wahrnehmung der Rechte der Gläubiger einen gemeinsamen Vertreter für diese bestellen.

Eine Verpflichtung zu Leistungen kann für die Gläubiger durch Beschluß der Gläubigerversammlung nicht begründet werden.

§ 2. Sinkt der Gesamtbetrag der im Umlaufe befindlichen Schuldverschreibungen unter einhunderttausend Reichsmark oder sinkt die Zahl der im Umlaufe befindlichen Stücke unter einhundert, so ist dies von dem

Schuldner unverzüglich im Deutschen Reichsanzeiger bekanntzumachen. Von dem auf die Bekanntmachung folgenden Tage an können Gläubigerversammlungen auf Grund dieses Gesetzes nicht mehr abgehalten werden; mit dem bezeichneten Zeitpunkt erlischt das Amt eines von der Gläubigerversammlung bestellten Vertreters der Gläubiger.

§ 3. Die Versammlung wird durch den Schuldner berufen.

Die Versammlung ist zu berufen, wenn Gläubiger, deren Schuldverschreibungen zusammen den zwanzigsten Teil des Gesamtbetrags der im Umlaufe befindlichen Schuldverschreibungen erreichen, oder ein von der Gläubigerversammlung bestellter Vertreter der Gläubiger die Berufung schriftlich unter Angabe des Zweckes und der Gründe verlangen.

Die Kosten der Berufung und Abhaltung der Versammlung trägt, soweit nicht in diesem Gesetz ein anderes vorgeschrieben ist, der Schuldner.

§ 4. Wird einem nach § 3 Abs. 2 gestellten Verlangen nicht entsprochen, so kann das Amtsgericht, in dessen Bezirke der Schuldner seinen Wohnsitz oder seine gewerbliche Niederlassung hat, die Antragsteller ermächtigen, die Versammlung zu berufen. Hat in dem Zeitpunkt, in welchem der Antrag gestellt werden soll, der Schuldner im Inlande weder einen Wohnsitz noch eine gewerbliche Niederlassung, so ist das Amtsgericht zuständig, in dessen Bezirk er zuletzt seinen Wohnsitz oder seine gewerbliche Niederlassung gehabt hat.

Wird der Antrag von Gläubigern gestellt, so haben diese ihre Schuldverschreibungen bei der Reichsbank, bei einem Notar oder bei einer anderen durch die Landesregierung dazu für geeignet erklärten Stelle zu hinterlegen.

Wird die Ermächtigung zur Berufung der Gläubigerversammlung erteilt, so kann das Gericht zugleich über den Vorsitz in der Versammlung Bestimmung treffen. Das Gericht entscheidet darüber, ob die durch den Antrag sowie die durch die Berufung und Abhaltung der Versammlung entstehenden Kosten von den Antragstellern oder von dem Schuldner zu tragen sind.

Vor der Verfügung, durch welche über den Antrag auf Ermächtigung zur Berufung der Gläubigerversammlung oder über die Tragung der Kosten entschieden wird, ist, soweit tunlich, der Schuldner und, wenn ein Vertreter der Gläubiger bestellt ist, auch dieser zu hören. Gegen die Verfügung findet die sofortige Beschwerde statt.

§ 5. Steht der Geschäftsbetrieb des Schuldners unter staatlicher Aufsicht, so hat das Gericht vor der im § 4 Abs. 4 bezeichneten Verfügung auch die Aufsichtsbehörde zu hören.

Die Aufsichtsbehörde kann die Gläubigerversammlung auf Kosten des Schuldners berufen oder die Berufung durch den Schuldner anordnen.

Sie hat das Recht, einen Vertreter in die Versammlung zu entsenden.

§ 6. Die Berufung der Gläubigerversammlung erfolgt durch mindestens zweimalige Bekanntmachung im Deutschen Reichsanzeiger und in den sonstigen Blättern, durch welche für den Bezirk des im § 4 bezeichneten Gerichts die Eintragungen in das Handelsregister bekanntgemacht werden. An die Stelle der letzteren Blätter treten, wenn der Schuldner eine Aktiengesellschaft, eine Kommanditgesellschaft auf Aktien, eine Gesellschaft mit beschränkter Haftung oder eine eingetragene Genossenschaft ist, die für die Veröffentlichungen der Gesellschaft oder der Genossenschaft bestimmten Blätter.

Die Frist zwischen der letzten Bekanntmachung und dem Tage der Versammlung ist so zu bemessen, daß mindestens zwei Wochen für die im § 10 Abs. 2 vorgesehene Hinterlegung der Schuldverschreibungen frei bleiben.

In dem Falle des § 4 muß bei der Berufung auf die gerichtliche Ermächtigung Bezug genommen werden.

§ 7. Der Zweck der Versammlung soll bei der Berufung bekanntgemacht werden. Jedem Gläubiger ist auf Verlangen eine Abschrift der Anträge zu erteilen.

Über Gegenstände, die nicht gemäß § 6 Abs. 1, 2 ihrem wesentlichen Inhalte nach angekündigt sind, können Beschlüsse nicht gefaßt werden.

Die Vorschriften der §§ 3, 4, des § 5 Abs. 1, 2 und des § 6 Abs. 3 finden auf die Ankündigung von Gegenständen zur Beschlußfassung einer Versammlung entsprechende Anwendung.

§ 8. Bei dem Beginne der Versammlung ist ein Verzeichnis der erschienenen Gläubiger oder Vertreter von Gläubigern mit Angabe ihres Namens und Wohnorts sowie des Betrags der von jedem vertretenen Schuldverschreibungen aufzustellen. Das Verzeichnis ist sofort nach der Aufstellung, spätestens aber vor der ersten Abstimmung zur Einsicht aufzulegen; es ist von dem Vorsitzenden zu unterzeichnen.

§ 9. Jeder Beschluß der Versammlung bedarf zu seiner Gültigkeit der Beurkundung durch ein über die Verhandlung gerichtlich oder notariell aufgenommenes Protokoll.

In dem Protokolle sind der Ort und der Tag der Verhandlung, der Name des Richters oder des Notars sowie die Art und das Ergebnis der Beschlußfassungen anzugeben.

Das nach § 8 aufgestellte Verzeichnis der Teilnehmer der Versammlung sowie die Belege über die ordnungsmäßige Berufung der Versammlung sind dem Protokolle beizufügen. Die Beifügung der Belege über die Berufung der Versammlung kann unterbleiben, wenn die Belege unter Angabe ihres Inhalts in dem Protokoll aufgeführt werden.

Das Protokoll muß von dem Richter oder dem Notar vollzogen werden. Die Zuziehung von Zeugen ist nicht erforderlich.

§ 10. Die Beschlüsse bedürfen, soweit nicht in diesem Gesetz ein anderes vorgeschrieben ist, der Mehrheit der abgegebenen Stimmen. Die Mehrheit wird nach den Beträgen der Schuldverschreibungen berechnet. Bei Gleichheit der Stimmen entscheidet die Zahl der Gläubiger.

Gezählt werden nur die Stimmen derjenigen Gläubiger, welche ihre Schuldverschreibungen spätestens am zweiten Tage vor der Versammlung bei der Reichsbank, bei einem Notar oder bei einer anderen durch die Landesregierung dazu für geeignet erklärten Stelle hinterlegt haben.

Das Stimmrecht kann durch einen Bevollmächtigten ausgeübt werden. Für die Vollmacht ist die schriftliche Form erforderlich und genügend.

Der Schuldner ist für die in seinem Besitze befindlichen Schuldverschreibungen nicht stimmberechtigt. Soweit ihm an den Schuldverschreibungen ein Pfandrecht oder ein Zurückbehaltungsrecht zusteht, ist er auf Verlangen des Eigentümers verpflichtet, die Schuldverschreibungen bei einer der im Abs. 2 bezeichneten Stellen in der Weise zu hinterlegen, daß, unbeschadet der Fortdauer des Pfandrechts oder Zurückbehaltungsrechts, dem Eigentümer die Ausübung des Stimmrechts ermöglicht wird; die Kosten der Hinterlegung hat der Eigentümer zu tragen und vorzuschießen.

§ 11. Die Aufgabe oder Beschränkung von Rechten der Gläubiger, insbesondere die Ermäßigung des Zinsfußes oder die Bewilligung einer Stundung, kann von der Gläubigerversammlung nur zur Abwendung einer Zahlungseinstellung oder des Konkurses des Schuldners beschlossen werden.

Der Beschluß, durch welchen Rechte der Gläubiger aufgegeben oder beschränkt werden, bedarf einer Mehrheit von mindestens drei Vierteilen der abgegebenen Stimmen. Die Mehrheit muß mindestens die Hälfte des Nennwerts der im Umlaufe befindlichen Schuldverschreibungen und, wenn dieser nicht mehr als zwölf Millionen Reichsmark beträgt, mindestens zwei Dritteile des Nennwerts erreichen; beträgt der Nennwert der im Umlaufe befindlichen Schuldverschreibungen weniger als sechzehn Millionen, aber mehr als zwölf Millionen Reichsmark, so muß die Mehrheit acht Millionen Reichsmark erreichen.

In diesen Fällen bleiben bei der Berechnung des Nennwerts der umlaufenden Schuldverschreibungen die im Besitze des Schuldners befindlichen Schuldverschreibungen, für welche das Stimmrecht nach § 10 Abs. 4 ausgeschlossen ist, außer Ansatz.

Der Schuldner ist verpflichtet, in der Gläubigerversammlung Auskunft über den Betrag der im Umlaufe befindlichen, zum Stimmen berechtigenden Schuldverschreibungen zu erteilen.

§ 12. Ein Beschluß der im § 11 bezeichneten Art muß für alle Gläubiger die gleichen Bedingungen festsetzen. Die Festsetzung ungleicher Bedingungen ist nur mit ausdrücklicher Einwilligung der zurückgesetzten Gläubiger zulässig. Jedes sonstige Abkommen des Schuldners oder eines Dritten mit einem Gläubiger, durch welches dieser begünstigt werden soll, ist nichtig. Ein Beschluß der Versammlung, der durch Begünstigung einzelner Gläubiger zustande gebracht ist, hat den übrigen Gläubigern gegenüber keine verbindliche Kraft.

Der Schuldner hat den Beschluß in der im § 6 Abs. 1 bezeichneten Weise bekanntzumachen.

Auf die dem Nennwerte der Schuldverschreibungen entsprechenden Kapitalansprüche kann durch Beschluß der Versammlung nicht verzichtet werden.

§ 13. Steht der Geschäftsbetrieb des Schuldners unter staatlicher Aufsicht, so ist zu einem Beschlusse der im § 11 bezeichneten Art die Bestätigung durch die Aufsichtsbehörde erforderlich.

Die Aufsichtsbehörde hat die Erteilung sowie die Versagung der Bestätigung öffentlich bekanntzumachen.

§ 14. Beschließt die Versammlung die Bestellung eines Vertreters der Gläubiger, so muß zugleich der Umfang seiner Befugnisse bestimmt werden.

Soweit der Vertreter zur Geltendmachung von Rechten der Gläubiger ermächtigt ist, kann durch Beschluß der Gläubigerversammlung die Befugnis der einzelnen Gläubiger zur selbständigen Geltendmachung ausgeschlossen werden. Der Beschluß unterliegt den Vorschriften des § 11 Abs. 2 bis 4, des § 12 Abs. 2 und des § 13.

Zum Verzicht auf Rechte der Gläubiger ist der Vertreter nur auf Grund eines ihn hierzu im einzelnen Falle besonders ermächtigenden Beschlusses der Gläubigerversammlung befugt. Der Beschluß unterliegt den Vorschriften der §§ 11 bis 13.

Führt der Vertreter für die Gesamtheit der Gläubiger einen Rechtsstreit, so hat er in diesem die Stellung eines gesetzlichen Vertreters. Für die Kosten des Rechtsstreits, welche den Gläubigern zur Last fallen, haftet der Schuldner, unbeschadet seines Rückgriffs gegen die Gläubiger.

Sind mehrere Vertreter bestellt, so können sie, falls nicht ein anderes bestimmt ist, ihre Befugnisse nur in Gemeinschaft ausüben.

Ein Vertreter kann, unbeschadet des Anspruchs auf die vertragsmäßige Vergütung, von der Gläubigerversammlung jederzeit abberufen werden. Der Beschluß bedarf einer Mehrheit von drei Vierteilen der abgegebenen Stimmen; die Mehrheit muß, wenn dem Vertreter nach Maßgabe des Abs. 2 die ausschließliche Geltendmachung von Rechten der Gläubiger übertragen ist, mindestens die Hälfte des Nennwerts der im Umlaufe befindlichen Schuldverschreibungen betragen; die Vorschriften des § 11 Abs. 3, 4 und des § 12 Abs. 2 finden Anwendung.

§ 15. Ist der Schuldner eine Gesellschaft oder juristische Person, deren Mitglieder in Versammlungen Beschlüsse fassen, so ist jeder nach Maßgabe dieses Gesetzes bestellte Vertreter der Gläubiger befugt, den Mitgliederversammlungen beizuwohnen und sich an den Beratungen zu beteiligen.

Soweit nach den Gesetzen Schriftstücke, die sich auf die Verhandlungen in der Mitgliederversammlung oder auf die Vermögenslage oder den Geschäftsbetrieb der Gesellschaft beziehen, den Gesellschaftern mitzuteilen sind, hat die Mitteilung in gleicher Weise auch an den Vertreter der Gläubiger zu erfolgen.

§ 16. Die Befugnisse und Verpflichtungen eines Vertreters, dessen Bestellung gemäß § 1189 des Bürgerlichen Gesetzbuchs oder auf Grund einer bei Ausgabe der Schuldverschreibungen in verbindlicher Weise getroffenen Festsetzung erfolgt, werden durch die nach diesem Gesetze vorgenommene Bestellung eines Vertreters nicht berührt.

Die Rechte, welche nach den Vorſchriften des § 3 und des § 7 Abſ. 3 einem von der Gläubigerverſammlung beſtellten Vertreter hinſichtlich der Berufung der Verſammlung und der Ankündigung von Gegenſtänden zur Beſchlußfaſſung zuſtehen, können auch von einem Vertreter der im Abſ. 1 bezeichneten Art geltend gemacht werden.

Iſt eine Mitwirkung der Gläubiger erforderlich, um an Stelle eines weggefallenen Vertreters der im Abſ. 1 bezeichneten Art einen neuen Vertreter zu beſtellen, ſo kann eine Gläubigerverſammlung mit verbindlicher Kraft für alle Gläubiger über die Beſtellung beſchließen. Der Beſchluß bedarf einer Mehrheit von mindeſtens drei Vierteilen der abgegebenen Stimmen, ſoweit nicht in verbindlicher Weiſe andere Feſtſetzungen getroffen ſind; die Vorſchriften des § 12 Abſ. 2 und des § 13 finden Anwendung.

Auf Antrag von Gläubigern, deren Schuldverſchreibungen zuſammen den fünften Teil des Geſamtbetrags der im Umlauf befindlichen Schuldverſchreibungen erreichen, kann das Gericht, wenn ein wichtiger Grund vorliegt, den Vertreter abberufen. Unter den gleichen Vorausſetzungen kann das Gericht an Stelle eines weggefallenen Vertreters einen neuen Vertreter beſtellen. Zuſtändig iſt das im § 4 bezeichnete Amtsgericht. Vor der Verfügung, durch die über den Antrag entſchieden wird, iſt, ſoweit tunlich, der Schuldner und im Falle der Abberufung des Vertreters auch dieſer zu hören. Gegen die Verfügung findet die ſofortige Beſchwerde ſtatt. Das Amtsgericht kann vor der Entſcheidung über den Antrag auf Abberufung eines Vertreters eine einſtweilige Anordnung erlaſſen.

Auf die Eintragung des Wegfalls eines Vertreters ſowie auf die Eintragung eines neuen Vertreters an Stelle des weggefallenen findet die Vorſchrift des § 44

Abs. 1 der Grundbuchordnung keine Anwendung. Im Falle des Abs. 4 ist das Amtsgericht befugt, das Grundbuchamt um die Eintragung zu ersuchen.

§ 17. Die Vorschriften des § 16 finden auch auf einen Vertreter Anwendung, der für die Besitzer von Schuldverschreibungen vor dem Inkrafttreten des Bürgerlichen Gesetzbuchs in Gemäßheit des bisherigen Rechtes bestellt worden ist oder nach dem Inkrafttreten des Bürgerlichen Gesetzbuchs bis zu dem Zeitpunkt, in welchem das Grundbuch als angelegt anzusehen ist, in Gemäßheit des Landesrechts durch Eintragung in das Hypothekenbuch oder ein ähnliches Buch bestellt wird.

Ein solcher Vertreter steht im Sinne des § 44 Abs. 2 der Grundbuchordnung einem nach § 1189 des Bürgerlichen Gesetzbuchs bestellten Vertreter gleich. Dasselbe gilt in Ansehung eines durch die Gläubigerversammlung bestellten Vertreters.

Wird an Stelle eines weggefallenen Vertreters der im Abs. 1 bezeichneten Art nach dem Zeitpunkt, in welchem das Grundbuch als angelegt anzusehen ist, gemäß § 16 ein neuer Vertreter bestellt, so kann die Eintragung dieses Vertreters in das Grundbuch (§ 1189 des Bürgerlichen Gesetzbuchs) auf dieselbe Weise wie die Bestellung herbeigeführt werden, ohne Unterschied, ob der weggefallene Vertreter in das Hypothekenbuch oder ein ähnliches Buch eingetragen war oder nicht.

§ 18. Ist über das Vermögen des Schuldners der Konkurs eröffnet, so gelten in Ansehung der Versammlung der im § 1 bezeichneten Gläubiger die folgenden besonderen Vorschriften.

Die Versammlung wird von dem Konkursgerichte berufen und geleitet.

Unverzüglich nach der Eröffnung des Konkurses ist

eine Verſammlung der Gläubiger zu berufen, um über die Beſtellung eines gemeinſamen Vertreters im Konkursverfahren zu beſchließen; die Berufung kann unterbleiben, wenn ſchon vorher von einer Verſammlung über die Beſtellung eines ſolchen Vertreters Beſchluß gefaßt worden iſt.

Das Konkursgericht hat außer den Fällen des § 3 Abſ. 2 eine Verſammlung der Gläubiger zu berufen, wenn dies von dem Konkursverwalter, dem Ausſchuſſe der Konkursgläubiger oder der Aufſichtsbehörde verlangt wird.

Die Stelle, bei welcher die Gläubiger die Schuldverſchreibungen zu hinterlegen haben, wird durch das Konkursgericht beſtimmt.

Die Vorſchriften des § 5 Abſ. 1, 2, des § 11 Abſ. 1, des § 12 Abſ. 3 und des § 13 finden keine Anwendung.

§ 19. Werden im Konkurſe die Forderungen aus den Schuldverſchreibungen durch den von der Gläubigerverſammlung beſtellten Vertreter der Gläubiger angemeldet, ſo bedarf es der Beifügung der Schuldverſchreibungen nicht. Zur Erhebung der bei einer Verteilung auf die Schuldverſchreibungen fallenden Beträge iſt die Vorlegung der Schuldverſchreibungen erforderlich; auf die Erhebung findet die Vorſchrift des § 14 Abſ. 2 keine Anwendung.

§ 20. Die in dieſem Geſetze der Gläubigerverſammlung und dem Vertreter der Gläubiger eingeräumten Befugniſſe können durch Feſtſetzungen in den Schuldverſchreibungen nicht ausgeſchloſſen oder beſchränkt werden.

§ 21. Wer Schuldverſchreibungen, die ſich im Beſitze des Schuldners befinden, einem anderen zu dem Zwecke überläßt, das Stimmrecht der Vorſchrift des § 10 Abſ. 4 zuwider an Stelle des Schuldners auszuüben, wird mit Gefängnis bis zu einem Jahre und mit Geldſtrafe bis zu fünftauſend Reichsmark beſtraft. Die gleiche Strafe trifft denjenigen, welcher die Schuldverschreibungen zu dem bezeichneten Zwecke verwendet.

Sind mildernde Umstände vorhanden, so tritt ausschließlich die Geldstrafe ein.

§ 22. Wer in der Bekanntmachung, die gemäß § 2 erlassen wird, oder in der Auskunft, die gemäß § 11 Abs. 4 in der Gläubigerversammlung erteilt wird, wissentlich unwahre Angaben über Tatsachen macht, deren Mitteilung ihm nach den bezeichneten Vorschriften obliegt, wird mit Gefängnis bis zu einem Jahre oder mit Geldstrafe bis zu dreitausend Reichsmark bestraft.

Wer es unterläßt, die nach § 2 ihm obliegende Bekanntmachung zu bewirken, wird mit Geldstrafe bis zu dreitausend Reichsmark bestraft.

§ 23. Wer sich besondere Vorteile dafür gewähren oder versprechen läßt, daß er bei einer Abstimmung in der Gläubigerversammlung in einem gewissen Sinne stimme oder an der Abstimmung in der Gläubigerversammlung nicht teilnehme, wird mit Geldstrafe bis zu dreitausend Reichsmark oder mit Gefängnis bis zu einem Jahre bestraft.

Die gleiche Strafe trifft denjenigen, welcher besondere Vorteile dafür gewährt oder verspricht, daß jemand bei einer Abstimmung in der Gläubigerversammlung in einem gewissen Sinne stimme oder an der Abstimmung in der Gläubigerversammlung nicht teilnehme.

§ 24. Auf Schuldverschreibungen des Reichs, eines Deutschen Landes oder einer Körperschaft des öffentlichen Rechtes finden die Vorschriften dieses Gesetzes keine Anwendung. Die Landesgesetze können jedoch bestimmen, daß die bezeichneten Vorschriften auch auf Schuldverschreibungen von Körperschaften des öffentlichen Rechtes Anwendung finden.

§ 25. Unberührt bleiben die landesgesetzlichen Vorschriften über die Versammlung und Vertretung der Pfandgläubiger einer Eisenbahn oder Kleinbahn in dem zur abgesonderten Befriedigung dieser Gläubiger aus den Bestandteilen der Bahneinheit bestimmten Verfahren.

§ 26. Dieses Gesetz tritt gleichzeitig mit dem Bürgerlichen Gesetzbuch in Kraft.

Es findet auch auf die vorher ausgegebenen Schuldverschreibungen Anwendung.

Gesetz über wertbeständige Hypotheken.

Vom 23. Juni 1923 (RGBl. I S. 407).

§ 1. Eine Hypothek kann in der Weise bestellt werden, daß die Höhe der aus dem Grundstück zu zahlenden Geldsumme durch den amtlich festgestellten oder festgesetzten Preis einer bestimmten Menge von Roggen, Weizen oder Feingold bestimmt wird. Die Reichsregierung kann mit Zustimmung des Reichsrats auch den in gleicher Weise festgestellten oder festgesetzten Preis einer bestimmten Menge von Kohle, Kali oder anderen Waren oder von Leistungen als Maßstab zulassen. (Wertbeständige Hypothek.)

§ 2. Die Höhe der Geldsumme kann auch in der Weise bestimmt werden, daß, falls der als Maßstab gewählte Preis einer Ware oder Leistung den Preis einer anderen Ware oder Leistung nicht erreicht oder überschreitet, dieser letztere Preis maßgebend sein soll.

§ 3. Bei der Eintragung der wertbeständigen Hypothek im Grundbuch ist der Geldbetrag durch Art und Menge der Ware oder Leistung zu bezeichnen, deren Preis als Maßstab gewählt ist.

§ 4. Im Falle der Zwangsversteigerung wird in dem Versteigerungstermin vor der Aufforderung zur Abgabe von Geboten festgestellt und bekanntgemacht, welchen Wert die wertbeständige Hypothek hätte, wenn sie im Versteigerungstermine zahlbar wäre.

§ 5. Soweit eine bei der Feststellung des geringsten Gebots berücksichtigte wertbeständige Hypothek bestehen bleibt, bleiben Änderungen des im Versteigerungstermin festgestellten Wertes für das weitere Verfahren außer Betracht.

§ 6. Im Teilungsplan sind die dem Gläubiger der wertbeständigen Hypothek zu zahlenden Beträge auf Grund des letzten Preises zu bestimmen, der nach Maßgabe des Inhalts des Rechtes amtlich festgestellt werden kann.

Soweit der Teilungsplan dadurch ausgeführt wird, daß auf den Gläubiger der wertbeständigen Hypothek eine Forderung gegen den Ersteher übertragen wird, ist die Forderung in derselben Weise wertbeständig zu bestimmen, wie die Hypothek bestimmt war.

Wird der Gläubiger der wertbeständigen Hypothek nicht vollständig befriedigt, so ist der verbleibende Teil seiner Forderung in derselben Weise wertbeständig festzustellen, wie die Hypothek bestimmt war. Die Feststellung ist für die Haftung mitbelasteter Grundstücke, für die Verbindlichkeit des persönlichen Schuldners und für die Geltendmachung des Ausfalls im Konkurse maßgebend.

§ 7. Für die Berechnung von Eintragungsgebühren ist der Wert maßgebend, den die Forderung zur Zeit des Eingangs des Eintragungsantrages bei dem Grundbuchamte hat.

§ 8. Für Grundschulden und Rentenschulden gelten die Vorschriften der §§ 1 bis 7 entsprechend.

§ 9. Werden von einer Hypothekenbank Hypothekenpfandbriefe ausgegeben, deren Nennwert nach Maßgabe der §§ 1, 2 bestimmt ist, so gelten die folgenden Vorschriften:

1. Der Gesamtbetrag der im Umlauf befindlichen Hypothekenpfandbriefe jeder Gattung muß in Höhe des Nennwerts jederzeit durch Hypotheken gleicher Gattung von mindestens gleicher Höhe und mindestens gleichem Zinsertrage gedeckt sein.
2. Als Ersatzdeckung (§ 6 Abs. 4 des Hypothekenbankgesetzes) können nur solche wertbeständigen Schuldverschreibungen verwendet werden, die vom Reiche oder einem Lande ausgestellt oder gewährleistet sind.
3. Bei Feststellung des Betrags, bis zu dem Hypothekenpfandbriefe ausgegeben werden dürfen, ist für die Berechnung des Wertes wertbeständiger Pfandbriefe und wertbeständiger Schuldverschreibungen der in den §§ 41, 42 des Hypothekenbankgesetzes bezeichneten Art der Tag maßgebend, an dem die neuauszugebenden Pfandbriefe oder Schuldverschreibungen von dem Treuhänder gemäß § 30 Abs. 3 des Hypothekenbankgesetzes ausgefertigt worden sind.
4. Für jede Gattung der zur Deckung von Pfandbriefen bestimmten Hypotheken ist ein besonderes Register zu führen.
5. Ist über das Vermögen der Hypothekenbank das Konkursverfahren eröffnet, so gehen in Ansehung der Befriedigung aus den Hypotheken und Schuldverschreibungen, die in das für eine Gattung geführte Register eingetragen sind, die Forderungen aus Pfandbriefen dieser Gattung den Forderungen aus Pfandbriefen anderer Gattungen vor. Das gleiche gilt von Geld, das dem Treuhänder als Deckung von Hypothekenpfandbriefen dieser Gattung in Verwahrung gegeben ist.

Werden von einer Hypothekenbank Schuldverschreibungen der in den §§ 41, 42 des Hypothekenbankgesetzes bezeichneten Art ausgegeben, deren Nennwert nach Maßgabe der §§ 1, 2 bestimmt ist, so gelten die Vorschriften des Abs. 1 entsprechend.

In den Fällen der Abs. 1, 2 kann die Reichsregierung mit Zustimmung des Reichsrats gestatten, daß bis zu einem von ihr zu bestimmenden Betrage Hypothekenpfandbriefe und Schuldverschreibungen über die im Hypothekenbankgesetze festgesetzten Grenzen hinaus ausgegeben werden.

§ 10. Sollen nach dem Inhalt von Zeichnungsbedingungen, die vor dem Inkrafttreten dieses Gesetzes ausgegeben worden sind, Teilschuldverschreibungen durch wertbeständige Reallasten gesichert werden, so kann der für die Gläubiger bestellte Treuhänder mit Wirkung für diese darein willigen, daß die Sicherung statt durch wertbeständige Reallasten durch wertbeständige Hypotheken erfolgt.

§ 11. Die Reichsregierung kann mit Zustimmung des Reichsrats die zur Durchführung dieses Gesetzes erforderlichen Rechtsverordnungen und allgemeinen Verwaltungsvorschriften erlassen.

Sie kann ferner mit Zustimmung des Reichsrats bestimmen, daß, soweit in Reichsgesetzen die Sicherstellung wertbeständiger Schuldverschreibungen durch Reallasten vorgesehen ist, die Sicherstellung auch durch wertbeständige Hypotheken erfolgen darf.

§ 12. Dieses Gesetz tritt mit dem Tage der Verkündung in Kraft.

Verordnung zur Durchführung des Gesetzes über wertbeständige Hypotheken.

Vom 29. Juni 1923 (RGBl. I S. 482).

Auf Grund der §§ 1, 10 des Gesetzes über wertbeständige Hypotheken vom 23. Juni 1923 (RGBl. I S. 407) wird nach Zustimmung des Reichsrats verordnet, was folgt:

§ 1. Für Roggen und Weizen gelten nur amtlich festgestellte oder bekanntgemachte Preise einer inländischen Börse als amtlich festgestellte Preise im Sinne des Gesetzes.

Soweit solche Preise nicht oder nicht für die der Berechnung zugrunde zu legende Zeit amtlich festgestellt oder bekanntgemacht sind, sind die vom Deutschen Landwirtschaftsrat an deren Stelle festzustellenden Preise maßgebend.

§ 2. Als amtlich festgestellter Preis für Feingold gilt nur der von dem Reichswirtschaftsminister oder der von ihm bestimmten Stelle im Reichsanzeiger bekanntgegebene Londoner Goldpreis. Die Umrechnung in die deutsche Währung erfolgt nach dem Mittelkurse der Berliner Börse auf Grund der letzten amtlichen Notierung vor dem Tage, der für die Berechnung der Kapital-, Tilgungs- und Zinsbeträge sowie der sonstigen Nebenleistungen maßgebend ist; ist ein Durchschnittspreis maßgebend, so erfolgt die Umrechnung nach dem Durchschnittskurse desselben Zeitraums.

§ 3. Außer den im § 1 Satz 1 des Gesetzes zugelassenen Maßstäben werden zugelassen die amtlich festgestellten oder festgesetzten Preise für

1. Fettförderkohle des Rheinisch-westfälischen Kohlensyndikats,
2. gewaschene Fettnuß IV des Rheinisch-westfälischen Kohlensyndikats,

3. oberschlesische Flammstückkohle,
4. Kalidüngesalz 40 vom Hundert.

Bei den zu 1 und 2 bezeichneten Waren kann außer dem amtlich festgesetzten Preise frei Grube dieser Preis zuzüglich der amtlich festgesetzten Frachtkosten Mannheim verwendet werden.

§ 4. Für Kohle und Kali (§ 3) gelten nur die vom Reichskohlenverband oder Reichskalirate, falls aber der Reichswirtschaftsminister eine Festsetzung vorgenommen hat, nur die von diesem festgesetzten Preise als amtlich festgesetzte Preise im Sinne des Gesetzes.

Soweit solche Preisfestsetzungen nicht oder nicht für die der Berechnung zugrunde zu legende Zeit erfolgen, gelten als amtlich festgesetzte oder festgestellte Preise im Sinne des Gesetzes, und zwar, sofern nicht anderes vereinbart ist, in nachstehender Reihenfolge:

1. die Preise eines inländischen Syndikats,
2. die amtlich festgestellten oder bekanntgemachten Preise einer inländischen Börse,
3. die Preise, die im Auftrag des Vorstandes einer solchen Börse durch Sachverständige ermittelt sind,
4. die von einer staatlichen Bergbehörde erzielten Verkaufspreise.

Zweite Verordnung zur Durchführung des Gesetzes über wertbeständige Hypotheken.

Vom 5. Oktober 1923 (RGBl. I S. 933).

Auf Grund des § 1 des Gesetzes über wertbeständige Hypotheken vom 23. Juni 1923 (RGBl. I S. 407) wird nach Zustimmung des Reichsrats verordnet, was folgt:

§ 1. Außer den im § 1 Satz 1 des Gesetzes und im § 3 der Verordnung vom 29. Juni 1923 (RGBl. I S. 482) zugelassenen Maßstäben werden die amtlich festgestellten oder festgesetzten Preise für

1. Niederschlesische Stückkohle,
2. Niederschlesische gewaschene Nußkohle I

als Maßstäbe für die Begründung wertbeständiger Hypotheken zugelassen.

§ 4 der Verordnung vom 29. Juni 1923 findet Anwendung.

Dritte Verordnung zur Durchführung des Gesetzes über wertbeständige Hypotheken.

Vom 2. November 1923 (RGBl. I S. 1075).

Auf Grund des § 1 des Gesetzes über wertbeständige Hypotheken vom 23. Juni 1923 (RGBl. I S. 407) wird nach Zustimmung des Reichsrats verordnet:

Als Maßstab einer wertbeständigen Hypothek wird der an einer deutschen Börse amtlich festgestellte Kurswert des nordamerikanischen Dollars für den Fall zugelassen, daß die Hypothek zur Sicherung einer Anleihe dient, für deren Verzinsung und Rückzahlung das Reich oder ein Land die Bürgschaft übernommen hat.

Vierte Verordnung zur Durchführung des Gesetzes über wertbeständige Hypotheken.

Vom 6. November 1923 (RGBl. I S. 1082).

Auf Grund des § 11 des Gesetzes über wertbeständige Hypotheken vom 23. Juni 1923 (RGBl. I S. 407) wird nach Zustimmung des Reichsrats verordnet:

Die im § 15 Abs. 2 des Reichssiedlungsgesetzes vom 11. August 1919 (RGBl. S. 1429) in der Fassung des

Gesetzes vom 7. Juni 1923 (RGBl. I S. 364) vorgesehene Sicherung von Schuldverschreibungen durch Reallasten kann auch durch wertbeständige Hypotheken erfolgen.

Fünfte Verordnung zur Durchführung des Gesetzes über wertbeständige Hypotheken.

Vom 17. April 1924 (RGBl. I S. 415).

Auf Grund des § 11 des Gesetzes über wertbeständige Hypotheken vom 23. Juni 1923 (RGBl. I S. 407) verordnet die Reichsregierung mit Zustimmung des Reichsrats:

Einziger Paragraph.

Feingoldhypotheken (§ 1 des Gesetzes über wertbeständige Hypotheken vom 23. Juni 1923 — RGBl. I S. 407 —, § 2 der Verordnung zur Durchführung des Gesetzes über wertbeständige Hypotheken vom 29. Juni 1923 — RGBl. I S. 482 —), können als Goldmarkhypotheken eingetragen werden. Dabei entspricht eine Goldmark dem Preise von $^{1}/_{2790}$ Kilogramm Feingold.

Gesetz über die Mündelsicherheit von Wertpapieren und Forderungen.

Vom 29. Oktober 1927 (RGBl. I S. 325).

Einziger Paragraph.

Der Anlegung von Mündelgeld in den im § 1807 Abs. 1 Nr. 1 bis 4 des Bürgerlichen Gesetzbuchs bezeichneten Vermögensgegenständen steht nicht entgegen, daß die Höhe der geschuldeten Leistung neben oder an Stelle der Angabe eines festen Betrags durch den amtlich festgestellten Preis einer bestimmten Menge von Feingold oder in einer anderen nach den Gesetzen über die Ausgabe wertbeständiger Schuldverschreibungen auf den Inhaber und über wertbeständige Hypotheken vom 23. Juni 1923 (RGBl. I S. 407) zulässigen Weise bestimmt ist.

Soweit die Mündelsicherheit auf Landesrecht beruht, können die obersten Landesbehörden entsprechende Vorschriften erlassen.

Verordnung über die weitere Durchführung der Aufwertung von Pfandbriefen und verwandten Schuldverschreibungen.

Vom 28. Juli 1926 (RGBl. I S. 423).

Auf Grund der §§ 50, 88 Abs. 2 des Aufwertungsgesetzes (RGBl. I S. 117) wird hiermit verordnet:

Artikel 1.

Ausgabe von Liquidationsgoldpfandbriefen.

§ 1. Kündigt eine Hypothekenbank an, daß sie zu einem bestimmten Zeitpunkt den Pfandbriefgläubigern 4½ prozentige Goldpfandbriefe gemäß Artikel 84 oder 85 der Durchführungsverordnung zum Aufwertungsgesetze vom 29. November 1925 (RGBl. I S. 392) aushändigen werde, so finden von diesem Zeitpunkt ab auf die aufgewerteten Hypotheken dieser Hypothekenbank (Liquidationshypotheken), gleichviel ob sie zur Deckung dieser Pfandbriefe (Liquidationsgoldpfandbriefe) verwendet werden oder bei der Teilungsmasse verbleiben, die Vorschriften der §§ 2 bis 6 Anwendung.

§ 2. Die Hypothekenbank kann verlangen, daß die Eigentümer und die Schuldner die nach dem im § 1 bezeichneten Zeitpunkt fälligen Rückzahlungen ohne Abzug eines Zwischenzinses (Artikel 21 der Durchführungsverordnung) bewirken. Macht die Hypothekenbank von diesem

Rechte Gebrauch, so ist sie nicht berechtigt, Goldpfandbriefe zurückzubehalten (Artikel 84 Abs. 3 der Durchführungsverordnung).

§ 3. Die Hypothekenbank kann verlangen, daß die Eigentümer und die Schuldner den Aufwertungsbetrag nach dem im § 1 bezeichneten Zeitpunkt nur zum Schlusse eines Kalendervierteljahrs und nur dann in bar zahlen, wenn sie die Absicht der Barzahlung der Hypothekenbank spätestens drei Monate vor dem Schlusse des Kalendervierteljahrs mitteilen.

§ 4. Die Hypothekenbank kann verlangen, daß die Tilgungs- und Zinsbeträge, soweit sie nach dem im § 1 bezeichneten Zeitpunkt fällig werden, statt zu den vereinbarten zu den von ihr zu bestimmenden Terminen jährlich oder halbjährlich entrichtet werden.

§ 5. (1) Die Hypothekenbank kann für die Umrechnung des Goldmarkbetrags der fälligen Kapital-, Tilgungs- und Zinsbeträge in Reichsmark einen Stichtag bestimmen. Der Stichtag darf nicht auf einen früheren Zeitpunkt als einen Monat vor dem Fälligkeitstage gelegt werden.

(2) Die Hypothekenbank kann, sofern sie eine entsprechende Bestimmung für die Goldpfandbriefe trifft, bestimmen, daß für jede an Kapital-, Tilgungs- und Zinsbeträgen zu zahlende Goldmark eine Reichsmark zu entrichten ist, sofern sich bei der Umrechnung für das Kilogramm Feingold ein Preis von nicht mehr als 2820 Reichsmark und nicht weniger als 2760 Reichsmark ergibt.

§ 6. (1) Zur Ausübung der Befugnisse aus §§ 2 bis 5 bedarf die Hypothekenbank der Genehmigung der Aufsichtsbehörde.

(2) Die Hypothekenbank hat die Bedingungen für die Umrechnung und Zahlung der Kapital-, Tilgungs- und Zinsbeträge, die sich aus der Anwendung der §§ 2 bis 5

ergeben, nach Genehmigung der Aufsichtsbehörde und unter Hinweis auf die Genehmigung im Reichsanzeiger bekanntzumachen.

(3) Einer Eintragung der Bedingungen im Grundbuch bedarf es weder für den Eintritt der Rechtsänderung noch zwecks Erhaltung ihrer Wirksamkeit gegenüber dem öffentlichen Glauben des Grundbuchs.

§ 7. (1) Beträgt der Nennbetrag des Goldpfandbriefs weniger als 50 Goldmark, so ist die Hypothekenbank berechtigt, die Zinsen erst bei Fälligkeit des Kapitals zu zahlen, sofern sie zugleich Zinseszinsen entrichtet. Für die Berechnung der Zinseszinsen ist ein Zinsfuß von 6 vom Hundert zugrunde zu legen.

(2) Entfällt auf den Aufwertungsanspruch des Pfandbriefgläubigers, soweit er durch Aushändigung von Goldpfandbriefen berücksichtigt werden soll, ein nicht auf 10 Goldmark oder ein Vielfaches von 10 Goldmark lautender Betrag, so ist die Hypothekenbank berechtigt, den Spitzenbetrag in bar zum Nennbetrag abzulösen. Durch die Ablösung sind die Ansprüche des Pfandbriefgläubigers auf die dem Spitzenbetrag entsprechenden weiteren Hebungen aus der Teilungsmasse abgegolten.

(3) Der Pfandbriefgläubiger kann zum Zwecke der Vermeidung von Nennbeträgen unter 50 Goldmark (Abs. 1) und der Vermeidung oder der Verringerung von Spitzenbeträgen (Abs. 2) verlangen, daß ihm auf mehrere Pfandbriefe ein Goldpfandbrief ausgehändigt werde.

Artikel II.

Ausgabe von Mobilisierungsgoldpfandbriefen.

§ 1. Kündigt die Hypothekenbank an, daß sie bereit ist, aufgewertete Hypotheken zu erwerben, auf Grund dieser Hypotheken in Höhe ihres Nennbetrags 4½ prozentige

Goldpfandbriefe auszugeben (Mobilisierungsgoldpfandbriefe) und den Eigentümern und den Schuldnern das Recht einzuräumen, die Goldpfandbriefe in Höhe des Nennbetrags zur Rückzahlung der Hypotheken zu verwenden, so kann die Hypothekenbank verlangen, daß die Eigentümer und die Schuldner die Rückzahlung der von der Hypothekenbank erworbenen Hypotheken ohne Abzug eines Zwischenzinses (Artikel 21 der Durchführungsverordnung) bewirken. Diese Bestimmung tritt für die einzelne Hypothek in dem Zeitpunkt in Wirksamkeit, in dem dem Eigentümer des belasteten Grundstücks eine Erklärung der Hypothekenbank zugeht, daß sie die Hypothek erworben hat.

§ 2. Die Vorschriften des Artikel I §§ 2 bis 6 finden mit der Maßgabe entsprechende Anwendung, daß an Stelle des im Artikel I § 1 bezeichneten Zeitpunkts der im Artikel II § 1 Satz 2 bezeichnete Zeitpunkt tritt.

§ 3. Die Eigentümer und die Schuldner sind nicht berechtigt, die von der Hypothekenbank zum Zwecke der Mobilisierung erworbenen Hypotheken mit Liquidationsgoldpfandbriefen und die Liquidationshypotheken mit Mobilisierungsgoldpfandbriefen zurückzuzahlen.

§ 4. Hat der Eigentümer oder der Schuldner vor dem im § 1 Satz 2 bezeichneten Zeitpunkt gekündigt, so hat es bei den bisherigen Bedingungen für die Umrechnung und Zahlung der Kapital-, Tilgungs- und Zinsbeträge sein Bewenden.

Artikel III.

Grundschulden und Reallasten.

Die Vorschriften der Artikel I und II finden auf Grundschulden und Reallasten entsprechende Anwendung.

Artikel IV.
Umlaufsgrenze.

Die Aufsichtsbehörde kann auf Antrag der Hypothekenbank zulassen, daß die Liquidations- und Mobilisierungsgoldpfandbriefe bei der Feststellung des Betrags, bis zu dem die Hypothekenbank Pfandbriefe ausgeben darf, ganz oder teilweise außer Betracht bleiben. Dies gilt nicht für 25 vom Hundert desjenigen Betrags, um den die für die Hypothekenbank maßgebende Umlaufsgrenze nach dem Inkrafttreten dieser Verordnung erweitert wird.

Artikel V.
Ausschlußfristen.

§ 1. (1) Der Anspruch auf Aufwertung eines Pfandbriefs auf Grund Vorbehalts der Rechte (§ 49 Abs. 1 des Aufwertungsgesetzes) ist zur Vermeidung des Verlustes bis zum 30. September 1926 bei der Hypothekenbank anzumelden und, falls die Hypothekenbank den Anspruch nicht anerkennt, bis zum 31. Oktober 1926 gerichtlich geltend zu machen. Geht das Anerkenntnis dem Gläubiger nicht bis zum 15. Oktober 1926 zu, so kann die Hypothekenbank nicht einwenden, daß sie dem Gläubiger zur gerichtlichen Geltendmachung des Anspruchs keinen Anlaß gegeben habe.

(2) Hat der Gläubiger seinen Wohnsitz oder gewöhnlichen Aufenthalt außerhalb Europas, so tritt an die Stelle des Termins vom 30. September 1926 der 15. November 1926, an die Stelle des Termins vom 15. Oktober 1926 der 30. November 1926 und an die Stelle des Termins vom 31. Oktober 1926 der 31. Dezember 1926.

(3) Sind Anmeldungen vor dem Inkrafttreten dieser Verordnung bereits bewirkt, so bedarf es einer Wiederholung der Anmeldung nicht. Die Notwendigkeit einer

gerichtlichen Geltendmachung des Anspruchs gemäß Abs. 1, 2 wird hierdurch nicht berührt.

§ 2. Im Falle des Umtausches (Artikel 80 der Durchführungsverordnung) ist der Anspruch auf Berücksichtigung des Goldmarkbetrags der alten Pfandbriefe, falls er von der Hypothekenbank nicht anerkannt wird, zur Vermeidung des Verlustes bis zum 31. Oktober 1926 gerichtlich geltend zu machen. Geht das Anerkenntnis dem Gläubiger nicht bis zum 30. September 1926 zu, so kann die Hypothekenbank nicht einwenden, daß sie dem Gläubiger zur gerichtlichen Geltendmachung des Anspruchs keinen Anlaß gegeben habe.

§ 3. Die Vorschriften der §§ 1, 2 finden auf die in den §§ 41, 42 des Hypothekenbankgesetzes bezeichneten Schuldverschreibungen entsprechende Anwendung.

Artikel VI.

Diese Verordnung tritt am 1. August 1926 in Kraft.

Ausführung des Hypothekenbankgesetzes.

Preußen.

I. Preußische allgemeine Aufsichtsverfügung.

Vom 17. November 1901.

(Erlassen von der damaligen Aufsichtsbehörde, dem Minister für Landwirtschaft, Domänen und Forsten zu Berlin.)

Die bald nach dem Inkrafttreten des Reichs-Hypothekenbankgesetzes erfolgte Anstellung eines dem hiesigen Polizeipräsidium zugeteilten banktechnischen Beamten, der nach meinem Erlaß vom 27. März d. J. in allen wichtigeren, das Hypothekenbankwesen betreffenden Fragen bei den als Aufsichtsbehörden von Hypothekenbanken in Betracht kommenden Provinzialbehörden neben dem Verwaltungsdezernenten als Korreferent zu fungieren hat, ist von der Staatsregierung in der Erkenntnis bewirkt worden, daß die zunehmende volkswirtschaftliche Bedeutung des Hypothekenbankwesens eine intensivere Gestaltung der Staatsaufsicht notwendig mache. Inzwischen haben die bedauerlichen Vorgänge bei den Spielhagen-Banken und die Mißstände in der seitherigen Verwaltung der Pommerschen Hypothekenaktienbanken zu einer Bestärkung der Auffassung geführt, daß im Interesse der Allgemeinheit und der Hypothekenbanken selber auf eine weitere Verschärfung der Staatsaufsicht Bedacht genommen werden müsse. Zwar muß die Staatsregierung die Übernahme irgendwelcher Garantien für die Geschäftsführung der ihrer Aufsicht unterstehenden Institute und für die Sicherheit der von ihnen ausgegebenen Schuldverschreibungen auf das bestimmteste ablehnen und befindet sich in dieser Hinsicht völlig im Einklang mit dem Hypothekenbankgesetze und der aus dessen Begründung und den Verhandlungen des Reichstages klar ersichtlichen Auffassung der gesetzgebenden Faktoren über das Wesen und die Bedeutung der staatlichen Aufsicht. Gleichwohl darf sie hoffen, durch eine Reihe von Maßnahmen die Staatsaufsicht wirksamer zu gestalten und damit der Wiederkehr von Vorkommnissen, die weite Kreise der Bevölkerung in ihren Vermögensinteressen auf das empfindlichste betroffen und auch den einwandfreien Hypothekenbanken schwere Schädigungen gebracht haben, nach Kräften vorzubeugen. Zu diesem Zwecke wird in erster Linie eine Vermehrung des banktechnischen Beamtenpersonals beabsichtigt, weil nur bei Vorhandensein mehrerer fachmännisch vorgebildeter Revisionsbeamten die notwendige dauernde Kontrolle des gesamten Geschäftsbetriebs der in Frage kommenden Banken ausführbar ist. Zu letzteren gehören außer denjenigen Hypothekenbanken, welche den Vorschriften des Reichshypothekenbankgesetzes unterliegen, auch diejenigen ähnlichen Anstalten, welche, wie die National-Hypotheken-Kreditgenossenschaft dahier und der Danziger Hypothekenverein zu Danzig, ihnen nicht unterworfen sind.

Für die Aufhebung der Staatsaufsicht über den gesamten Geschäftsbetrieb der Banken kommen die Beleihungen und die sonstigen Bankgeschäfte in Betracht.

A. Die Beleihungen der Hypothekenbanken.

Da von dem vorsichtigen Abschlusse der Beleihungen die Sicherheit der auf Grund dieser Unterlagen ausgegebenen Schuldverschreibungen wesentlich abhängt, so ist die dauernde Beobachtung dieses wichtigen Teiles der Geschäftsführung einer Hypothekenbank von ganz besonderer Bedeutung. Wie im einzelnen festzustellen ist, ob die Beleihungen den gesetzlichen und statutarischen Vorschriften entsprechen, insbesondere ob sie sich innerhalb der zulässigen Beleihungsgrenzen halten oder zu Bedenken bezüglich ihrer Sicherheit Anlaß bieten, muß den zur Ausübung der Staatsaufsicht berufenen Beamten überlassen bleiben.

Um ihnen indessen dasjenige Material zu verschaffen, dessen sie zur erfolgreichen Beaufsichtigung der Beleihungstätigkeit der Banken bedürfen, ist den Landesverwaltungen folgendes vorzuschreiben:

I. An Stelle der nach meinem Erlasse vom 23. Oktober 1896 — I. 18 292 — einzureichenden jährlichen Beleihungsverzeichnisse haben die Hypothekenbanken nunmehr vierteljährlich bis zum 15. des ersten Monats eines jeden Quartals der Aufsichtsbehörde Beleihungsverzeichnisse nach den aus den Anlagen A. bis D. ersichtlichen Formularen in je 3 Exemplaren einzureichen. Wie die Titelblätter der Formulare ergeben, sind die Beleihungsverzeichnisse für hypothekarische Darlehen nach Beleihungen städtischen und landwirtschaftlichen Grundbesitzes (Formular A. und B.) zu trennen und für Kommunaldarlehen (Formular C.) und für Darlehen an Kleinbahnunternehmungen (Formular D.) besondere Verzeichnisse aufzustellen. Zur Erläuterung der Formulare ist ferner folgendes hervorzuheben:

1. In dem Verzeichnisse sind sämtliche in dem betreffenden Vierteljahr abgeschlossenen Beleihungsgeschäfte zu übernehmen, einerlei ob sie auch bereits zur völligen

oder teilweisen Auszahlung der Darlehnsvaluta geführt haben.

2. Zu Spalte 4 der Formulare A. und B. und Spalte 5 des Formulars D.

Ein Darlehen ist auch dann als erststellig bewilligt anzusehen, wenn eine Voreintragung vorhanden ist, deren Ablösung bewirkt werden soll, sofern bis zu dieser Ablösung die Darlehnsvaluta in Höhe der voreingetragenen Summe seitens des Bankinstituts zurückbehalten wird.

3. Zu Spalte 9 des Formulars A. und Spalte 8 des Formulars B.

Steht der Gebäudesteuer-Nutzungswert bei Aufstellung des Verzeichnisses noch nicht fest, so hat die Ausfüllung der Spalte 9 selbstverständlich zu unterbleiben; einer nochmaligen Aufführung der betreffenden Beleihung in einem späteren Verzeichnisse nach Feststellung des Gebäudesteuer-Nutzungswertes bedarf es nicht.

Die eingereichten Beleihungsverzeichnisse sind seitens der Landespolizeibehörde sorgfältig zu sekretieren und derart zu verwahren, daß sie der Einsichtnahme seitens Unberufener nicht zugänglich sind. Sofern nicht die auf Grund dieser Verzeichnisse vorgenommene Prüfung des Beleihungsverfahrens zu schleuniger Berichterstattung Anlaß gibt, sind nur die dritten Exemplare jahrgangweise zusammen mit den Berichten über die Geschäftsberichte der Banken, und zwar für jede Hypothekenbank gesondert, nach Maßgabe der bestehenden Vorschriften vorzulegen.

Für das laufende Jahr behält es indessen bei der Einreichung des jährlichen Beleihungsverzeichnisses in Gemäßheit meines Erlasses vom 23. Oktober 1896 — I. 18292 — sein Bewenden, so daß die erstmalige Einreichung der vierteljährlichen Beleihungsverzeichnisse für das I. Quartal des nächsten Jahres zu erfolgen hat.

II. Zusammen mit den vierteljährlichen Beleihungsverzeichnissen sind den Rechtsbehörden seitens der Hypothekenbanken einzureichen:

1. ein Statut über die Aktiva und Passiva;

2. eine Zusammenstellung der durchgeführten Zwangsversteigerungen und der schwebenden Zwangsverwaltungen beliehener Grundstücke aus dem verflossenen Vierteljahr, tunlichst unter Angabe der Kaufpreise und der Namen der Käufer.

Dieses Material ist erstmalig bis zum 15. Januar d. J. einzureichen. Hinsichtlich seiner Sekretierung gilt das gleiche wie für die Beleihungsverzeichnisse.

B. Die sonstigen Geschäfte der Hypothekenbanken.

Seitens der mit der Aufsichtsführung über die Hypothekenbanken betrauten Beamten ist neben der dauernden Kontrolle der Beleihungen selbstverständlich auch der übrigen Geschäftstätigkeit der Institute unausgesetzt die erforderliche Aufmerksamkeit zu widmen. Um der Aufsichtsbehörde einen umfassenden Überblick über die gesamte Geschäftsführung der Banken zu verschaffen, ist der ganze Geschäftsbetrieb von Zeit zu Zeit, längstens aber alle zwei Jahre, einer eingehenden Revision zu unterziehen, über deren Ergebnis mir zu berichten ist.

Sie wollen in dieser Hinsicht die erforderlichen Anordnungen treffen. Diese regelmäßigen Geschäftsrevisionen werden durch den dortseitigen Referenten für das Hypothekenbankwesen zusammen mit den banktechnischen Korreferenten vorzunehmen sein.

Bei dieser Gelegenheit will ich nicht unterlassen, auf Ziff. 5 der Allg. Verf. Nr. 24 aus 1893 hinzuweisen, welche die tunlichste Vermeidung häufigeren Wechsels im

Hypothekenbankdezernate empfiehlt; auch der Erlaß des Herrn Ministers des Innern vom 4. Juli d. J. bezieht sich auf denselben Gegenstand.

Bei Handhabung der Staatsaufsicht über die Hypothekenbanken ist bislang der Tätigkeit des Aufsichtsrates eine nicht genügende Beachtung gewidmet, obwohl diesem Organe die Überweisung der Geschäftsführung in allen Zweigen der Verwaltung gesetzlich obliegt und er verpflichtet ist, sich zu diesem Zwecke von dem Gange aller Angelegenheiten der Gesellschaft zu unterrichten. Eine gewissenhafte Erfüllung dieser gesetzlichen, durch statutarische Vorschriften nicht selten ergänzten und erweiterten Verpflichtungen muß der Staatsaufsicht ihre Aufgaben erleichtern und ihr eine wesentliche Hilfe leisten, um das Ziel einer völligen Klarlegung des Geschäftsbetriebes und aller geschäftlichen Beziehungen der Institute zu erreichen. Leider sind die Aufsichtsräte den Erwartungen, welche man in sie als Aufsichtsorgane der Banken zu setzen berechtigt ist, nicht immer gerecht geworden. Es ist deshalb zu betonen, daß auch die Tätigkeit der Aufsichtsräte der Kontrolle der staatlichen Aufsichtsbehörden unterliegt; daß diese sich in geeigneter Weise davon zu überzeugen haben, ob die Mitglieder der Aufsichtsräte den ihnen nach Gesetz und Statut obliegenden Verpflichtungen nachkommen, und daß sie einzuschreiten haben, wenn ein Anlaß zu Beanstandungen vorliegen sollte. Die Aufsichtsratsmitglieder haben für die Erfüllung ihrer Obliegenheiten die Sorgfalt eines ordentlichen Geschäftsmannes anzuwenden. Um ihnen für die ordnungsmäßige Wahrnehmung ihrer Aufgaben das wichtige Anhaltspunkte bietende, nach den Vorschriften unter A. dieses Erlasses den Aufsichtsbehörden einzureichende Material zugänglich zu machen, ist den

Bankverwaltungen vorzuschreiben, daß sie die gesamten unter A. aufgeführten Verzeichnisse, Übersichten und Zusammenstellungen auch jedem einzelnen Aufsichtsratsmitgliede in Abschrift zu übersenden haben.

Durch die Einsichtnahme dieses Materials erhalten die Mitglieder des Aufsichtsrates lediglich Kenntnis von den Beleihungsgeschäften der Bank nach deren Abschluß; soll ihnen dagegen auch die Möglichkeit des rechtzeitigen Einspruchs gegen ein Geschäft vor dessen Zustandekommen gesichert werden, so würde sich der Erlaß entsprechender Vorschriften im Statut oder in Form einer Geschäftsordnung nicht umgehen lassen. Manche Hypothekenbanken haben derartige Bestimmungen getroffen, sei es, daß jedes Beleihungsgeschäft zu seinem Abschlusse der Genehmigung des Aufsichtsrates oder einer gewissen Anzahl von Aufsichtsratsmitgliedern bedarf, sei es, daß diese Genehmigung nur für Beleihungen, die einen bestimmten Betrag überschreiten, vorgeschrieben ist. Die Zweckmäßigkeit solcher Bestimmungen läßt sich nicht allgemein, sondern nur nach den besonderen Verhältnissen der einzelnen Bankinstitute beurteilen; den einzelnen Bankverwaltungen ist deshalb auch die Entscheidung über die etwaige Einführung von Vorschriften des bezeichneten Inhalts zu überlassen.

Wegen Ausübung der Kontrolle über die Beleihungen und die sonstige Geschäftstätigkeit der Preußischen Zentral-Bodenkredit-Aktiengesellschaft wird besondere Verfügung ergehen.

II. Preußische Verfügung über die Beleihung landwirtschaftlicher Grundstücke.

Vom 15. Januar 1900*).

Auf Grund des § 11 Abs. 2 des Reichs-Hypothekenbankgesetzes vom 13. Juli 1899 (RGBl. S. 375) will ich die Beleihung landwirtschaftlicher, innerhalb der Preußischen Monarchie belegenen Grundstücke bis zu zwei Dritteilen des Wertes denjenigen Hypothekenbanken gestatten, deren Satzungen eine solche Ausdehnung der Beleihungsgrenze zulassen.

III. Preußische Ministerialverfügung.

Vom 5. März 1904.

Bei der Revision einer westdeutschen Hypothekenbank ist die Frage, inwieweit Hypotheken an gewerbliche Unternehmungen seitens einer Hypothekenbank zur Pfandbriefdeckung verwendet werden können, zur grundsätzlichen Erörterung gelangt. Aus dem Erlaß, welchen ich an die betreffende Aufsichtsbehörde gerichtet habe, teile ich folgendes mit:

Im I. Entwurf des Reichs-Hypothekenbankgesetzes hatte § 11 Abs. 1 folgenden Wortlaut:

„Die bei der Beleihung angenommene Sicherheit muß sowohl durch den Ertragswert als durch den Verkaufswert des beliehenen Grundstücks gerechtfertigt sein. Bei der Abschätzung sind nur die dauernden

---

*) Dieser an die Aufsichtsbehörden der preußischen Hypothekenbanken gerichtete Erlaß ist gleichzeitig dem Reichskanzler mit dem Ersuchen mitgeteilt worden, den Regierungen derjenigen außerpreußischen Bundesstaaten, in deren Gebiete Hypothekenbanken im Sinne des Reichs-Hypothekenbankgesetzes ihren Sitz haben, hiervon Mitteilung zu machen.

Eigenschaften des Grundstücks und der Reinertrag zu berücksichtigen, welchen das Grundstück bei ordnungsmäßiger Bewirtschaftung jedem Besitzer nachhaltig gewähren kann. Insbesondere ist bei der Beleihung von gewerblichen Anlagen nur der von der jeweiligen Benutzungsart unabhängige dauernde Wert zu berücksichtigen."

Von diesen, den neuen preußischen Normativbestimmungen entnommenen Vorschriften interessiert hier diejenige des letzten Satzes. Sie wurde von den zur Vorberatung des Gesetzentwurfes herangezogenen Sachverständigen als undurchführbar und ungerechtfertigt bezeichnet. „In größeren Städten", heißt es in dem betreffenden Protokolle, „sei ein großer Teil der Gebäulichkeiten mit Räumlichkeiten oder Anlagen zu gewerblichen Zwecken versehen. Von dem hierdurch bedingten Werte der Gebäude könne unmöglich abgesehen werden. Ähnliches gelte für die Verhältnisse auf dem Lande; in Bayern z. B. seien Grundstücke mit einer landwirtschaftlichen Brauerei ganz besonders gesuchte und wertvolle Beleihungsobjekte." Bei den Beratungen der Regierungskommissare ist jene Vorschrift sodann gestrichen worden. Hieraus ergibt sich für die Auslegung des § 12 Abs. 1 des Reichs-Hypothekenbankgesetzes, daß der Grundsatz der Normativbestimmungen, wonach bei Unterlagehypotheken an gewerblichen Anlagen irgendwelcher Art sowohl bei der Ermessung des Ertrags- wie des Verkaufswertes immer nur der von der jeweiligen Benutzungsart unabhängige, dauernde Wert berücksichtigt werden dürfte, fallen gelassen ist. Vielmehr erscheinen die Anforderungen des § 12 Abs. 1 cit. erfüllt, wenn die bei der bestehenden Benutzungsart vorhandenen dauernden Eigenschaften des Grundstücks und der Ertrag, den das Grundstück bei ordnungsmäßiger Wirtschaft auf Grund dieser Benutzungsart jedem Besitzer nachhaltig gewähren kann, für die Feststellung des Verkaufswertes in Betracht gezogen sind. Diese letztere Vorschrift schließt, wie in dem Berichte der X. Kommission des Reichstages über den Entwurf eines Hypothekenbankgesetzes (§ 12 S. 15) richtig hervorgehoben ist, die Berücksichtigung individueller Verhältnisse des Besitzes, besonderer Kenntnisse oder Eigenschaften usw. bei der Wertfestsetzung aus; nicht minder aber verbietet sich auch die Wertfeststellung unter Berücksichtigung der zeitweiligen Benutzungsart, wenn diese eine solche ist, daß sie sich nicht für jeden Besitzer eignet oder doch nur einem fachkundigen Besitzer einen Durchschnittsertrag verspricht. In derartigen Fällen, deren Vorliegen immer nur durch Einzelprüfung festgestellt werden kann, ist der von der bestehenden Benutzungsart unabhängige dauernde Wert der Wertermittelung zugrunde zu legen. Wenngleich es hiernach für die erörterte Frage der Entscheidung von Fall zu Fall bedarf und die Aufstellung allgemein gültiger Regeln ausgeschlossen ist, so läßt sich doch für Hotelbeleihungen insofern eine Ausnahme konstatieren, als hier regelmäßig die individuellen Verhältnisse des Besitzers oder des Geschäftsleiters wie die allgemeinen geschäftlichen Verhältnisse und die Verkehrslage des betreffenden Ortes überhaupt von einer ganz besonderen Bedeutung für die Ertragsfähigkeit des Unternehmens sind. Dasselbe gilt von der Beleihung von Warenhäusern. Wenn nicht in derartigen Fällen der Wert des unbebauten Bodens etwa bereits den Darlehnsbetrag deckt oder wenn nicht ganz besonders geartete Verhältnisse vorliegen, die keinen Zweifel an der realen

Sicherheit der Unterlagshypothek aufkommen lassen, so ist bei der Prüfung solcher Beleihungen nach folgenden Gesichtspunkten zu verfahren:

Um den Wert zu ermitteln, den das Grundstück ohne Berücksichtigung seiner derzeitigen Benutzungsart darstellt, wird es außer der Festsetzung des Wertes des unbebauten Grund und Bodens im einzelnen Falle darauf ankommen, den Materialwert des Gebäudes um denjenigen Betrag zu kürzen, der auf den Umbau des Hotels oder des Warenhauses zwecks Einrichtung desselben zu einem Wohn- oder Mietshause ortsüblicher Art verwendet werden müßte. Auch bei Bestimmung des Ertragswertes muß von der Verwendung des Gebäudes als gewöhnliches Wohn- oder Mietshaus ausgegangen werden. Soweit die ersten drei Fünfteile des so ermittelten Verkaufswertes des Hotel- oder Warenhausgrundstückes reichen, kann die an ihm bestellte Hypothek zur Pfandbriefunterlage benutzt werden. Sind zur Ermittelung dieser Werte sachverständige Gutachten erforderlich, so hat die Bank diese beizubringen, widrigenfalls ihr die Verwendung der in Frage kommenden Hypothek als Pfandbriefdeckung zu untersagen ist. Zur Ausführung eines solchen Verbotes würde nötigenfalls der Treuhänder mit entsprechender Weisung zu versehen sein.

Nach vorstehenden Gesichtspunkten ist bei der Prüfung der Unterlagshypotheken durch die Aufsichtsbehörde zu verfahren. Die Bankinspektoren wollen Sie mit entsprechender Anweisung versehen.

IV. Aus der Preußischen Ministerialverfügung vom 2. April 1906.

Für die Bemessung des Beleihungswertes gibt § 12 des Hypothekenbankgesetzes zwingende Vorschriften. Die angemessene Berücksichtigung der bei demselbem oder einem ähnlichen Objekt gezahlten Verkaufspreise gehört zu den „sorgfältigen Ermittlungen", welche die Grundlage der Bewertung bilden sollen.

Wenn hiernach die im Einzelfalle gezahlten Kauf- und Mietpreise zwar nicht absolut für die Zuverlässigkeit der Beleihung maßgebend sind, so bilden doch die unter normalen Verhältnissen gezahlten Preise eine gute Unterlage für die Beurteilung des Verkaufswertes.

Für die Höhe der Beleihung ist in erster Linie der Wert im Zeitpunkt der Hypothekenbestellung maßgebend.

V. Aus dem Ministerialerlaß vom 17. Mai 1927.

Zur Erreichung einer besseren Finanzierung neuer Wohnbauten strebt die Mehrzahl der Realkreditanstalten eine Heraufsetzung der jetzt üblichen Grenze für hypothekarische Beleihungen an. Bisher ist der Taxwert für Neubauten an Hand verschiedener Bewertungsmerkmale im allgemeinen derart ermittelt worden, daß eine erststellige verbürgte Beleihung nur innerhalb der Grenze von 30 bis 35% der heutigen Baukosten vertretbar erschien. Nunmehr wird allgemein eine Beleihung bis 40% der heutigen Boden- und Baukosten für notwendig und unbedenklich gehalten.

. . . .

An der satzungsgemäßen Verpflichtung der Stadtschaften, bei der Feststellung des Beleihungswertes und der satzungsmäßigen Beleihungsgrenze nur die dauernden Eigenschaften des Grundstücks und den Ertrag zu berücksichtigen, den das Grundstück bei ordnungsmäßger Wirtschaft jedem Besitzer nachhaltig gewährt, wird dadurch nichts geändert.

. . . .

Soweit die Beleihung von Wohnungsbauten bis zu 40% der Gesamtherstellungskosten (Bau- und Bodenkosten) in Frage kommt, wird vom Standpunkt der Sicherheit der Hypothekenbanken und der Inhaber der von den Hypothekenbanken auszugebenden Pfandbriefe die Eintragung der Hypothek regelmäßig genügen müssen. Die Forderung nach einer gesetzlichen Sicherung durch Gemeindebürgschaften ist in dem Wesen des Pfandbriefgeschäfts nicht begründet und erschwert ohne Not die Finanzierung der Neubautätigkeit. Anderseits ist für Darlehen über 40% der vorgenannten Kosten hinaus die Übernahme der Bürgschaft seitens einer öffentlich-rechtlichen Körperschaft grundsätzlich unerläßlich.

VI. Aus dem Ministerialerlaß vom 18. August 1928 aus Anlaß eines Einzelfalles auf Befragen.

Der Polizeipräsident berichtete dem Minister wie folgt:

Eine grundsätzliche Ablehnung der Beleihung des Erbbaurechts hat die Bank weder ausgesprochen, noch hat sie hemmende Anweisungen der Aufsichtsbehörde vorgeschützt. Wenn auch im allgemeinen bei den Hypothekenbanken keine große Geneigtheit zur Beleihung von Erbbaurechten besteht, so ist doch in der letzten Zeit eine Zunahme derartiger Abschlüsse zu beobachten.

Die Satzungen und Beleihungsvorschriften enthalten bei keiner preußischen Hypothekenbank einschränkende Bestimmungen, die auch durch die Verordnung über das Erbbaurecht vom 10. Januar 1919 keine Berechtigung haben würden.

Bayern.

VII. Bayerische Ministerialinstruktion für die Bankkommissäre.

Vom 29. Oktober 1899.

Nach § 3 des Reichs-Hypothekenbankgesetzes vom 13. Juli 1899 unterliegen die Hypothekenbanken der staatlichen Aufsicht. Die Aufsicht steht dem Bundesstaate zu, in welchem die Bank ihren Sitz hat.

Nach § 4 Abs. 3 desselben Gesetzes kann die Aufsichtsbehörde einen Kommissär bestellen, der unter ihrer Leitung die Aufsicht ausübt.

In Gemäßheit dieser Bestimmungen sind Sie als Staatskommissär bei der....... bestellt worden und wird Ihnen zugleich vom 1. Januar 1900 an gemäß § 51 des erwähnten Gesetzes die Funktion des Treuhänders bei derselben Bank übertragen.

Zur Wahrnehmung der Ihnen in der Eigenschaft als Treuhänder obliegenden Verpflichtungen wird Ihnen gemäß § 29 a. a. O. vom gleichen Zeitpunkte an ein Stellvertreter beigegeben werden, dem unbeschadet Ihrer Befugnis, sämtliche Aufgaben des Treuhänders selbst zu erfüllen, die Wahrnehmung der in § 31 des Gesetzes erwähnten Funktionen zur selbständigen Ausübung zugewiesen werden wird.

Für die Ausübung der Staatsaufsicht wird Ihnen im Einverständnis mit den königl. Staatsministerien der Justiz und der Finanzen folgende Instruktion erteilt:

Der Staatskommissär hat unter der Leitung des Ministeriums des Innern darauf zu achten, daß der Geschäftsbetrieb der Bank im Einklang mit den Vorschriften des Reichs-Hypothekenbankgesetzes, den Satzungen der Bank und den Vorschriften dieser Instruktion erfolgt.

Zu diesem Behufe obliegt es ihm, sich über den ganzen Geschäftsbetrieb der Bank, soweit möglich, zu unterrichten, regelmäßig den Aufsichtsratssitzungen und, soweit erforderlich, auch den Sitzungen der anderen Organe der Bank, und zwar nicht nur den das Hypothekengeschäft betreffenden Sitzungen beizuwohnen, insbesondere allen denjenigen Sitzungen, in welchen über Aufstellung oder Abänderung von Reglements Beratung gepflogen wird.

Der Staatskommissär hat gegen alle Maßregeln der Bankleitung, welche die Interessen der Pfandbriefinhaber zu schädigen geeignet scheinen, namentlich gegen übermäßige Beleihungen, Widerspruch zu erheben. Beachtet die Bankleitung diesen Widerspruch nicht, so ist an die Aufsichtsbehörde zu berichten. Diese Befugnisse hat der Staatskommissär nicht nur im Bereiche des eigentlichen Hypothekengeschäftes, sondern auch bei anderen Geschäftssparten der Bank, wenn die von der Bank beabsichtigten Geschäfte schwere Vermögensschädigungen befürchten lassen, insbesondere bei Gründungen, Anleihensemissionen und Gewährung größerer Blankokredite.

Mindestens einmal im Jahr hat der Staatskommissär eine außerordentliche Revision der Kassen und Bestände an Wertpapieren vorzunehmen; an den von der Bank selbst angeordneten Revisionen hat derselbe, soweit er es für erforderlich erachtet, teilzunehmen und über das Ergebnis derselben sich zu informieren.

Außer den vorstehenden allgemeinen Instruktionen werden Ihnen im Anschluß an die Vorschriften des Reichs-Hypothekenbankgesetzes noch folgende spezielle Weisungen erteilt:

1. Zu § 4 Ziff. 3: Falls der Staatskommissär die Berufung einer Generalversammlung für erforderlich hält und diesem Ansinnen seitens der Bank nicht entsprochen

wird, so hat derselbe, bevor er die Berufung der Generalversammlung selbst vornimmt, an das königl. Staatsministerium des Innern Bericht zu erstatten.

2. Zu § 5: Es ist darauf zu achten, daß die Hypothekenbanken nicht Geschäfte betreiben, welche denselben nicht gestattet sind, bei gemischten Hypothekenbanken insbesondere, ob der erweiterte Geschäftsbetrieb jeweils schon vor dem 1. Mai 1898 satzungsgemäß und tatsächlich bestanden hat.

3. Zu § 6 Abs. 2: Die hier enthaltene Vorschrift ist gemäß Bekanntmachung des königl. Staatsministeriums der Justiz vom 9. September d. J. (Ges.- u. Verordn.-Blatt S. 830) bzw. der dieser Bekanntmachung vorangehenden Erklärung der Bankleitung für die Ihrer Aufsicht unterstehende Bank dahin erweitert, daß dieselbe auf landwirtschaftliche Grundstücke nur Amortisationsdarlehen geben darf, mit einer jährlichen Mindesttilgung von einhalb Prozent, und daß Ausnahmen hiervon der Zustimmung des Staatskommissärs bedürfen.

Diese Ausnahmen sollen keinesfalls einen größeren Umfang annehmen. Die Zustimmung des Staatskommissärs ist vielmehr nur für besondere Fälle, insbesondere solche gedacht, in welchen die Frage zweifelhaft ist, ob die zu verpfändenden Grundstücke mehr städtischen oder ländlichen Charakter haben.

4. Zu § 11 Abs. 2: Die hier ausgesprochene Beleihungsgrenze ist für die Ihrer Aufsicht unterstehende Bank, gleichfalls infolge der Verleihung der Mündelsicherheit*), dahin eingeengt worden, daß landwirtschaftliche und städtische Grundstücke regelmäßig nur bis

*) Mündelsicherheit besitzen sämtliche bayer. Hypothekenbanken mit Ausnahme der Bayer. Bodenkreditanstalt in Würzburg. In gleicher Weise ist die Befugnis zur Anlage von

zur Hälfte des Wertes beliehen werden dürfen und daß eine höhere Beleihung bis zu sechzig vom Hundert des Wertes nur ausnahmsweise und nur mit Zustimmung des Staatskommissärs statthaft ist.

Auch hier hat die Zustimmung des Kommissärs nicht etwa die Regel zu bilden. Dieselbe wird vielmehr nur in solchen Fällen zu erteilen sein, in welchen eine Wertsverminderung als ausgeschlossen gelten kann, dagegen eine Wertssteigerung mit großer Wahrscheinlichkeit zu erwarten ist, wie z. B. bei Darlehen auf städtische Grundstücke in vorzüglicher Lage.

5. Zu § 12: Die sorgfältige und zuverlässige Schätzung der zu beleihenden Grundstücke bildet den Angelpunkt der Solidität einer Hypothekenbank, und es wird daher dem Staatskommissär besonders zur Pflicht gemacht, seine aufsichtliche Tätigkeit hierauf zu erstrecken. Der Staatskommissär hat sich nicht darauf zu beschränken zu prüfen, ob die Festsetzung des Wertes der Grundstücke nach den von der Aufsichtsbehörde genehmigten Anweisungen erfolgt ist (§ 30), sondern sich auch davon zu überzeugen, ob der festgesetzte Wert dem wirklichen Wert entspricht. Zu diesem Behufe ist stichprobenweise eine tunlichst große Anzahl von Beleihungsakten nachzuprüfen und hierbei namentlich auf die Zuverlässigkeit der Schätzung das Augenmerk zu richten. Die Schätzung darf nicht ausschließlich auf einer Rentabilitätsberechnung, z. B. Zusammenzählung der Mietzinse eines Miethauses, Hotels usw., beruhen, sondern muß auch andere Faktoren, wie die Brandversicherung, die früheren Kaufpreise sowohl des in Frage stehenden Objekts als anderer Grund-

Gemeinde- und Stiftungsgeldern geregelt; Ziff. 20c der Min.Bek. vom 13. Mai 1905, die Anlegung von Gemeinde- und Stiftungsgeldern betreffend (Min.Bl. S. 203).

stücke in ähnlicher Lage oder mit ähnlicher wirtschaftlicher Beschaffenheit, bei landwirtschaftlichen Anwesen die Bonitierung usw., berücksichtigen, überhaupt in einer der Wahrheit möglichst nahekommenden Weise den dauernden Wert des zu belehnenden Objektes zu ermitteln suchen. Sogenannte Spekulationsschätzungen, welche über den gegenwärtigen Verkaufspreis hinaus erst auf eine künftig zu erwartende Wertssteigerung Rücksicht nehmen, z. B. auf die Wertssteigerung von Terrains im Umkreis einer aufstrebenden Stadt, sind nicht zulässig.

Bezüglich der Beleihung von Bauplätzen und Neubauten wird im übrigen auf § 12 Abs. 3 des Hypothekenbankgesetzes Bezug genommen.

Über alle Fälle, in welchen der Staatskommissär eine von der Bank erfolgte Beleihung beanstandet hat, und die Beleihung infolgedessen unterblieben ist, hat der Staatskommissär jeweils Bericht an das königl. Staatsministerium des Innern zu erstatten.

6. Zu § 30 Abs. 3: Die hier vorgesehene, den Hypothekenpfandbriefen beizufügende Bestätigung obliegt dem Staatskommissär. Diese Bestätigung kann auch mittels Faksimile erfolgen, sofern die Pfandbriefe so lange unter Verschluß des Kommissärs verbleiben, bis für dieselben die vorschriftsmäßige Deckung durch Hypotheken jeweils nachgewiesen ist.

Abgesehen von den bei besonderen Anlässen etwa gebotenen Berichten hat der Staatskommissär jeweils nach Ablauf eines Halbjahrs, zunächst im Lauf des Februar 1900, an das königl. Staatsministerium des Innern Bericht über seine Tätigkeit, die hierbei gemachten Wahrnehmungen und die geschäftliche Entwicklung der Bank zu erstatten; mit diesem Bericht ist ein Verzeichnis sämtlicher in der Berichtsperiode erfolgten Beleihungen mit Angabe der nach Ziff. 3 und 4 gegenwärtiger Instruktion erfolgten Ausnahmebewilligungen nach einem demnächst folgenden Formular in Vorlage zu bringen.

Die Verpflichtung zur Wahrung des Amtsgeheimnisses erstreckt sich auch auf die Funktion des Staatskommissärs. Derselbe hat daher über alle Wahrnehmungen, welche er bei Ausübung seines Amtes macht, gegen Dritte unbedingte Diskretion zu wahren.

Das Reichs-Hypothekenbankgesetz tritt zwar erst gleichzeitig mit dem Bürgerlichen Gesetzbuch, d. i. am 1. Januar 1900, in Kraft.

Im Hinblick auf die bei Verleihung der Mündelsicherheit an die Ihrer Aufsicht unterstehende Bank für die königl. Staatsregierung vorbehaltene Staatsaufsicht ist jedoch die Aufsicht schon jetzt nach Maßgabe der Vorschriften des Hypothekenbankgesetzes und gegenwärtiger Instruktion zu betätigen.

VIII. Bayerische Aufsichtsverfügung (Instruktion für die Staatskommissäre).

Vom 14. Februar 1901.

Im Interesse einer wirksamen und gleichmäßigen Aufsicht auf den Geschäftsbetrieb der Hypothekenbanken und im Anschluß an die von einzelnen Königl. Staatskommissären gestellten Anfragen erachtet es das Königl. Staatsministerium des Innern im Einvernehmen mit den Königl. Staatsministerien der Justiz und der Finanzen für veranlaßt, unter Bezugnahme auf die Euer Hochwohlgeboren mit Ministerialentschließung vom 29. Oktober 1899 erteilte Instruktion Nachstehendes zu bemerken:

1. Durch die Ziffer 4 der erwähnten Instruktion ist für diejenigen Hypothekenbanken, deren Pfandbriefen die

Mündelsicherheit verliehen wurde, eine Überschreitung der 50 prozentigen Beleihungsgrenze bis zu 60 Prozent ausnahmsweise und unter Zustimmung des Staatskommissärs für zulässig erklärt worden.

Im ganzen ist die Gestattung solcher Ausnahmen seitens der Hypothekenbanken seither nicht häufig beansprucht worden. Die Abweichung von der Regel der 50 prozentigen Beleihung wird den Banken zuweilen durch die Konkurrenzverhältnisse nahegelegt.

Bei jeder erheblichen Beleihung, namentlich städtischer Anwesen, besteht die Gefahr einer allmählichen Wertsverminderung infolge natürlicher Abnützung des Gebäudes usw., ohne daß eine adäquate Wertsteigerung durch die Hebung des Grundstückwertes, der Mietpreise usw. immer in sicherer Aussicht steht. Diese Gefahr erhöht sich im Hinblick auf die Sicherheit des Darlehens bei Beteiligungen über 50 Prozent, wird aber erheblich vermindert, wo nicht beseitigt, wenn die Mehrbeleihung in der Form der Annuitätendarlehen erfolgt.

Euer Hochwohlgeboren wollen daher bei Stellungnahme zu den Ausnahmegesuchen gedachter Art dahin wirken, daß, namentlich wenn es sich um größere Darlehen handelt, eine annuitätenweise Tilgung für so lange vereinbart wird, bis der geschuldete Betrag auf die normalmäßige Höhe von 50 Prozent des Wertes des Unterpfandes gesunken ist. Ein bezüglicher Vermerk wäre den Verzeichnissen, welche mit den Semestralberichten vorzulegen sind, beizufügen.

2. Einen verlässigen Anhaltspunkt dafür, ob die Wertschätzungen beliehener Objekte nicht nur für den Zeitpunkt der Beleihung, sondern auch für eine gewisse Dauer zutreffend waren, können die Kaufpreise derjenigen Anwesen liefern, welche seit der Beleihung durch

die Hypothekenbank ihre Eigentümer gewechselt haben. Für die Aufsichtsbehörde ist es von Interesse, in dieser Beziehung näheren Einblick zu erhalten. Zu diesem Behufe wäre mit dem nächsten Halbjahrsberichte ein Verzeichnis derjenigen seit 1. Januar 1900 von der Ihrer Aufsicht unterstehenden Bank beliehenen Objekte, welche inzwischen in andere Hände übergegangen sind, mit Angabe des ersten Schätzungswertes, der Beleihung und des vom neuen Erwerber angelegten Kaufpreises vorzulegen und den künftigen Berichten jeweils ein entsprechender Nachtrag beizufügen.

3. Die Hypothekenbanken sind nicht selten genötigt, zur Sicherung ihrer Forderungen die beliehenen Objekte dem Subhastationsverfahren zu unterstellen oder an Subhastationen, die von dritter Seite beantragt werden, sich zu beteiligen. Es ist wünschenswert, daß in den Jahresberichten der Hypothekenbanken diese Fälle in tunlichster Spezialisierung zum Ausdruck kommen (cfr. § 2 des Hypothekenbankgesetzes). Insbesondere sollen die von den Banken selbst zur Sicherung ihrer Forderungen erworbenen Objekte nicht nur summarisch der Zahl nach, sondern auch einzeln nach den hierbei engagierten Beträgen aufgeführt werden. Sowohl bei den Subhastationen überhaupt wie bei den von der Bank übernommenen Objekten soll eine Ausscheidung nach städtischen und ländlichen (landwirtschaftlichen), soweit möglich, stattfinden.

4. Häufig endigt die Zwangsversteigerung eines von der Hypothekenbank beliehenen Objektes damit, daß das Guthaben der Bank nicht zurückgezahlt wird, sondern auf dem von dritter Seite ersteigerten Objekt ruhen bleibt, also nur die Person des Schuldners der Hypothekenbank wechselt. Dieser Vorgang ist insolange unerheblich, als

der Erwerbspreis des Objektes noch mindestens das Doppelte des auf dem Objekte belassenen Darlehns bzw. bei Amortisationsdarlehen Darlehnsrestes beträgt. Wird aber das Grundstück, was die Regel sein wird, zu einem geringeren Betrag eingesteigert, so ist in diesem Fall, sofern der geringere Erlös in einer Wertsminderung des Grundstücks seinen Grund hat, die erforderliche mündelmäßige Sicherheit für das Darlehn, streng genommen, nicht mehr vorhanden.

Bei einer allmählichen Häufung solcher Fälle ist dies Verhältnis geeignet, die Sicherheit der Pfandbriefe, welche auf die Darlehen der Bank fundiert sind, zu beeinträchtigen, und es werden deshalb solche Hypothekendarlehen in dem Verzeichnis der zur Deckung der Pfandbriefe dienenden Hypotheken nur mit einem dem verminderten Werte entsprechenden Betrag belassen werden können.

5. In Ziffer 5 letzter Absatz der Instruktion vom 29. Oktober 1899 ist den Königl. Staatskommissären aufgetragen, über alle Fälle, in welchen der Staatskommissär eine von der Bank erfolgte Beleihung beanstandet hat und die Beleihung infolgedessen unterblieben ist, jeweils an das Königl. Staatsministerium des Innern Bericht zu erstatten. — Neben diesen Fällen besteht für die Aufsichtsbehörde auch ein Interesse, über diejenigen Fälle in Kenntnis gesetzt zu werden, in welchen eine Beleihung sich deshalb zerschlagen hat, weil seitens einer anderen — bayerischen oder außerbayerischen — Hypothekenbank oder einer anderen, ihre Gelder regelmäßig auf Hypotheken ausleihenden Anstalt (Sparkasse, Versicherungsanstalt usw.) ein höheres Darlehen bewilligt worden ist.

6. Seitens des Königl. Staatskommissärs ist die Frage angeregt worden, in welcher Weise der Vollzug des § 28 Ziff. 1 des Hypothekenbankgesetzes in dem Fall zu be-

tätigen sei, wenn auf ein Anwesen hintereinander mehrere Darlehen gegeben werden, die in ihrer Gesamtheit einen Betrag ergeben, welcher in eine höhere Stufe gehört als die einzelnen Darlehen.

In solchen Fällen werden, um den Zweck der gesetzlichen Bestimmung zu erfüllen, die auf ein Objekt hintereinander gegebenen Darlehen zusammenzurechnen und in der hiernach sich ergebenden Stufe vorzutragen sein, also z. B. zwei Darlehen zu 80 000 M. und 30 000 M., die auf dasselbe Haus geliehen werden, nicht in der 1. Stufe (bis 100 000 M.), sondern als ein Darlehen in der 2. Stufe (100 000—200 000 M.), unbeschadet einer besonderen Aufzählung nach § 28 Ziff. 2 des Hypothekenbankgesetzes, falls die auf ein Anwesen nacheinander gegebenen Darlehen teils gewöhnliche, teils Amortisationsdarlehen sind.

7. Weiter ist die Frage angeregt worden, wie es mit den Hypothekenpfandbriefen zu halten sei, welche an die Hypothekenbank zurückfließen.

Diese Frage findet im Hinblick auf die Bestimmung in § 6 Abs. 1 des Hypothekenbankgesetzes ihre Beantwortung dahin, daß in dem Besitz der Bank unter keinen Umständen ein größerer Betrag von Pfandbriefen sich befinden kann und darf, als zuzüglich der bereits im Verkehre befindlichen Pfandbriefe durch die im Hypothekenregister eingetragenen Hypotheken ihre Deckung findet.

Will die Bank an Stelle der zurückerworbenen Pfandbriefe höher verzinsliche ausgeben, so muß, sofern nicht auch für diesen weiteren Betrag bereits Deckung vorhanden ist, nach § 6 Abs. 4 des Hypothekenbankgesetzes verfahren werden. Hierbei kann ein dem Betrag der neu auszugebenden Pfandbriefe dem Treuhänder zur Verwahrung übergeben werden. Sollte der Treuhänder in der

Lage sein, solche ihm zur Verwahrung übergebene Pfandbriefe wieder herauszugeben, so macht es hinsichtlich der nach § 30 Abs. 3 des Hypothekenbankgesetzes erforderlichen Bestätigung einen Unterschied, ob die betreffenden Pfandbriefe bereits die Unterschrift des Treuhänders tragen oder nicht.

Im ersteren Fall ist eine Wiederholung der Bestätigung des Treuhänders nicht erforderlich; im letzteren Falle müssen die Pfandbriefe gleich neu auszugebenden Pfandbriefen behandelt, d. h. mit der Unterschrift des Treuhänders versehen werden.

Sollte in dieser Weise nicht schon bisher verfahren worden sein, so ist nachträglich im Sinne vorstehender Anordnung zu verfahren.

8. Wiederholt ist es der Aufsichtsbehörde als ein Übelstand bezeichnet worden, daß die Konkurrenz auf dem Pfandbriefmarkte die einzelnen Hypothekenbanken zwinge, den Privatbankiers für den Absatz ihrer Pfandbriefe steigende Bonifikationen zu bewilligen.

Es läge wohl im eigenen Interesse der bayerischen Hypothekenbanken, über die Höhe der zu bewilligenden Bonifikationen sich zu verständigen, und werden Euer Hochwohlgeboren veranlaßt, dies gelegentlich bei der Ihrer Aufsicht unterstehenden Bank zur Sprache zu bringen.

Vorerst wollen Sie im nächsten Semestralbericht konstatieren, wie hoch sich die von der Bank bewilligte Bonifikation in Pfennigen pro 100 M. im abgelaufenen Jahr gestellt hat und welche sonstigen Vorteile den für den Absatz der Pfandbriefe tätigen Agenten und Privatbankiers etwa gewährt wurden.

Gegen eine Mitteilung vorstehender Entschließungen an die einschlägige Hypothekenbank in gleicher Weise, wie dies hinsichtlich der Instruktion vom 29. Oktober 1899 geschehen ist, besteht keine Erinnerung.

Schließlich wird bemerkt, daß Ziffer 1 der gegenwärtigen Entschließung, welche sich an Ziffer 4 der Instruktion vom 29. Oktober 1899 anschließt, zunächst auf diejenigen Banken, deren Pfandbriefen Mündelsicherheit zuerkannt wurde, Bezug hat, daß jedoch eine entsprechende Empfehlung des dort ausgesprochenen Grundsatzes auch bei Belehnungen der bayerischen Bodenkreditanstalt, welche sich an der Grenze der zulässigen Beleihungsgröße bewegen, angezeigt ist.

IX. Verfügung an die Staatskommissäre betreffend Nachhypotheken.

Vom 1. März 1901.

Wie in der Ministerialentschließung vom 13. Mai v. J. mitgeteilt wurde, ist die Frage angeregt worden, ob die Hypothekenbanken befugt sind, neben den zur Deckung der Hypothekenpfandbriefe bestimmten Hypotheken, welche den Erfordernissen des Hypothekenbankgesetzes und bzw. den zur Erlangung der Mündelsicherheit eingegangenen Verpflichtungen (Beleihung bis höchstens 50 Prozent bzw. 60 Prozent des Wertes) genügen, noch weitere Darlehen (Nachhypotheken), welche außerhalb der Beleihungsgrenze sich bewegen, aber zur Deckung der Pfandbriefe nicht dienen sollen, zu gewähren.

Nach den eingezogenen Erkundigungen ist zwar die Gewährung derartiger Nachhypotheken nur bei einzelnen Hypothekenbanken und auch bei diesen nur in sehr beschränktem Umfange bisher üblich gewesen. Trotzdem ist es angezeigt, zu der aufgeworfenen Frage speziell Stellung zu nehmen.

In dieser Beziehung wird im Einverständnis mit den Königl. Staatsministerien der Justiz und der Finanzen folgendes bemerkt:

Es mag dahingestellt bleiben, ob auf Grund des Hypothekenbankgesetzes den Hypothekenbanken, insbesondere den gemischten Banken, die Gewährung von Hypothekarkredit über die gesetzliche Wertgrenze hinaus, sofern solche Hypotheken nicht als Deckungshypotheken verwendet werden, untersagt werden könnte. Es kann hier betont werden, daß die Vorschrift des § 11 des Hypothekenbankgesetzes, wonach die Beleihung in der Regel nur zur ersten Stelle zulässig ist, keine absolute ist, sondern gemäß § 10 l. c. nur für diejenigen Hypotheken Anwendung findet, für welche Deckung für Hypothekenpfandbriefe benützt werden, wenn auch andererseits die Gewährung von Nachhypotheken wohl nicht dem Geist des Hypothekenbankgesetzes entspricht.

Jedenfalls ist jedoch den bayerischen Hypothekenbanken die Gewährung solcher Zusatzdarlehen nicht gestattet, und zwar aus nachstehenden Gründen:

Durch die Entschließung des Königl. Staatsministeriums der Justiz vom 10. August 1899 ist denjenigen bayerischen Hypothekenbanken, welchen die Verleihung der Mündelsicherheit für ihre Pfandbriefe in Aussicht gestellt wurde, die Auflage gemacht worden, in der Regel landwirtschaftliche und städtische Grundstücke nur bis zur Hälfte des Wertes zu beleihen und auf landwirtschaftliche Grundstücke nur Amortisationsdarlehen zu geben. Diese Auflage lautet ganz allgemein und ist mit gutem Grunde nicht auf Hypotheken beschränkt, die zur Deckung der Pfandbriefe bestimmt sind. Hiernach ist die Gewährung sog. Zusatzdarlehen auf Nachhypothek nach Pfandbriefdarlehen und außerhalb der vorgeschriebenen Beleihungsgrenze denjenigen bayerischen Hypothekenbanken, deren Pfandbriefe die Mündelsicherheit genießen, schon nach den Bedingungen untersagt, unter welchen die Mündelsicherheit erteilt ist.

Nachdem diese Bestimmungen, einer weiteren Auflage entsprechend, in die Statuten aller bayerischen Hypothekenbanken — auch der Würzburger Bodenkreditanstalt — oder doch wenigstens in die auf Grund der Statuten erlassenen Darlehensbedingungen aufgenommen worden sind, so ist die Erteilung solcher Zusatzdarlehen auch nach den Bankstatuten unzulässig.

X. Verfügung an die Bayerische Hypotheken- und Wechselbank betreffend Nachhypotheken.

Vom 22. Juli 1901.

Die Direktion der Bayerischen Hypotheken- und Wechselbank hat mit Eingabe vom 13. März d. J. gegen die Ministerialentschließung vom 1. dess. Monats, in welcher zu der Frage der sog. Nachhypotheken Stellung genommen worden ist, Vorstellung erhoben und die Bitte gestellt, die Königl. Staatsregierung wolle Anordnung treffen, daß der Bayerischen Hypotheken- und Wechselbank der Besitz administrativer Zuständigkeiten, wie er nach ihrer Auffassung aus § 31 Abs. 2 des Statuts und § 3 Abs. 2 des Reglements sich ergibt, ungeschmälert erhalten bleibe.

Die beteiligten Königl. Staatsministerien haben aus Anlaß dieser Eingabe die vorliegende Frage einer nochmaligen eingehenden Erwägung unterstellt, konnten jedoch zu einer Änderung des Standpunkts, wie er in der Ministerialentschließung vom 1. März zum Ausdruck gelangt ist, sich nicht entschließen. Dieser Standpunkt entspricht dem Grundsatz, den die Königl. Staatsregierung bei Handhabung ihres Aufsichtsrechtes auf den Geschäftsbetrieb der Hypothekenbanken, insbesondere der mündelsicheren, unbedingt festhalten zu sollen glaubt, daß nämlich die Hypothekenbanken im Hypothekengeschäfte andere als dem Hypothekenbankgesetz entsprechende Geschäfte nicht machen, andere als hypothekengesetzmäßige Darlehen nicht gewähren sollen.

Diesem Grundsatz, aus dem sich allerdings die Unzulässigkeit von Darlehnshypotheken aus anderen als aus Pfandbrieffonds ergibt, widerspricht keineswegs, wie die Eingabe der Bank darzulegen sucht, die Ministerialentschließung vom 8. November 1899. Wenn diese Entschließung die Bayerische Hypotheken- und Wechselbank in deren Interesse darauf aufmerksam machte, daß die Fassung des § 31 des Statutenentwurfs ihre Bewegungsfreiheit allzusehr beschränke, so hatte die Entschließung nicht das Hypothekengeschäft, sondern nur diejenigen Fälle von Hypothekenbestellungen im Auge, die nicht zur festen Kapitalanlage, sondern zur Sicherstellung der Bank im Kontokorrent- und sonstigen Bankverkehre bestimmt sind. Aber auch wenn die Entschließung eine andere Auffassung gestatten würde, so könnte die Befugnis der Königl. Staatsregierung, nunmehr eine andere Anordnung zu treffen, nicht in Zweifel gezogen werden. Eine Änderung des Statuts ist in keinem Falle geboten, da es sich nur darum handelt, das Verhalten des Aufsichtsrates bei der Ausübung der ihm durch das Statut eingeräumten Befugnis zu regeln.

Ein Verzicht auf die regelmäßige Gewährung von Hypothekendarlehen aus anderen als Pfandbrieffonds wird um so weniger eine Erschwerung des Geschäftsbetriebs der Hypothekenbanken bedeuten, als nach der eigenen Versicherung der Bayerischen Hypotheken- und Wechselbank von derartigen Geschäften bisher nur ein sehr geringer Gebrauch gemacht worden ist.

. . . . .

XI. Verfügung an die Staatskommissäre (Instruktion).

Vom 31. Juli 1901.

Von Seite einzelner Hypothekenbanken sind gegen die Ausführungen und bzw. Anweisungen, welche in der Ministerialentschließung vom 14. Februar d. J. Nr. 3641 enthalten sind, in einigen Punkten Gegenvorstellungen erhoben worden, welche das Königl. Staatsministerium des Innern veranlassen, im Einverständnis mit den Königl. Staatsministerien der Justiz und der Finanzen nachstehendes zu bemerken:

ad 1. der Ministerialentschließung vom 14. Februar: Der Auftrag, bei Gewährung größerer, die Beleihungsgrenze von 50 Prozent übersteigender Darlehen dahin zu wirken, daß für den überschießenden Betrag annuitätenweise Tilgung vereinbart werde, ist selbstverständlich nach Lage des einzelnen Falles zu vollziehen. Wenn die Vereinbarung einer teilweisen Annuitätentilgung Schwierigkeiten macht und die Mehrbelehnung die Norm von 50 Prozent nur um wenige Prozente übersteigt, wird von der gedachten Forderung abgesehen werden können; dagegen wird sie regelmäßig am Platze sein, wenn die Mehrbeleihung 10 Prozent sich nähert.

ad 2. Der erhobene Einwand, daß die Erwerbspreise beliehener Anwesen nicht in allen Fällen zuverlässige Anhaltspunkte für die Beurteilung der Richtigkeit der Schätzungen bieten, ist an sich nicht zu verwerfen, indessen ist eine entgegenstehende allgemeine Behauptung in der

Ministerialentschließung auch nicht aufgestellt. Im allgemeinen wird die Annahme, daß die Verkaufspreise beliehener Anwesen eine Probe auf die Richtigkeit der Schätzung und bzw. Belehnung zulassen, zutreffen, und ist daher ein Anlaß zur Abänderung der betreffenden Anordnung nicht gegeben.

ad 3. Gegen die Anordnung, daß die von den Banken selbst zur Sicherung ihrer Forderungen erworbenen Objekte nicht nur summarisch der Zahl nach, sondern auch einzeln nach den hierbei engagierten Beträgen in den Jahresberichten aufgeführt werden sollen, ist das Bedenken erhoben worden, daß eine derartige öffentliche Kundgabe der einzelnen Buchwerte die Bank in die Unmöglichkeit versetzt, einen besseren Kaufpreis zu erzielen.

Da die betreffenden Objekte im Jahresberichte nicht näher nach Lage usw. bezeichnet werden, so scheint diese Befürchtung ziemlich fernzuliegen. Wird sie indes seitens der Banken geteilt, so besteht keine Erinnerung dagegen, daß die angeordneten Spezialnachweise nicht im gedruckten Jahresbericht, sondern in einer Mitteilung an den Staatskommissär gemacht werden.

ad 4. Den für Subhastationen beliehener Anwesen und Belassung der Darlehen nach der Subhastation getroffenen Anordnungen wurde entgegengehalten, daß das Ergebnis der Subhastation keinen Wertmaßstab darstelle. Dies ist, in solcher Allgemeinheit aufgestellt, ebensowenig richtig wie das Gegenteil. Wenn aber der geringere Erlös seinen Grund hat in einer Wertsminderung des Hypothekenobjekts — und nur auf diesen Fall bezieht sich die Ministerialentschließung —, so ist die Hypothek nicht mehr im ursprünglichen Betrage zur Bedeckung der Pfandbriefe geeignet. Wie die Bank selbst bei einer

Wertsminderung des Hypothekenobjekts vom Schuldner eine Ergänzung der Sicherheit verlangen wird und muß, so hat der Staatskommissär im angeführten Falle auf eine Ergänzung der Bedeckung zu bestehen.

Ob und inwieweit dies erforderlich ist, hat er im Einzelfalle nach pflichtgemäßem Ermessen zu beurteilen.

XII. Verfügung an die Süddeutsche Bodenkreditbank betreffend Vollzug des Hypothekenbankgesetzes.

Vom 24. Juni 1902.

Nach der Ministerialentschließung vom 29. Oktober 1899 dürfen die Staatskommissäre die Überschreitung der Beleihungsgrenze bis zu 60 Prozent des Wertes ausnahmsweise bewilligen, wenn entweder eine Wertsteigerung in Ansehung des Pfandgegenstandes mit großer Wahrscheinlichkeit zu erwarten ist oder wenn für den Betrag, um welchen die Beleihungsgrenze bis zu 60 Prozent überschritten werden soll, annuitätenweise Tilgung bedungen wird. Die beiden Voraussetzungen, von denen jede erwarten läßt, daß in Bälde die Beleihung auf die regelmäßige Grenze zurückgeführt wird, brauchen nicht, wie die Süddeutsche Bodenkreditbank anzunehmen scheint, zusammentreffen. In der Zulassung der zweiten Alternative liegt vielmehr ein weiteres Entgegenkommen der Königl. Staatsregierung gegenüber den Banken. Es liegt natürlich vollständig bei der Bank, ob sie von diesem Entgegenkommen Gebrauch machen oder ihre Anträge an den Staatskommissär auf die Fälle beschränken will, in denen die erste Alternative zutrifft.

XIII. Verfügung an die Staatskommissäre.

Vom 1. Juli 1904.

Durch Ministerialentschließung vom 29. Oktober 1899 sind die Königl. Staatskommissäre bei den Hypothekenbanken angewiesen worden, mit ihren Semestralberichten ein Verzeichnis sämtlicher in der Berichtsperiode erfolgten Beleihungen sowie ferner ein Verzeichnis der nach Ziff. 3 und 4 der Instruktion erteilten Ausnahmebewilligungen in Vorlage zu bringen.

Zur Prüfung der Verzeichnisse an sich wie zur Vergleichung der Verzeichnisse der verschiedenen Hypothekenbanken untereinander ist es wünschenswert, daß die Zahlen der erfolgten Beleihungen, die Ziffern der bewilligten Darlehen sowie die Zahlen der erfolgten Ausnahmebewilligungen summiert werden, wie dies von einzelnen Staatskommissären schon bisher geschehen ist. Hierbei wäre ferner sowohl bei den einzelnen nach Ziff. 4 der Instruktion, d. i. unter Überschreitung der normalen Beleihungsgrenze, erteilten Bewilligungen der Prozentsatz der Darlehen gegenüber dem Schätzungswert zu bemerken als auch dieser Prozentsatz für den Durchschnitt sämtlicher Ausnahmebewilligungen zu berechnen und hiernach anzugeben, welchen Bruchteil die mit Überschreitung der 50 prozentigen Grenze gewährten Darlehen gegenüber der Summe sämtlicher Darlehen ausmachen.

Durch Ministerialentschließung vom 14. Februar 1901 ist den Königl. Staatskommissären weiterhin die Vorlage eines Verzeichnisses aufgetragen worden, welches die von der Bank beliehenen und durch Kauf usw. in andere Hände übergegangenen Anwesen mit Angabe des bei dem Eigentumsübergang erzielten Kaufpreises entnehmen läßt. Auch bei diesem Verzeichnis wären die Summen der seinerzeit erhobenen Schätzungswerte, der dermaligen

Darlehensbeträge und der von den neuen Erwerbern angelegten Kaufpreise zu addieren, und wären die Prozentsätze, zu welchen unter Zugrundelegung des Kaufpreises die betreffenden Anwesen nunmehr belehnt erscheinen, sowohl für die einzelnen Anwesen wie für den Durchschnitt des Verzeichnisses zu vermerken.

Die Anfertigung der sämtlichen Verzeichnisse oder die Reinschrift der von dem Staatskommissär angelegten Verzeichnisse kann, selbstverständlich unter Kontrolle des Staatskommissärs, der Bank überlassen werden. Dagegen ist bei der Anfertigung der Semestralberichte selbst und bzw. deren Reinschrift eine Mitwirkung von Organen der Bank zu vermeiden, da eine solche Inanspruchnahme auf die Dauer die Freiheit der Kritik zu beeinträchtigen geeignet scheint.

XIV. Verfügung an die Staatskommissäre betreffend Mitteilung des Verkaufspreises von Grundstücken.

Vom 6. Dezember 1905.

Durch die Ministerialentschließung vom 14. Februar 1901 sind die Staatskommissäre bei den Hypothekenbanken u. a. beauftragt worden, mit den Halbjahrsberichten Verzeichnisse vorzulegen, die ersehen lassen, welche von der Bank beliehenen Anwesen im Wege der freiwilligen Veräußerung den Eigentümer gewechselt haben und welche Kaufpreise bei dem Eigentumsübergang erzielt wurden. Die Herstellung dieser Verzeichnisse ist mit dem Inkrafttreten des Gesetzes betreffend Änderung der Grundbuchordnung vom 14. Juli 1905 (RGBl. S. 707) erleichtert worden, weil seitdem die Hypothekenbanken von der Eintragung eines neuen Eigentümers in Ansehung der von ihnen beliehenen Grundstücke amtlich Mitteilung erhalten. Eine weitere Erleichterung, durch die zugleich die Verlässigkeit und der Wert der Verzeichnisse wesentlich erhöht werden dürfte, ist für Bayern durch die mit Bekanntmachung des Königl. Staatsministeriums der Justiz vom 2. November 1905 (JustMinBl. S. 829) verfügte Abänderung des § 56 der Dienstanweisung für die Grundbuchämter in den Landesteilen rechts des Rheins erfolgt. Nach der abgeänderten Dienstanweisung sind u. a. die Grundbuchämter beauftragt worden, mit der gesetzlich vorgeschriebenen Bekanntgabe der Eintragung des neuen Eigentümers auch die Mitteilung des Preises, zu dem das Grundstück veräußert wurde, zu verbinden. Wenn die ziffermäßige Angabe des Preises auf Grund der dem Grundbuchamte vorliegenden Urkunden nicht möglich ist, so soll der der Berechnung der Gebühr zugrunde gelegte Wert des Grundstücks in der Bekanntmachung mitgeteilt werden.

XV. Verfügung betreffend Vollzug des Hypothekenbankgesetzes.

Vom 26. Januar 1906.

Beim Vollzug der durch Ministerialentschließung vom 1. Juli 1904 Nr. 15301 erfolgten Anordnung haben sich einzelne Zweifel ergeben. Es fragt sich nämlich:

1. ob in das Verzeichnis der sämtlichen Beleihungen alle im abgelaufenen Semester bewilligten Darlehen aufzunehmen sind oder nur diejenigen, welche tatsächlich zum Vollzug gelangten;

2. ob in demselben Verzeichnis, wenn es sich um Erhöhungen von älteren, bereits bewilligten Darlehen handelt, nur das neue Darlehen oder das gesamte, erhöhte Darlehen vorzutragen ist;

3. ob es zulässig erscheint, daß im Verzeichnis der Ausnahmebewilligungen (II) jene Bewilligungen vorgetragen werden, welche mit den im Verzeichnis I aufgeführten Darlehen zusammenhängen, auch wenn die Überschreitung der 50prozentigen Beleihungsgrenze schon in einem früheren Semester bewilligt wurde;

4. ob in dem Verzeichnis der ermittelten Kaufpreise den Kaufpreisen auch die Beträge zugezählt werden können, welche in einzelnen Fällen die Käufer nach den Ermittlungen der Bankdirektion für die Erwerbung der betreffenden Objekte gezahlt haben oder sich anrechnen lassen müssen.

Um eine gleichmäßige Herstellung der Verzeichnisse und eine Vergleichung der jeweiligen Resultate zu ermöglichen, wird bemerkt, daß:

1. in das allgemeine Beleihungsverzeichnis nur diejenigen Darlehen aufzunehmen sein werden, welche tatsächlich zum Vollzug gelangt, dagegen diejenigen weggelassen werden können, welche von den Darlehenssuchern nicht akzeptiert wurden.

2. Erhöhungen bewilligter Darlehen nicht nur mit den Beträgen der Zusatzdarlehen, sondern mit den Beträgen der erhöhten Gesamtdarlehen vorzutragen sein werden, da nur auf diese Weise eine richtige Beurteilung der Gesamtbelehnung im Vergleich mit dem Schätzungswerte möglich ist.

Ferner sind die sub 3 und 4 gestellten Fragen zu bejahen. Zu den bei Frage 4 in Betracht kommenden, den Kaufpreisen zuzurechnenden Beträgen gehören z. B. diejenigen Beträge, welche nachweislich bezahlt, aber in den Notariatsurkunden z. B. wegen Kostenersparung nicht vorgetragen wurden.

Sachsen.

XVI. Sächsische Ministerialverordnung an die Kommissare der Hypothekenbanken.

Vom 28. Dezember 1899.

Nachdem die Obliegenheiten des Treuhänders bei den Hypothekenbanken den mit Überwachung der Pfandbriefausgabe bestellten Staatskommissaren übertragen worden sind — Hypothekenbankgesetz vom 13. Juli 1899 RGBl. S. 375 ff., § 22 Abs. 2 und §§ 29 ff. in Verbindung mit § 51 —, das Ministerium des Innern auch Stellvertreter für die Kommissarien ernannt hat, findet es als Aufsichtsbehörde der Hypothekenbanken zu verordnen was folgt:

1. Die von den Kommissaren namens des Ministeriums des Innern auszuübende Aufsicht ist auf den ganzen Geschäftsbetrieb der Banken zu erstrecken (§§ 3 ff. des Gesetzes).

2. Der Erlaß weiterer allgemeiner Anordnungen im Sinne von § 4 des Gesetzes und von Instruktionen für die Aufsichtsführung der Kommissare bleibt für den Bedarfsfall vorbehalten.

3. Die Anweisungen über die Wertermittlung (§ 13 des Gesetzes) und die Grundzüge der Bedingungen für die Hypothekendarlehen (§ 15) sind, mit den Gutachten der Kommissare versehen, vor Ablauf des Monats Januar 1900 zur Genehmigung vorzulegen.

Die Vereinbarung tunlichst einheitlicher Grundsätze mindestens zwischen der Leipziger Hypothekenbank und der Sächsischen Bodenkreditanstalt ist anzustreben.

4. Die in § 13 Abs. 2 und in § 15 Abs. 2 des Gesetzes vorgesehene Einreichung der unter Nr. 3 vorstehend bezeichneten Anweisungen und Grundzüge an Aufsichtsbehörden anderer Bundesstaaten hat durch Vermittlung des Ministeriums des Innern zu erfolgen.

Das gleiche gilt eintretendenfalls von den fremden Aufsichtsbehörden zu überreichenden Beleihungsverzeichnissen (§ 15 Abs. 3).

Die rechtzeitige Anzeigeerstattung wird von den Kommissaren überwacht.

5. Auf die Einrichtung und Führung der Hypothekenregister (§ 22) haben die Kommissare bzw. als Treuhänder ihr besonderes Augenmerk zu richten.

Ob im Falle der Beleihung außersächsischer Grundstücke es sich nicht empfiehlt, die Hypothekeneinträge innerhalb des Registers nach Bundesstaaten zu scheiden, möge erwogen werden.

6. Dem Ministerium des Innern sind die Geschäftsberichte der Hypothekenbanken alsbald nach Erscheinen in je drei Exemplaren vorzulegen. Überdies wollen die Kommissare im Januar jeden Jahres, erstmals im Jahre 1901, über ihre Tätigkeit als Kommissare und als Treuhänder sowie über die bei Wahrnehmung ihrer Obliegenheiten gemachten Beobachtungen berichten.

7. Sonderberichte sind insbesondere zu erstatten

a) bei Satzungsänderungen und bei Veränderung des Aktienkapitals,

b) bei wahrgenommenen Übertretungen des Hypothekenbankgesetzes und — bezüglich der Leipziger Hypothekenbank und der Sächsischen Bodenkreditanstalt — der Sondervorschriften, betreffend die Anlegung von Mündelgeldern,

c) bei Errichtung von Zweiganstalten und bei Ausdehnung des Betriebes auf andere Bundesstaaten (§ 15 Abs. 2),

d) bei Gewährung von Kommunaldarlehen (§ 41) und von Darlehen an Kleinbahnunternehmungen (§ 42),

e) bei Einreichung der beglaubigten Abschriften der Hypothekenregister (§ 22),

f) bei Erweiterung des Geschäftsbetriebes einer Hypothekenbank nach Maßgabe von § 46 Abs. 2 und

g) beim Eintritt ungewöhnlich schwerer Verluste der Banken.

XVII. Sächsische Ministerialverordnung an die Pfandbriefanstalten.

Vom 20. Dezember 1905.

Zur Erleichterung des Aufsichtsdienstes über die Hypothekenbanken und sonstigen Pfandbriefanstalten, zugleich um diesen Anstalten selbst Unterlagen für die Nachprüfung der Schätzungen beliehener Grundstücke zu verschaffen, gedenkt das Justizministerium im diesseitigen Einverständnis demnächst anzuordnen, daß diesen Banken und Anstalten bei der Bekanntgabe des Eintrags neuer Eigentümer der zu ihren Gunsten belasteten Grundstücke im Falle freiwilliger Veräußerung zugleich die der Gebührenberechnung beim Besitzübergange zugrunde gelegten Grundstückswerte, ohne Kostenansatz für diese ergänzenden Angaben, von den Gerichten mitgeteilt werden. Eine Mitteilung der im Zwangsversteigerungsverfahren erzielten Erlöse anzuordnen, hat dagegen das Justizministerium Bedenken getragen, weil der Betrag solcher Erlöse in den meisten Fällen von zufälligen Umständen stark beeinflußt wird und deshalb ohne nähere Erläuterung keine zuverlässige Unterlage für die Ermittelung der wirklichen Grundstückswerte oder für die Nachprüfung von Schätzungen bieten kann.

An die Grundbuchämter anderer Bundesstaaten sind ähnliche Verfügungen ergangen oder zu erwarten.

Preußischerseits ist bereits darauf hingewiesen worden, daß diese Mitteilungen an außerpreußische Hypothekenbanken ebenso erfolgen würden wie an preußische.

Das Ministerium des Innern teilt die bei Vorlage der Änderung von § 55 der Grundbuchordnung im Reichstage geltend gemachte Ansicht, daß die bei der freiwilligen Veräußerung beliehener Grundstücke erzielten Preise für die Kontrolle der Taxen der Hypothekenbanken von wesentlicher Bedeutung sind. Die Bekanntgabe dieser Preise an die Hypothekenanstalten ist deshalb von hier aus angelegentlich befürwortet worden.

De........ wird nun aufgegeben, innerhalb des ersten Monats eines jeden Kalenderjahres künftig eine Zusammenstellung der ih . . bekannt gewordenen Besitzwechsel selbst beliehener Grundstücke aus dem letztverflossenen Halbjahre dem Ministerium des Innern einzureichen, in welcher neben den Namen der Käufer die ermittelten letzten Kaufpreise vermerkt und die bei Bewilligung der Hypothekendarlehen angenommenen Beleihungswerte gegenüber gestellt, auch — soweit dies de........ bekannt ist — Angaben über die Art des letzten Besitzwechsels (freiwillige Veräußerung unter Fremden, unter Verwandten, Erbgang, Zwangsversteigerung u. a.) beigefügt sind.

Zur Erzielung tunlichster Einheitlichkeit und Vergleichbarkeit dieser mit dem Jahre 1906 beginnenden Anschreibungen möge zunächst, bis zum 15. Februar 1906, der Entwurf eines Formulars vorgelegt werden, damit solches tunlichst bis zum 1. März nächsten Jahres, mit Genehmigungsvermerk versehen, zurückgegeben und danach mit Anlage und Führung der Verzeichnisse begonnen werden kann.

Sachregister.

(Zahlen ohne Zusatz bezeichnen Paragraphen des Hypothekenbankgesetzes.)

A.

E.

G.

H.

J.

K.

L.

M.

N.

T.

U.

V.

W.

Z.

Gedruckt bei A. W. Hayn's Erben, Potsdam.

Nachweis wichtiger Gesetzesausgaben

mit und ohne Erläuterungen, größere u. kleinere Kommentare, Lehrbücher, Sammelwerke, Entscheidungssammlungen, Zeitschriften

Zusammengestellt vom Verlage

Herbst 1929

WALTER DE GRUYTER & CO., BERLIN W 10
GENTHINER STRASSE 38

Inhaltsübersicht

I. Allgemeine Sammelwerke

Rechtsgeschichte, Rechtsphilosophie

Handwörterbuch der Rechtswissenschaft. Unter Mitberatung von Reichsgerichtspräsident Dr. E. Bumke, L. Busch, Oberreichsanwalt Dr. L. Ebermayer, Geh. Justizrat Professor Dr. Fr. Endemann, Geh. Justizrat Professor Dr. E. Heymann, Senatspräsident am Reichsgericht Dr. O. Strecker, Präsident des Bayrischen Obersten Landesgerichts Staatsrat Dr. K. v. Unzner herausgegeben von Dr. jur. **Fritz Stier-Somlo,** o. Professor an der Universität Köln, und Dr. jur **Alex. Elster,** Berlin. 6 Bände. Lexikon-Oktav. 1926/29.
In Halbleder geb. RM. 304.—

„Es zeigt sich doch jetzt immer mehr, daß Ihr Handwörterbuch ein ganz großer Wurf war. Wie ich höre, wird es auch in der Praxis in steigendem Maße benutzt." Professor Dr. Nipperdey, Köln.

Hedemann, J. W., **Einführung in die Rechtswissenschaft.** Zweite, erweiterte und umgestaltete Auflage. Oktav. XXII, 566 Seiten. 1927. (Lehrbücher und Grundrisse der Rechtswissenschaft Bd. IX.)
RM. 14.—, geb. RM. 16.—

„. . . Das Buch Hedemanns, welches die Aufgabe einer Einführung am reichsten und umfassendsten auffaßt und löst . . ."
Juristische Wochenschrift.

Sternberg, Theodor, **Einführung in die Rechtswissenschaft.**

I. Teil: Methoden- und Quellenlehre. Zweite, neugestaltete Auflage. Verbesserter Neudruck. 190 Seiten. 1927. (Sammlung Göschen Bd. 169.)
Geb. RM. 1.50

II. Teil: Das Rechtssystem. Erste Hälfte: Grundbegriffe und Privatrecht. Zweite, vermehrte Auflage. 133 Seiten. 1922. (Sammlung Göschen Bd. 170.) . . . . Geb. RM. 1.50

Eine in ihrer Knappheit ganz ausgezeichnete Darstellung der juristischen Begriffe und Probleme.

Schröder, R., und von **Künßberg,** E., **Lehrbuch der deutschen Rechtsgeschichte.** Sechste, verbesserte Auflage. Groß-Oktav. Mit einer Abbildung im Text, fünf Tafeln und einem Bildnis. 1124 Seiten. 1922.
RM. 26.—, in Halbleder geb. RM. 30.—

Dieses bekannte Lehrbuch hat sich seit langen Jahren bestens bewährt.

Fehr, Hans, **Deutsche Rechtsgeschichte.** Zweite, verbesserte und ergänzte Auflage. Oktav. 416 Seiten. 1925. (Lehrbücher und Grundrisse der Rechtswissenschaft Bd. X.) RM. 13.—, geb. RM. 14.50

Das Buch gibt eine plastische Darstellung der deutschen Rechtsgeschichte, die eine Anhäufung von Stoff ausdrücklich vermeidet, vielmehr das Schwergewicht auf eine mehr ideengeschichtliche Behandlung des Gegenstandes legt.

Schröder, Richard, und **Glitsch,** Heinrich, **Deutsche Rechtsgeschichte.** Zweite Auflage. Neudruck.

I. Bis zum Ende des Mittelalters. 160 Seiten. 1929. (Sammlung Göschen Bd. 621.) . . . . Geb. RM. 1.50

II. Die Neuzeit. 90 Seiten. 1929. (Sammlung Göschen Bd. 664.)
Geb. RM. 1.50

Eine gemeinverständliche kurze Darstellung der deutschen Rechtsgeschichte.

Endemann, Friedrich, **Grundriß des römischen Privatrechts.** Oktav. X, 256 und 30 Seiten. 1925. (Lehrbücher und Grundrisse der Rechtswissenschaft Bd. XII.) . . . . RM. 9.—, geb. RM. 10.50

„. . . ein nach jeder Richtung hochstehendes Werk."

Der junge Rechtsgelehrte.

Stammler, Rudolf. **Aufgaben aus dem römischen Recht.** Der „Institutionenübungen für Anfänger" vierte Auflage. Oktav. IV, 92 Seiten. 1919. Mit Figuren im Text . . . . Geb. RM. 5.—

Zum selbständigen Einarbeiten in das System des römischen Privatrechts.

II. Bürgerliches Recht

1. Bürgerliches Gesetzbuch

Lehmann, Heinrich, **Allgemeiner Teil des Bürgerlichen Gesetzbuches.** Dritte, vermehrte und verbesserte Auflage (9. bis 12. Tausend). Oktav. XIV, 439 Seiten. 1928. (Lehrbücher und Grundrisse der Rechtswissenschaft Bd. I.) . . . . RM. 12.—, geb. RM. 13.50

„Es liegt ein großer pädagogischer Wert in diesem Buch. Es wird sich unter den Studenten rasch großer Beliebtheit erfreuen."

Das Recht.

Leonhard, R., **Der Allgemeine Teil des Bürgerlichen Gesetzbuches** in seinem Einflusse auf die Fortentwicklung der Rechtswissenschaft. Groß-Oktav. XVI, 537 Seiten. 1900. (Recht des Bürgerlichen Gesetzbuches in Einzeldarstellungen Nr. X.) . . . . RM. 10.—

Die Sammlung „Recht des Bürgerlichen Gesetzbuches" umfaßt systematische Darstellungen des BGB. aus der Feder erster Juristen der Wissenschaft und Praxis.

Oertmann, Paul, **Allgemeiner Teil des Bürgerlichen Gesetzbuches.**
I. Einleitung. Lehre von den Personen und von den Sachen. Dritte, verbesserte Auflage. 136 Seiten. 1926. (Sammlung Göschen Bd. 447.) Geb. RM. 1.50
II. Erwerb und Verlust, Geltendmachung und Schutz der Rechte. Dritte, verbesserte Auflage. 147 Seiten. 1928. (Sammlung Göschen Bd. 448.) . . . . Geb. RM. 1.50

Nach der die Vorgeschichte des BGB. und einzelne für seine Bedeutung und Anwendung wichtige Hauptfragen behandelnden Einleitung bespricht der Verfasser die Lehre von den Personen und von den Sachen. Er verarbeitet den Inhalt der einzelnen Gesetzesparagraphen wissenschaftlich und erörtert dabei auch mehrfach Fragen, die im BGB. selbst nicht geregelt, höchstens gestreift werden.

Plancks Kommentar zum Bürgerlichen Gesetzbuch nebst Einführungsgesetz. Bisher herausgegeben von E. Strohal. Bearbeitet von E. Brodmann, L. Busch, J. Ebbecke, F. Flad, M. Greiff, K. Gunkel, P. Knoke, M. Landois, A. Lobe, Fr. Oegg, H. Siber, O. Strecker, K. von Unzner. Vierte, völlig neubearbeitete Auflage. Lexikon-Oktav. Bisher sind erschienen:
I. Band: Allgemeiner Teil. 606 Seiten. 1913. RM. 15.—, geb. RM. 17.—
II. Band, 1. Hälfte: Recht der Schuldverhältnisse. (Allgemeiner Teil.) 640 Seiten. 1914 . . . . RM. 15.—, geb. RM. 17.—
II. Band, 2. Hälfte; Recht der Schuldverhältnisse. (Besonderer Teil.) 1296 Seiten. 1928 . . . . RM. 49.—, geb. RM. 52.—
III. Band: Sachenrecht. 1464 Seiten. 1920. RM. 30.—, geb. RM. 33.—
IV. Band: Familienrecht. 1. Hälfte §§ 1297—1588. 701 Seiten. 1928. RM. 26.—, geb. RM. 28.—

V. Band: Erbrecht.
Erste Lieferung: §§ 1922—1984. 192 Seiten. 1924 . . RM. 6.—
Zweite Lieferung: §§ 1985—2063. 160 Seiten. 1926 . . RM. 7.—

„Für jeden Praktiker, der tiefer in den Rechtsstoff eindringen muß, um die zur Entscheidung stehende Frage zu prüfen, ist Plancks Kommentar immer ein zuverlässiger Ratgeber und seine Erläuterung und Meinung von hohem Wert und Gewicht, stets sorgfältiger Beachtung wert.“ Zentralblatt für freiwillige Gerichtsbarkeit.

Das Bürgerliche Gesetzbuch mit besonderer Berücksichtigung der Rechtsprechung des Reichsgerichts. Erläutert von Dr. Busch, Erler, Dr. Lobe, Michaelis, Oegg, Schliewen und Seyffarth, Reichsgerichtsräten und Senatspräsidenten am Reichsgericht. Sechste, neubearbeitete Auflage. 5 Bände. §§ 1—2385. Lexikon-Oktav. 3182 Seiten. 1928 . . . . RM. 125.—, in Halbleder geb. RM. 150.—
I. Band: Allgemeiner Teil. Recht der Schuldverhältnisse I. (Allgemeiner Teil.) — II. Band: Recht der Schuldverhältnisse II. (Einzelne Schuldverhältnisse.) — III. Band: Sachenrecht. — IV. Band: Familienrecht. — V. Band: Erbrecht. Alphabetisches Sachverzeichnis.

(Das Werk wird nur komplett abgegeben.)

„Eine neue Auflage dieses für die Praxis wertvollsten Kommentars ist ein Ereignis für die Juristenwelt.“ Blätter für Rechtspflege im Bezirk des Kammergerichts.

Achilles-Greiff, Bürgerliches Gesetzbuch nebst Einführungsgesetz. In Verbindung mit André, Meyer, Strecker, v. Unzner. Zwölfte, vermehrte und verbesserte Auflage, mit Erläuterungen der Verordnung über das Erbbaurecht, des Gesetzes über die religiöse Kindererziehung und des Gesetzes für Jugendwohlfahrt. Groß-Oktav. XVI, 1247 Seiten. 1927. (Guttentagsche Sammlung Deutscher Reichsgesetze Bd. 38/39.) . . . . Geb. RM. 24.—

„Das ausgezeichnete Buch, das einer weiteren Empfehlung kaum bedarf, wird seine führende Stellung unter den Handausgaben ohne Zweifel behaupten.“ Juristische Rundschau.

Bürgerliches Gesetzbuch nebst Einführungsgesetz. Vom 18. August 1896 mit Berücksichtigung der bis zum 1. Januar 1928 ergangenen Abänderungen. Textausgabe mit ausführlichem Sachregister. Sechzehnte Auflage. (61. bis 66. Tausend). Taschenformat. 758 Seiten. 1928. (Guttentagsche Sammlung von Textausgaben ohne Anmerkungen mit Sachregister.) . . . . Geb. RM. 5.—

Die vorliegende Ausgabe zeichnet sich durch Vollständigkeit und besondere Ausführlichkeit des Sachregisters aus.

Siméon, P., **Preußisches Ausführungsgesetz** zum Bürgerlichen Gesetzbuch. Dritte Auflage. Taschenformat. 199 Seiten. 1914. (Guttentagsche Sammlung Preußischer Gesetze Bd. 23.) . . . . Geb. RM. 2.20

„Die Ausgabe beschränkt sich darauf, die einzelnen Vorschriften in sich zu erläutern und ihren Zusammenhang mit dem neuen Reichsrecht wie dem früheren Landesrecht kurz klarzulegen. Das Werkchen wird sich zahlreiche Freunde erwerben.“ Zeitschrift für Deutsche Justizsekretäre.

v. Schwerin, Cl., Frhr., **Grundzüge des deutschen Privatrechts.** Zweite Auflage. Oktav. XII, 342 Seiten. 1928. (Lehrbücher und Grundrisse der Rechtswissenschaft Bd. XIII.) RM. 9.50, geb. RM. 11.—

„Was dem Studenten not tut, ist ein kurzgefaßtes Handbuch. ... Ein ausgezeichnetes Hilfsmittel dieser Art ist das vorliegende Buch.“ Zeitschrift für Rechtspflege in Bayern.

Wegner, Arthur, **Jugendrecht.** Ein Lehrbuch zur Einführung. Oktav. IX, 219 Seiten. 1929 . . . . RM. 6.—, geb. RM. 7.50

„Ein gleichartiges und gleichwertiges Werk über das Jugendgericht gibt es noch nicht.“ *Breslauer Zeitung.*

Schuldverhältnisse insbesondere

Hedemann, Justus Wilh., **Schuldrecht des Bürgerlichen Gesetzbuches.** Oktav. Zweite Auflage in Bearbeitung. (Lehrbücher und Grundrisse der Rechtswissenschaft Bd. II.)

„Die Schrift bietet die beste mir bekannte Einführung in das schwierige Recht der Schuldverhältnisse.“ *Staats- und Selbstverwaltung.*

Oertmann, Paul, **Schuldrecht.** (BGB. II.)
I. Allgemeine Lehren. Dritte, verbesserte Auflage. 142 Seiten. 1927. (Sammlung Göschen Bd. 323.) . . . . . . Geb. RM. 1.50
II. Die einzelnen Schuldverhältnisse. Dritte, verbesserte Auflage. 159 Seiten. 1929. (Sammlung Göschen Bd. 324.) . . . Geb. RM. 1.50

„In knapper Form und gemeinverständlicher Ausdrucksweise ist ein vorzüglicher Überblick über den Stoff gegeben.“
Leipziger Zeitschrift für deutsches Recht.

Meyer, Georg, **Das Recht der Beschlagnahme von Lohn- und Gehaltsforderungen.** Sechste Auflage. Taschenformat. 1927. Mit Nachtrag 1928. (Guttentagsche Sammlung Deutscher Reichsgesetze Bd. 55.) Geb. RM. 4.50

„Das Buch ist in flüssiger, übersichtlicher Form geschrieben und schöpft aus der Praxis für die Praxis; ein Handbuch nicht nur für den Juristen, sondern ebenso für das kaufmännische Büro, die Fabrik und das Handelsgeschäft.“ *Württembg. Wirtschafts-Zeitung.*

Seligsohn, Franz, **Haftpflichtgesetz.** Groß-Oktav. 349 Seiten. 1920. RM. 8.—, geb. RM. 9.50

„Das reiche Material hat der Verfasser mit logischer Schärfe und in knapper Form bearbeitet und damit ein mustergültiges Werk geschaffen, das für die meist veralteten Kommentare zum Reichshaftpflichtgesetz einen wertvollen Ersatz bietet.“
Blätter für Rechtspflege im Bezirk des Kammergerichts.

Krieg, O., **Mietrecht und Wohnungsmangelgesetzgebung** im Reiche, in Preußen und in Berlin, einschließlich Hauszinssteuer, Kostenwesen und Rechtsentscheiden des Kammergerichts und des Obersten Landesgerichts. Zusammengestellt und mit ausführlichem Schlagwortregister versehen. Vierte Auflage. Taschenformat. XII, 594 Seiten. 1928. (Guttentagsche Sammlung Deutscher Reichsgesetze Bd. 156.) Geb. RM. 10.—

„Eine solche Ausgabe zu besitzen, ist wertvoll. Diese Ausgabe verdient schon wegen ihrer Vollständigkeit besondere Beachtung. Ein vortreffliches Sachregister ist beigegeben.“ *Juristische Wochenschrift*

Stölzle, Hans, **Viehkauf** nach Bürgerlichem Gesetzbuch und ausländischem Recht. Verordnung, betreffend die Hauptmängel und Gewährfristen beim Viehhandel. Von Eugen Fröhner. Sechste, vermehrte und wesentlich verbesserte Auflage. Taschenformat. 699 Seiten. 1926. (Guttentagsche Sammlung Deutscher Reichsgesetze Bd. 50.) Geb. RM. 15.—

„Das Buch ist Juristen wie Laien als lichtvoller Ratgeber in allen Fragen nur auf das wärmste zu empfehlen.“
Deutsche Juristen-Zeitung.

Hoffmann, J., **Abzahlungsgeschäfte.** Vierte Auflage, besorgt von K.-A. Crisolli. Taschenformat. Im Druck. (Guttentagsche Sammlung Deutscher Reichsgesetze Bd. 34.)

„Jeder, der mit Abzahlungsgeschäften zu tun hat, kann sich bestens aus dem Büchlein informieren. Der Kommentar ermöglicht es auch dem Laien, sich mit allen einschlägigen Fragen vertraut zu machen."
Berliner Intelligenz-Blatt.

Harnier, Ed., **Sicherung der Bauforderungen.** Dritte Auflage. Taschenformat. 122 Seiten. 1912. (Guttentagsche Sammlung Deutscher Reichsgesetze Bd. 93.) . . . . Geb. RM. 1.50

„Die vorliegende Neubearbeitung der kleinen Ausgabe des äußerst schwierigen Gesetzes findet einen weiterstreckten Interessenkreis. Nach einer äußerst klaren Einleitung werden seine Bestimmungen an der Hand der Gesetzesmaterialien und auf dem Boden des geltenden Rechts, unter Herstellung des Zusammenhanges mit ihm, in knappen Anmerkungen erläutert." Mitteilungen der Handelskammer Breslau.

Göppert, H., **Gesetz, betreffend die gemeinsamen Rechte der Besitzer von Schuldverschreibungen.** Zweite Auflage, bearbeitet von E. Trendelenburg. Taschenformat. 156 Seiten. 1915. (Guttentagsche Sammlung Deutscher Reichsgesetze Bd. 52.) . . . . . Geb. RM. 1.50

Dungs, H., **Sechs Haager Abkommen über internationales Privatrecht.** Taschenformat. 116 Seiten. 1910. (Guttentagsche Sammlung Deutscher Reichsgesetze Bd. 98.) . . . . Geb. RM. 1.50

„Die diesen Abkommen vom Verfasser beigefügten Erläuterungen sind kurz und klar gefaßt und entsprechen den allgemeingültigen Anschauungen. Der Kommentar von Dungs kann nur angelegentlichst empfohlen werden." Juristisches Literaturblatt.

Bogeng, G., **Die Haager Abkommen über das internationale Privatrecht.** Taschenformat. 173 Seiten. 1908. (Guttentagsche Sammlung Deutscher Reichsgesetze Bd. 90.) . . . . Geb. RM. 2.—

Sachenrecht insbesondere

Hedemann, Justus Wilh., **Sachenrecht des Bürgerlichen Gesetzbuches.** Oktav. XXXII, 507 Seiten. 1924. (Lehrbücher und Grundrisse der Rechtswissenschaft Bd. III.) . . . . . RM. 12.—, geb. RM. 13.50

„Ein trotz seiner Kürze ausgezeichnetes und inhaltreiches Lehrbuch, nicht nur für den Studierenden, sondern auch für ältere Juristen. Die Arbeit ist wissenschaftlich tiefgründig und doch gemeinverständlich geschrieben." Zeitschrift des Deutschen Notarvereins.

Kretschmar, F., **Sachenrecht.**

I. Allgemeine Lehren. Besitz und Eigentum. Zweite, verbesserte Auflage. 142 Seiten. 1922. (Sammlung Göschen Bd. 480.) Geb. RM. 1.50

II. Begrenzte Rechte. 144 Seiten. 1923. (Sammlung Göschen Bd. 481.) Geb. RM. 1.50

Diese Bändchen bieten die Grundzüge des Sachenrechts in gedrängter und klarer Form.

Lenzen, Georg, **Das Deutsche Pfandleihrecht.** Kommentar zum preußischen Pfandleihgesetz unter Berücksichtigung der außerpreußischen Gesetze. Oktav. XXVI, 266 Seiten. 1929 . . . . Geb. RM. 20.—

„Diese zusammenfassende Darstellung ist die erste ihrer Art und sehr verdienstlich. Das Buch regt zu allerhand Fragen an."
Juristische Wochenschrift.

Günther, Hermann, **Erbbaurecht.** Taschenformat. 167 Seiten. 1919. (Guttentagsche Sammlung Deutscher Reichsgesetze Bd. 135.) Geb. RM. 2.—

„Günther ist ausführlich, ohne weitschweifig zu sein; ausgezeichnete Vorbemerkungen geben vorzügliche Übersicht und wahren den Zusammenhang. Überall ist der bisherige Rechtszustand, der ja für absehbare Zeit seine Bedeutung behält, mit in das Bereich der Betrachtungen gezogen. Der Praxis wird das Werk von hervorragendem Nutzen sein." Beiträge zur Erläuterung des deutschen Rechts.

Arnheim, Hugo, **Grundbuchordnung.** Kommentar zur Grundbuchordnung für das Deutsche Reich nebst den für Preußen erlassenen Ausführungsbestimmungen. Zweite, völlig neubearbeitete Auflage. Lexikon-Oktav. 959 Seiten. 1913 . . . . RM. 15.—

„Der Band weist außerordentliche Gründlichkeit, Klarheit und Übersichtlichkeit auf. Man kann wohl sagen, daß kaum eine Frage auftauchen wird, die nicht wenigstens berührt wäre; die bisher zutage getretenen Fragen aber sind sämtlich in der eingehendsten Weise erörtert." Zentralblatt für freiwillige Gerichtsbarkeit.

Fischer, Otto, und **Fischer,** Norbert, **Grundbuchordnung für das Deutsche Reich** nebst den preußischen Ausführungsbestimmungen. Neunte, durchgearbeitete und ergänzte Auflage. Taschenformat. 322 Seiten. 1927. (Guttentagsche Sammlung Deutscher Reichsgesetze Bd. 42.) Geb. RM. 5.—

„Eine der vortrefflichen alteingeführten Handausgaben der Guttentagschen Sammlung, bei der schon die Auflagenziffer für die Brauchbarkeit in der Praxis spricht. Nach wie vor ist das Buch ein vortrefflicher Wegweiser und Berater." Juristische Wochenschrift.

Ricks, Gerhard, **Die Grundbuchpraxis.** Ein Handbuch für den täglichen Gebrauch in Grundbuchsachen. Achte Auflage. Groß-Oktav. XII, 412 Seiten. 1929 . . . . RM. 12.—, geb. RM. 14.—

„Das Buch hat einen Anspruch darauf, in der Praxis geradezu verschlungen zu werden. Es ist aus der täglichen Praxis heraus für die Praxis lebensfrisch und unterhaltend geschrieben." Mitteilg. a. d. Württemb. Notariats-Praxis.

Friedlaender, Martin, **Hypothekenbeschaffung für Wohn- und Geschäftshäuser.** Handbuch für die Praxis der Grundstückswirtschaft. Groß-Oktav. VIII, 151 Seiten. 1929 . . . . . RM. 6.—, geb. RM. 7.50

„Das Buch gibt einen außerordentlich praktischen Überblick über alle Fragen der Hypothekenbeschaffung. Die anschauliche Art der Zergliederung und die gründliche Darlegung des Statuts sichern dem Buch eine weite Verbreitung." Deutsche Sparkassen-Zeitung.

Familienrecht, Erbrecht

Lehmann, Heinrich, **Familienrecht** des Bürgerlichen Gesetzbuches einschließlich Jugendfürsorgerecht. Oktav. XII, 352 Seiten. 1926. (Lehrbücher und Grundrisse der Rechtswissenschaft Bd. IV.) RM. 11.—, geb. RM. 12.50

„Die Schilderung Lehmanns ist überall anregend und fesselnd. Das Werk kann allen Rechtsstudenten und Referendaren zur Anschaffung dringend empfohlen werden." Der junge Rechtsgelehrte.

Titze, Heinrich, **Familienrecht.** (BGB. IV.) 169 Seiten. Neudruck. 1924. (Sammlung Göschen Bd. 305.) . . . . Geb. RM. 1.50

Endemann, Fr., **Erbrecht.** Oktav. XII, 166 Seiten. 1923. (Lehrbücher und Grundrisse der Rechtswissenschaft Bd. V.) RM. 3.—, geb. RM. 4.50

„Dieser Leitfaden behandelt den spröden Stoff des schwierigen Erbrechts in meisterhafter, fesselnder Darstellung." Zeitschrift des Bundes Deutscher Justizamtmänner.

Blume, Wilh. von, **Erbrecht.** (BGB. V.)

I. Einleitung. Die Grundlagen des Erbrechts. 75 Seiten. 1913. (Sammlung Göschen Bd. 659.) . . . . Geb. RM. 1.50

II. Die Nachlaßbeteiligten. Mit 23 Figuren. 131 Seiten. 1913. (Sammlung Göschen Bd. 660.) . . . . Geb. RM. 1.50

Riesenfeld, S., **Die Erbenhaftung nach dem Bürgerlichen Gesetzbuch.** Groß-Oktav. 2 Bände. 1916 . . . . . RM. 15.—, geb. RM. 18.—
I. Band: Die Grundsätze der Haftung. XII, 461 Seiten.
II. Band: Das Inventar und die Mittel der Haftungsbeschränkung. VIII, 455 Seiten.

„Ein hervorragendes Werk, das in allen Teilen die vollständige Beherrschung des schwierigen Stoffes erkennen läßt und sich dabei durch klare und gemeinverständliche Darstellung auszeichnet."
Sächsisches Archiv für Rechtspflege.

Aufwertung

Michaelis, Richard, **Das Aufwertungsrecht** nach den Aufwertungsgesetzen und nach allgemeinem bürgerlichem Rechte. Kommentar zu den Gesetzen vom 16. Juli 1925 über die Aufwertung von Hypotheken und anderen Ansprüchen und über die Ablösung öffentlicher Anleihen sowie systematische Darstellung des Aufwertungsrechts außerhalb dieser Gesetze. Zweite, gänzlich umgearbeitete Auflage des Kommentars zur Dritten Steuernotverordnung vom 14. Februar 1924 (Aufwertung). Mit einer Fristentabelle von H. Hoormann. Groß-Oktav. X, 516 Seiten. 1926. Mit Nachtrag 1927. (de Gruytersche Sammlung Deutscher Gesetze. Handkommentare.) . . . . Geb. RM. 16.—

„Es handelt sich um ein ganz erstklassiges Werk, das sich für jeden Aufwertungsinteressenten als unentbehrlich erweisen wird."
Deutsche Allgemeine Zeitung.

Berliner, Ludwig, und **Pfaffenberger,** Ernst, **Aufwertung von Versicherungsansprüchen** mit Durchführungsbestimmungen.

I. Teil. Oktav. 235 Seiten. 1925. (Guttentagsche Sammlung Deutscher Reichsgesetze Bd. 164.) . . . . Geb. RM. 6.50

II. Teil: Sach- und Transportversicherung; Unfall- und Haftpflichtversicherung. Oktav. 112 Seiten. 1926. Mit Nachtrag. (Guttentagsche Sammlung Deutscher Reichsgesetze Bd. 164a.) . . Geb. RM. 3.50

„Eine ganz ausgezeichnete, wohldurchdachte Darstellung und Erläuterung des Aufwertungsrechtes des gesamten Versicherungswesens, eine unentbehrliche Ergänzung zu jedem Gesamtkommentar über das Aufwertungsgesetz." *Zentralblatt für Handelsrecht.*

2. Handelsrecht.

v. Gierke, Jul., **Handelsrecht und Schiffahrtsrecht.** Dritte, umgearbeitete Auflage. Oktav. (Lehrbücher und Grundrisse der Rechtswissenschaft Bd. VI.) Im Druck.

„. . . ein außerordentlich hochstehendes, immer den neuesten Stand der Lehre und der Rechtsprechung widerspiegelndes Lehrbuch des Handelsrechts im weitesten Sinn." *Der junge Rechtsgelehrte.*

Lehmann, K., und **Hoeniger,** H., **Lehrbuch des Handelsrechts.** Dritte Auflage. Erster Halbband, enthaltend die Lehre vom Handelsstand und von den Handelsgesellschaften. Groß-Oktav. 432 Seiten. 1921. RM. 10.—

Ein großangelegtes Lehrbuch des Handels- und Schiffahrtsrechts.

Lehmann, K., und **Hoeniger,** H., **Deutsches Handelsrecht.**

I. Einleitung. Der Kaufmann und seine Hilfspersonen. Offene Handelsgesellschaft, Kommandit- und stille Gesellschaft. 117 Seiten. 1921. (Sammlung Göschen Bd. 457.) . . . . Geb. RM. 1.50

II. Aktiengesellschaften, Gesellschaften mit beschränkter Haftung, eingetragene Genossenschaften. Handelsgeschäft, 126 Seiten. 1924. (Sammlung Göschen Bd. 458.) . . . . Geb. RM. 1.50

Eine gemeinverständliche Darstellung in gedrängter Form.

Hein, Joh., **Die Zusammenhänge zwischen Steuerrecht und Handelsrecht und ihre Entwicklung,** untersucht an dem Gewinn und an der Bewertung. Eine bilanzrechtliche und bilanzkritische Darstellung mit praktischen Beispielen. Groß-Oktav. X, 280 Seiten. 1928.
RM. 10.—, geb. RM. 12.—

„Das Buch führt in klarer Gestaltung in die Probleme des Bilanzrechts ein. Eine übersichtliche Gliederung ermöglicht eine schnelle und doch gründliche Einführung. Darüber hinaus stellt das Buch eine wesentliche Förderung für die dringend notwendige wissenschaftliche Behandlung des Steuerbilanzrechts und seiner Zusammenhänge mit den verwandten Rechtsmaterien dar." Zeitschrift für Handelsrecht.

Veröffentlichungen der Vereinigung der Handelsrechtslehrer deutscher Hochschulen.

Bericht über die erste Tagung der Vereinigung in Berlin am 7. und 8. März 1927 (Senatssaal der Universität). Mit Beiträgen von **Ernst Heymann, Hans Wüstendörfer, Otto Schreiber** und **Arthur Nußbaum.** Oktav 65 Seiten. 1928. RM. 5.—

Das Handelsrecht zeigt heute unter den privatrechtlichen Materien die meisten wissenschaftlichen und gesetzgeberischen Probleme und entwickelt am meisten Initiative. Unter diesen Verhältnissen werden sich die Veröffentlichungen der Vereinigung der Handelsrechtslehrer deutscher Hochschulen als besonders fruchtbar und förderlich erweisen.

Staubs Kommentar zum Handelsgesetzbuch. Zwölfte und dreizehnte Auflage. Bearbeitet von Heinrich Koenige, Albert Pinner, Felix Bondi. Vier Bände und ein Registerband. Groß-Oktav. 4000 Seiten. 1927 . . . . Zusammen RM. 157.—, in Halbleder RM. 183.60

„Der Staubsche Kommentar ist das klassische Hilfswerk zum Deutschen Handelsgesetzbuch und für die Beurteilung der zahlreichen schwierigen Fragen dieses Gesetzes maßgebend geworden; es stellt ein unentbehrliches Mittel zur Erfassung und zur Anwendung des Gesetzes dar." Frankfurter Zeitung.

Mosse, Albert, und **Heymann,** Ernst, Handelsgesetzbuch (ohne Seerecht). Mit den ergänzenden Vorschriften des Bürgerlichen Gesetzbuchs und einem Anhang, enthaltend das Einführungsgesetz, das Depotgesetz, die Bestimmungen über Börsentermin- und Differenzgeschäfte u. a. Nebst Erläuterungen. Im Anschluß an die Textausgabe von F. Litthauer. Siebzehnte Auflage. Unter Mitwirkung von Karl August Crisolli. Oktav. VIII, 693 Seiten. 1926 (Guttentagsche Sammlung Deutscher Reichsgesetze Bd. 4.) . . . . .Geb. RM. 14.—

„Die Litthauer-Mossesche Ausgabe des Handelsgesetzbuches hat bei allen Praktikern seit langem den wohlbegründeten Ruf größter Zuverlässigkeit und übersichtlicher Anordnung, die mit möglichster Knappheit des Ausdrucks gepaart sind. Das Buch ist ein zuverlässiger Führer durch das immer schwieriger werdende Gebiet des Handelsrechts." Vossische Zeitung.

Klumpp, Hermann, **Beiträge zur Rechtsstellung der Geschäftsführer einer G. m. b. H. nach deutschem und französischem Recht.** Oktav. XVI, 180 Seiten. 1928 . . . . RM. 6.—

Im G.m.b.H.-Recht hat die Stellung des Geschäftsführers besondere Bedeutung. Die vorliegende Arbeit, die unter Auswertung der umfangreichen Literatur eine eingehende Untersuchung dieser so wichtigen Frage nach deutschem und französischem Recht darstellt, wird in juristischen und geschäftlichen Kreisen Interesse finden.

Starke, Arthur, **Offene Handelsgesellschaften, Kommanditgesellschaften und stille Gesellschaften** von der Errichtung bis zur Auflösung. Nebst Vertrags- und Anmeldeformularen und mit Berücksichtigung des Steuerrechts. Oktav. XIV, 167 Seiten. 1928 . . . . RM. 5.—

Eine systematische Darstellung für Studium und Praxis.

Wechselordnung und Scheckrecht

Staubs Kommentar zur Wechselordnung. Fortgesetzt von J. Stranz und M. Stranz. Zwölfte Auflage, bearbeitet von M. Stranz und Martin Stranz. Groß-Oktav. 432 Seiten. 1929. RM. 16.—, geb. RM. 18.—

„Staub-Stranz ist der Kommentar zur Wechselordnung. Auch die jüngste Auflage des Kommentars gibt einen echten Staub-Stranz. Weiterer Kommentar dazu ist überflüssig." Juristische Wochenschrift.

Stranz, J., und **Stranz,** M., **Wechselordnung** vom 3. Juni 1908. Kommentar. Zwölfte Auflage von M. und M. Stranz. Taschenformat. VIII, 396 Seiten. 1923. Mit Nachtrag 1926. (Guttentagsche Sammlung Deutscher Reichsgesetze Bd. 5.) . . . Geb. RM. 3.50

„Die Ausgabe der Wechselordnung mit ihrem äußerst nützlichen, guten Kommentar ist sehr zu empfehlen. Erfreulicherweise enthält das Bändchen auch die Bestimmungen der Zivilprozeßordnung über Urkunden- und Wechselprozesse im Anhang." Badische Wirtschaftszeitung.

Wechselordnung in der Fassung der Bekanntmachung vom 3. Juni 1908 (RGBl. S. 326 ff.). Mit einem Anhang, enthaltend den Wechselprozeß und Nebengesetze. Textausgabe mit Einleitung und Sachregister. Taschenformat. 102 Seiten. 1928. (Guttentagsche Sammlung von Textausgaben ohne Anmerkungen.) . . . . Geb. RM. 1.50

Vorteilhafte Anordnung, ein zuverlässiges Sachregister, das das Gesetz erschließt, Handlichkeit und sauberer Druck zeichnen auch die neue Auflage der Wechselordnung aus, deren Einleitung den letzten Stand dieser Materie erfaßt und deren Anhang „Nebengesetze" bis auf die letzte Zeit ergänzt ist.

Michaelis, Richard, **Scheckgesetz** mit allen einschlägigen Nebengesetzen, den ausländischen Gesetzen und dem Deutschen Postscheckgesetz mit Postscheckordnung. Kommentar. Groß-Oktav. VII, 339 Seiten. 1927. (Gewerbe- und Industrie-Kommentar Bd. II.) RM. 16.—, geb. RM. 18.—

„Wenn irgendein Buch, so entspricht dieses einem Bedürfnis." Berliner Tageblatt.

Schiffahrtsrecht

Schaps, Georg, **Das deutsche Seerecht** nebst Erläuterungen zu den seerechtlichen Nebengesetzen. Nach dem Tode des Verfassers fertiggestellt von Max Mittelstein und Julius Sebba. Zweite, vollständig umgearbeitete Auflage.

I. Band. (Handelsgesetzbuch: Viertes Buch.) Groß-Oktav. In Vorbereitung.

II. **Band.** (Seerechtliche Nebengesetze.) **Bearbeitet von J. Sebba.** Im Druck.

„Die alte, auf der Staubschen Kommentierungsmethode beruhende Auflage erfreute sich mit Recht schon großen Ansehens. In diesen bewährten Bahnen leistet die zweite Auflage an Vollständigkeit, Übersichtlichkeit und Genauigkeit das Höchste, was Wissenschaft und Praxis nur wünschen können." *Juristische Wochenschrift.*

Brandis, Otto, **Das deutsche Seerecht** (mit Ausschluß des Seeversicherungsrechts.) I. Allgem. Lehren: Personen und Sachen des Seerechts. 130 Seiten. 1908. II. Die einzelnen seerechtlichen Schuldverhältnisse: Verträge des Seerechts und außervertragliche Haftung. 156 Seiten. 1908. (Sammlung Göschen Bd. 386/87.) . . . . . Geb. je RM. 1.50

Knitschky, W. E., **Die Seegesetzgebung.** Fünfte Auflage, bearbeitet von O. Rudorff. XXIV, 1024 Seiten. 1913. (Guttentagsche Sammlung Deutscher Reichsgesetze Bd. 19.) . . . . Vergriffen.

Sieveking, Gustav, **Das deutsche Seeversicherungsrecht.** Kommentar zum zehnten Abschnitt des vierten Buches des Handelsgesetzbuches. Lexikon-Oktav. 218 Seiten. 1912 . . . . RM. 5.—, geb. RM. 6.80

„Der Kommentar ruht auf einer vortrefflichen Grundlage und zeigt sich auch in seinem Inhalte dieser Grundlage durchaus würdig. Er ersetzt ein Lehrbuch und kann daher auch zur Einführung in das Seeversicherungsrecht empfohlen werden."

Leipziger Zeitschrift für deutsches Recht.

Ritter, Carl, **Das Recht der Seeversicherung.** Ein Kommentar zu den Allgemeinen Deutschen Seeversicherungsbedingungen. Groß-Oktav. 2 Bände. 1494 Seiten. 1924. (Friederichsen, de Gruyter & Co., m. b. H., Hamburg.) . . . . Geb. RM. 100.—

Allgemeine Deutsche Seeversicherungs-Bedingungen. Im Jahre 1919 herausgegeben von den deutschen Seeversicherern nach Beratung mit deutschen Handelskammern und Fachverbänden unter Vorsitz der Handelskammer Hamburg. 16.—20. Tausend. 50 Seiten. 1925. (Friederichsen, de Gruyter & Co., m. b. H., Hamburg.) . . . . RM. 2.—

General Rules of Marine. Insurance 1919 adopted by the German Underwriters. Authorind Translation by Dr. Alfred Sieveking, larger in Hamburg. 64 Seiten. 1920. (Friederichsen, de Gruyter & Co., m. b. H., Hamburg.) . . . . RM. 3.—

Materialien zu den Allgemeinen Deutschen Seeversicherungs-Bedingungen. Im Auftrag der vereinigten Handelskammern herausgegeben von Prof. Dr. E. Bruck. Groß-Oktav. 2 Bände. 678 Seiten. 1920. (Friederichsen, de Gruyter & Co., m. b. H., Hamburg.) . . . . RM. 10.—

Bene, F., **Der Begriff des Versicherungsfalles in der Seeversicherung.** (Hamburger Rechtsstudien, herausgegeben von Mitgliedern der Rechts- und Staatswissenschaftlichen Fakultät der Hamburgischen Universität, Heft 1.) Groß-Oktav. 75 Seiten. 1928. (Friederichsen, de Gruyter & Co., m. b. H., Hamburg.) . . . . RM. 4.50

Elkan, H. H., **Die Bedeutung des Interesses für die Veräußerung der versicherten Sache.** (Hamburger Rechtsstudien, herausgegeben von Mitgliedern der Rechts- und Staatswissenschaftlichen Fakultät der Hamburgischen Universität, Heft 2.) Oktav. 58 Seiten. 1928. (Friederichsen, de Gruyter & Co., m. b. H., Hamburg.) . . . . RM. 4.—

Makower, H., Gesetze, betreffend die privatrechtlichen Verhältnisse der Binnenschiffahrt und der Flößerei. Nach den Materialien erläutert. Sechste, vermehrte Auflage, bearbeitet von E. Loewe. Taschenformat. 458 Seiten. 1923. (Guttentagsche Sammlung Deutscher Reichsgesetze Bd. 36.) . . . . Geb. RM. 4.—

„Das vorzüglich bearbeitete Buch dürfte mit seinen klaren und verständlichen Erläuterungen für jeden, der in irgendeiner Weise mit der Binnenschiffahrt und der Flößerei zu tun hat, ein nie versagender Ratgeber sein." Schiffbau.

Sebba, Jul., Seewasserstraßenordnung. (Polizeiverordnung zur Regelung des Verkehrs auf den deutschen Seewasserstraßen vom 31. März 1927.) Taschenformat. 493 Seiten. 1928. (Guttentagsche Sammlung Deutscher Reichsgesetze Nr. 171.) . . . . Geb. RM. 8.50

Die vorliegende Ausgabe ist für die an dem neuen Gesetz interessierten beiden Fachgruppen, die der Nautiker und der Juristen, von gleich großer Bedeutung. Diese Verbindung zweier Kenntnisgebiete gibt dem vorliegenden Kommentar seine besondere Note und seinen großen Wert.

Genossenschaften

Parisius, Ludolf, **Crüger,** Hans, **Crecelius,** Adolf, und **Citron,** Fritz, **Reichsgesetz, betreffend die Erwerbs- und Wirtschaftsgenossenschaften.** Kommentar zum praktischen Gebrauch für Juristen und Genossenschaften. Elfte, neubearbeitete Auflage. Groß-Oktav. XV, 598 Seiten. 1928 . . . . RM. 28.—, geb. RM. 30.—

„Crüger beherrscht wie kein anderer Theorie und Praxis des Genossenschaftswesens, auch nach der wissenschaftlichen Seite hin."
Juristische Wochenschrift.

Parisius, Ludolf, und **Crüger,** Hans, **Das Reichsgesetz, betreffend die Erwerbs- und Wirtschaftsgenossenschaften.** Textausgabe mit Anmerkungen und Sachregister. Neunzehnte, neubearbeitete Auflage von Hans Crüger, Adolf Crecelius und Fritz Citron. Taschenformat. 299 Seiten. 1928. (Guttentagsche Sammlung Deutscher Reichsgesetze Bd. 29.) . . . . Geb. RM. 4.—

„In knapper und klarer Form werden die gesetzlichen Bestimmungen abgehandelt und alles zum Verständnis unbedingt Erforderliche in den Anmerkungen beigebracht. Das Werk kann nur empfohlen werden." Ministerialblatt f. d. Preuß. innere Verwaltung.

Verschiedenes

Schreiber, Otto, **Handelsrechtliche Nebengesetze.** Taschenformat. VIII, 1002 Seiten. 1926. (Guttentagsche Sammlung Deutscher Reichsgesetze Bd. 162.) . . . . Geb. RM. 14.—

„Die Sammlung ist ein unentbehrliches Hilfsmittel für den Praktiker. Die Zusammenstellung ist sehr zuverlässig; auch das Sachregister von Kleffel verdient volle Anerkennung."
Zentralblatt für Handelsrecht.

Staffel, W., Verordnung gegen Mißbrauch wirtschaftlicher Machtstellungen vom 2. November 1923. Kommentar. Oktav. 108 Seiten. 1927. (Guttentagsche Sammlung Deutscher Reichsgesetze Bd. 167.) Geb. RM. 3.50

„Die für das Wirtschaftsrecht so wichtige Kartellverordnung findet hier eine eingehende Kommentierung. Die Erläuterungen werden daher um so unentbehrlicher für die wirtschaftliche Praxis auf diesem Gebiete sein." Industrie- und Handelszeitung.

Lusensky, F., **Gesetz über die Handelskammern.** Zweite Auflage. Taschenformat. 278 Seiten. 1909. (Guttentagsche Sammlung Preußischer Gesetze Bd. 21.) . . . . Vergriffen

„Das Buch ist ein vortrefflicher Berater aller derer, die in der Handelskammerorganisation sind oder zu ihr in Beziehung stehen. Es kann warm empfohlen werden."

Zeitschrift für Polizei- und Verwaltungsbeamte.

Bank und Börse

Koch, R., und **Schacht**, Hjalmar, **Die Reichsgesetzgebung über das Münz- und Notenbankwesen.** Textausgabe mit Anmerkungen und Sachregister. Siebente, völlig neubearbeitete Auflage. Taschenformat. XVIII, 617 Seiten. 1925. (Guttentagsche Sammlung Deutscher Reichsgesetze Bd. 26.) . . . . Geb. RM. 14.—

„Dieser Kommentar zeichnet sich durch Vollständigkeit und Reichhaltigkeit aus und bietet außerdem in der Einleitung einen vortrefflichen Überblick über die Entwicklung des deutschen Noten- und Geldwesens während der letzten Jahrzehnte."

Monatsschrift für Handelsrecht und Bankwesen.

Nußbaum, Arthur, **Bank- und Börsenrecht.** Eine Sammlung von Gesetzen und Geschäftsbedingungen. Taschenformat. XII, 622 Seiten. 1927. (Guttentagsche Sammlung Deutscher Reichsgesetze Bd. 169)

Geb. RM. 11.—

Die vorliegende Sammlung der verstreuten bank- und börsenrechtlichen Vorschriften fehlte bisher in der kaufmännischen und juristischen Bankpraxis ebenso wie im handelsrechtlichen und betriebswirtschaftlichen Unterricht. Ihr Erscheinen wurde daher vielseitig begrüßt. Die Sammlung berücksichtigt auch die dem freien Verkehr entstammenden Rechtsbildungen.

Kommentar zum Börsengesetz. Im Auftrage des Centralverbandes des Deutschen Bank- und Bankiergewerbes (E. V.) bearbeitet von H. Rehm, H. Trumpler, Heinrich Dove, Ernst Neukamp, R. Schmidt-Ernsthausen, James Breit. Mit einem Vorwort von J. Rießer. Lexikon-Oktav. VIII, 464 Seiten. 1909.

RM. 12.—, geb. RM. 13.50

„Einen so guten Kommentar zum Börsengesetz hat es noch nie gegeben. Wer sich darein vertieft, wird reiche Belehrung daraus schöpfen über das Börsenwesen im allgemeinen und über seine Rechtsübung und Rechtsprechung im besonderen."

Sächsisches Archiv für Rechtspflege.

Hemptenmacher, Th., **Börsengesetz.** Dritte Auflage von O. Meyer. Taschenformat. XXIII, 373 Seiten. 1915. (Guttentagsche Sammlung Deutscher Reichsgesetze Bd. 41.) . . . . Geb. RM. 3.50

„Das Bändchen bringt neben einem kurzen Überblick und einem vorteilhaft erweiterten Anhang das Börsengesetz nebst Ausführungsbestimmungen. Alles in allem schließt sich auch dieses Bändchen wieder den übrigen Textausgaben der wegen ihrer unbedingten und erschöpfenden Sachlichkeit bekannten Guttentagschen Sammlung Deutscher Reichsgesetze würdig an." *Bayrische Handelszeitung.*

Lusensky, F., **Gesetz, betreffend die Pflichten der Kaufleute bei Aufbewahrung fremder Wertpapiere (Depotgesetz).** Dritte Auflage. Taschenformat. 113 Seiten. 1916. Mit Nachtrag 1925. (Guttentagsche Sammlung Deutscher Reichsgesetze Bd. 40.) . . . . . Vergriffen.

„Die beste Bearbeitung des sogenannten Depotgesetzes."

Zeitschrift für Aktiengesellschaften.

Frohner, G., Aktiensonderdepot und Legitimationsübertragung. (Hamburger Rechtsstudien, herausgegeben von Mitgliedern der Rechts- und Staatswissenschaftlichen Fakultät der Hamburgischen Universität, Heft 3.) Groß-Oktav. VII, 114 Seiten. 1929. (Friederichsen, de Gruyter & Co., m. b. H., Hamburg.) . . . . RM. 7.—

Schwerin, Frh. Cl. von, Recht der Wertpapiere (einschließlich Wechsel- und Scheckverkehr). Oktav. X, 234 Seiten. 1924. (Lehrbücher und Grundrisse der Rechtswissenschaft Bd. 7.) RM. 7.—, geb. RM. 8.50

„Das Buch löst seine Aufgabe, den Studierenden eine Einführung in die Materie des Wertpapierrechts zu geben, ausgezeichnet, vor allem deshalb, weil es eine gute theoretische Fundierung mit einer dem Lehrzweck entsprechenden Darstellung des praktischen Rechts und der Rechtstatsachen verbindet." Deutsche Juristenzeitung.

Bank-Archiv. Zeitschrift für Bank- und Börsenwesen. Unter Mitwirkung von hervorragenden Fachmännern herausgegeben von Geh. Justizrat Prof. Dr. Rießer, Berlin. Schriftleitung: Rechtsanwalt Otto Bernstein, geschäftsführendes Mitglied des Centralverbands des Deutschen Bank- und Bankiergewerbes. Quart. Jährlich 24 Nummern. XXVIII. Jahrgang. 1929/30 . . . . Pro Halbjahr RM. 12.—

„Ein von sachverständigen Mitarbeitern unterstütztes Organ, das in der glücklichen Vermischung von wissenschaftlichen Aufsätzen mit Mitteilungen aus der bankmännischen und gerichtlichen Praxis einen Berater von exzeptionellem Werte bildet." Frankfurter Zeitung.

Zeitgemäße Bankrechtsfragen. Festgabe der Rechtsabteilung der Disconto-Gesellschaft zum 70. Geburtstage des Herrn Dr. jur. Arthur Salomonsohn. Quart. 126 Seiten. 1929 . . . RM. 8.—, geb. RM. 10.—

„Der Band enthält 8 vorzügliche Aufsätze. Die Verfasser befassen sich mit Problemen, die in der Rechtsabteilung einer Großbank oft zur Debatte stehen und deren endgültige Klärung ein praktisches Bedürfnis ist." Wirtschaftl. Nachrichten.

Verhandlungen des VII. allgemeinen deutschen Bankiertages. Köln 9.—11. September 1928 auf Grund stenographischer Berichte. Groß-Oktav. 436 Seiten . . . . RM. 10.—

III. Grenzgebiete des Bürgerlichen Rechts

1. Privat- und Sozialversicherung

Koenige, Heinrich, und **Petersen,** A., **Gesetz über die privaten Versicherungsunternehmungen** vom 12. Mai 1901. Textausgabe mit Anmerkungen und Sachregister. Dritte, umgearbeitete Auflage. Taschenformat. 856 Seiten. 1927. (Guttentagsche Sammlung Deutscher Reichsgesetze Bd. 62.) . . . . Geb. RM. 20.—

„Der Verfasser hat es meisterhaft verstanden, reiche Literatur und Judikatur zu dem wichtigen Grundgesetz der Privatversicherung mit seiner eigenen selbständigen Auffassung von der Bedeutung der Gesetzesbestimmungen in Verbindung zu bringen. Für Theorie und Praxis der Privatversicherung wird das Werk dadurch zu einem unentbehrlichen Hilfsmittel." Deutsche Versicherten-Zeitung.

Bruck, E., **Reichsgesetz über den Versicherungsvertrag** nebst dem zugehörigen Einführungsgesetz vom 30. Mai 1908. Sechste, vollkommen neubearbeitete Auflage. Taschenformat. 708 Seiten. 1929. (Guttentagsche Sammlung Deutscher Reichsgesetze Bd. 83.) Geb. RM. 14.—

„Die Vorzüge, welche die früheren Auflagen schon zeigten, die Fülle des Gebotenen, die Beherrschung des Stoffes, die anschauliche und doch knappe Sprache, und dies alles in dem engen Rahmen einer Textausgabe, kleinen Handausgabe mit Anmerkungen, sind auch dieser vierten Auflage in hohem Maße eigen."
Mitteilungen für die öffentlichen Feuerversicherungs-Anstalten.

Moldenhauer, Paul, **Das Versicherungswesen.**

I. Allgemeine Versicherungslehre. Vierte Auflage. 152 Siten. 1925. (Sammlung Göschen Bd. 262.) . . . . Geb. RM. 1.50

II. Die einzelnen Versicherungszweige. Zweite Auflage. 30 Seiten. 1923. (Sammlung Göschen Bd. 636.) . . . . Geb. RM. 1.50

„Das Buch ist für jeden, der sich mit dem Versicherungswesen und seinen Zweigen vertraut machen will, ein trefflicher Führer“

Versicherungspost.

Veröffentlichungen des Reichs-Aufsichtsamts für Privatversicherung. Groß-Oktav. Jahrg. 1—2, je 2.50. Jahrg. 3—16, je 6.—. Jahrg. 17—21, je 7.50. Jahrg. 22, 15.—. Jahrg. 23, 18.—. Jahrg. 24, 21.—. Jahrg. 25, 50.—. Jahrg. 26, 51.50. Jahrg. 27, Heft 1—3, 28.—. Jahrg. 28, Heft 1, 6.—.

Versicherungsstatistik für 1902 über die unter Reichsaufsicht stehenden Unternehmungen. Herausgegeben vom Reichsaufsichtsamt für Privatversicherung. Lexikon-Oktav. LXXVII, 384 Seiten. 1905. RM. 10.—
— für 1903 bis 1917 . . . . Je Jahrgang RM. 10.—

Berliner, Ludwig, und **Pfaffenberger,** Ernst, **Aufwertung von Versicherungsansprüchen** mit Durchführungsbestimmungen.

I. Teil. Oktav. 235 Seiten. 1926. Mit Nachtrag. (Guttentagsche Sammlung Deutscher Reichsgesetze Bd. 164.) . . . . Geb. RM. 6.50

II. Teil: Sach- und Transportversicherung; Unfall- und Haftpflichtversicherung. Oktav. 112 Seiten. 1926. (Guttentagsche Sammlung Deutscher Reichsgesetze Bd. 164a.) . . . . Geb. RM. 3.50

„Ein bedeutsamer Kommentar, durch den die gesetzlichen Bestimmungen von der juristischen und versicherungstechnischen Seite aus eingehend erläutert werden. In seinem straffen, systematischen Aufbau, der Geschlossenheit der Darstellung muß man das Buch als ein Standardwerk für das gesamte versicherungsrechtliche Aufwertungsgebiet bezeichnen.

Ein unentbehrlicher Ratgeber in allen interessierten Kreisen.“

Versicherungs-Post, Berlin.

Lippmann, Karl, **Die Reichsversicherungsordnung** in der Fassung der Bekanntmachung vom 15. Dezember 1924 und des Gesetzes über das Reichsschiedsamt vom 22. Januar 1925 nebst dem Einführungsgesetze, den wichtigsten Ausführungsvorschriften, den ergänzenden Gesetzen und Verordnungen sowie den Verordnungen über das Verfahren. Oktav. XV, 589 Seiten. 1925. (Guttentagsche Sammlung Deutscher Reichsgesetze Bd. 161.) . . . . Geb. RM. 11.—

Ergänzungsband, enthaltend den vollständigen Wortlaut der neuen Fassung des Unfallversicherungsgesetzes sowie die Ergänzungen der übrigen Bücher der RVO. Oktav. 224 Seiten. 1926. (Guttentagsche Sammlung Deutscher Reichsgesetze Bd. 161a.) . . . Geb. RM. 4.—

Zweiter Ergänzungsband, enthaltend weitere Änderungen und Ergänzungen durch die in der Zeit von Anfang 1926 bis Mitte 1928 erlassenen Gesetze und Verordnungen. Zweite, vermehrte Ausgabe, Stand vom 1. Juli 1928. Oktav. 71 Seiten. 1928. (Guttentagsche Sammlung Deutscher Reichsgesetze Bd. 161b.) . . . . . RM. —.80

„Das Buch dürfte sich in der Bibliothek eines jeden finden, der sich mit der Reichsversicherungsordnung befaßt. Es gehört zu den praktisch wertvollsten.“ *Deutsche Allgemeine Zeitung.*

Reuß, Max, und **Hense,** Fritz. **Das Reichsknappschaftsgesetz** vom 1. Juli 1926 nebst Einführungsgesetz. 2. Aufl. Taschenformat. XVI, 640 Seiten. 1926. (Guttentagsche Sammlung Deutscher Reichsgesetze Bd. 155.) . . . . Geb. RM. 12.—

„Die Herausgabe des Gesetzes bedarf keiner besonderen Empfehlung. Das Buch kann allen, die auf dem Gebiete des Knappschaftswesens tätig sind, aufs wärmste empfohlen werden."

Zeitschrift für Bergrecht.

Angestelltenversicherungsgesetz vom 28. Mai 1924. Zweite Auflage. Taschenformat. 143 Seiten. 1927. Mit Nachtrag. (Guttentagsche Sammlung Deutscher Reichsgesetze. Textausgaben ohne Anmerkungen.) Geb. RM. 2.50

Diese neue Ausgabe entspricht der neuesten Fassung des Gesetzes unter Berücksichtigung der letzten Änderungen und Verordnungen. Das beigefügte Sachregister erleichtert das rasche Zurechtfinden in den einzelnen Bestimmungen des Gesetzes.

Manes, Alfred. **Sozialversicherung.** 7., ergänzte Aufl. 1928. Kl.-Oktav. 139 Seiten. (Sammlung Göschen Bd. 267.) . . . . Geb. RM. 1.50

„Es gibt keine andere Darstellung der geltenden Sozialversicherung, die in solch erfreulicher Kürze und Sachlichkeit durch die annähernd 2400 Paragraphen führt."

Hanseatische Rechts- und Gerichts-Zeitschrift.

Schmeißer, Herbert, **Handbuch der Arbeitslosenversicherung.** Mit einer Einführung und Erläuterungen. Taschenformat. 2. Aufl. im Druck. (Guttentagsche Sammlung Deutscher Reichsgesetze Bd. 165.)

„Das Buch gibt in kurzer, aber ausreichender Form eine Darstellung des gesamten Rechtsstoffes der Erwerbslosenfürsorge unter Anpassung an die praktischen Bedürfnisse." Kommunalpolitische Blätter.

2. Arbeitsrecht

Depéne, Hans, **Das Arbeitsgerichtsgesetz.** Taschenformat. 180 Seiten. 1927. (Guttentagsche Sammlung Deutscher Reichsgesetze Bd. 168.) Geb. RM. 3.60

„Zur Einarbeitung ist das vorliegende Buch besonders brauchbar, weil es sich nicht um einen Kommentar mit vielen Details handelt, sondern um eine Textausgabe mit einer ausführlichen, von einem hervorragenden Sachkenner verfaßten Einleitung. Daß die entsprechenden Bestimmungen anderer einschlägiger Gesetze gleich mit abgedruckt sind, ist ein großer Vorteil." Wirtschaftliche Rundschau.

Entscheidungen des Reichsarbeitsgerichts. Herausgegeben von den Mitgliedern des Reichsarbeitsgerichts. Oktav.

Band I. 1928 . . . . RM. 6.50, geb. RM. 8.—
Band II. 1928/29 . . . . RM. 6.50, geb. RM. 8.—
Band III. 1929 . . . . RM. 6.50, geb. RM. 8.—

Die neue Sammlung gibt in der Art der beiden bekannten bisherigen Reihen der Entscheidungen des Reichsgerichts, herausgegeben von den Mitgliedern des Reichsgerichts, die amtliche Auswahl der zur Veröffentlichung bestimmten Entscheidungen des Reichsarbeitsgerichts.

Günther, Adolf, und **Schneider,** Richard, **Arbeiterschutz und Arbeitsrecht.** Zweite Auflage. Taschenformat.

I. Teil: **Arbeitszeitschutz.** Das Arbeitszeitnotgesetz und die übrige arbeitszeitrechtliche Gesetzgebung des Reichs seit dem 9. November 1918. 386 Seiten. 1927 . . . . Geb. RM. 7.50

„Der Kommentar umfaßt die gesamte arbeitszeitrechtliche Gesetzgebung von der Staatsumwälzung bis zur Gegenwart. Er ist ein Führer durch das weite und unübersichtliche Gebiet der arbeitszeitrechtlichen Gesetzgebung. Ein ausführliches Sachregister soll die praktische Benutzung erleichtern." Die Wirtschaftsgenossenschaft.

II. Teil: Gesetz über die **Beschäftigung Schwerbeschädigter** nebst den einschlägigen gesetzlichen Bestimmungen. 404 Seiten. 1928. (Guttentagsche Sammlung Deutscher Reichsgesetze Bd. 138a/138c.) Geb. RM. 8.—

„Das Buch stellt nicht nur beim Studium des Gesetzes ein wertvolles Hilfsmittel dar, sondern ist auch für den Handgebrauch des Arbeitsrechtspraktikers unentbehrlich." Berliner Wohlfahrtsblatt.

IV. Teil: **Betriebsstillegungsverordnung.** 240 Seiten. 1929. (Guttentagsche Sammlung Deutscher Reichsgesetze. Bd. 138 d.) Geb. RM. 6.50

Tilly, Dr. Helmuth Tczerclas von, **Internationales Arbeitsrecht.** Unter besonderer Berücksichtigung der Internationalen Arbeitsorganisation. 120 Seiten. 1924. (Sammlung Göschen Bd. 882.) . . . . Geb. RM. 1.50

Es ist das erste Werk, das in klarer, kurzer und allen leicht verständlicher Weise das gesamte grundlegende Tatsachenmaterial — und zwar nur dieses — auf dem umfassenden Gebiete des internationalen Arbeiterschutzes von dessen ersten Anfängen bis in die neueste Zeit bietet.

3. Gewerberecht

Hiller, Fr., und **Luppe,** H., **Gewerbeordnung für das Deutsche Reich nebst Kinderschutzgesetz und Hausarbeitsgesetz** sowie den für das Reich und Preußen erlassenen Ausführungsbestimmungen. Einundzwanzigste, veränderte Auflage. (143. bis 148. Tausend.) Taschenformat. 931 Seiten. 1928. Mit Nachtrag vom 11. 2. 1929. (Guttentagsche Sammlung Deutscher Reichsgesetze Bd. 6.) . . . . Geb. RM. 11.—

„Ein Wort der Empfehlung für dieses Buch zu sagen, erübrigt sich. Hervorgehoben sei, daß diese Auflage alle Vorzüge der früheren Auflagen in sich schließt. Die zahlreichen neuen Gesetze sind erschöpfend berücksichtigt." Zeitschrift des Deutschen Notarvereins.

Brassert, H., **Allgemeines Berggesetz** für die preußischen Staaten mit Kommentar. Zweite Auflage, bearbeitet von Hans Gottschalk. Groß-Oktav. XXIX, 1291 Seiten. 1914. RM. 27.—, geb. RM. 30.—

Sonnenfeld, Hugo, **Die reichsrechtlichen Bestimmungen, betreffend den Handel mit Drogen und Giften.** Dritte, veränderte Auflage. Taschenformat. 435 Seiten. 1926. (Guttentagsche Sammlung Deutscher Reichsgesetze Bd. 64.) . . . . Geb. RM. 12.—

„Die Arbeit gehört einem Spezialgebiet an, mit dem nicht jeder Jurist zu tun hat. Wird er einmal genötigt, sich auf dieses Gebiet zu begeben, so ist er um so dankbarer für eine Arbeit, die sofort den Eindruck größter Sachkunde und vollständiger Materialsammlung macht, und deren Führung man sich unbedenklich anvertrauen kann."

Vossische Zeitung.

Lebbin, Georg, **Nahrungsmittelgesetze** mit Erläuterungen. Zweite, stark vermehrte Auflage in zwei Bänden.

I. Band: Das Lebensmittelgesetz vom 5. Juli 1927 mit Nebengesetzen (Margarine, Fleisch, Milch, Süßstoff, Essigsäure usw.). Erläutert von G. Lebbin und R. Gießner. Taschenformat. XVI, 419 Seiten. 1928. Geb. RM. 8.50

II. Band: Getränkegesetze und Getränkesteuergesetze (Wein, Bier, Branntwein, Mineralwasser). Unter Mitarbeit von Rechtsanwalt Dr. Kniebe. Taschenformat. XII, 400 Seiten. 1926. (Guttentagsche Sammlung Deutscher Reichsgesetze Bd. 54b.) . . . . Geb. RM. 10.—

„Das Werk ist für unsere Leser und überhaupt die ganze Fachwelt der Getränkeindustrie unentbehrlich, muß doch jedermann mit den einschlägigen Gesetzesbestimmungen sich soweit wie irgend möglich vertraut machen, wenn er nicht in Nachteile geraten will. Die Anschaffung des Buches kann bestens empfohlen werden."

Branntweinmonopol.

Voß, Werner, **Die reichs- und landesrechtlichen Bestimmungen auf dem Gebiete des Gesundheitswesens. Taschenformat** 608 Seiten. 1929. (Guttentagsche Sammlung Deutscher Reichsgesetze Bd. 172.) Geb. RM. 11.—

„Das Buch wird seiner Aufgabe, fast den gesamten Gesetzesstoff in einem einzigen kleinen Bande in die Hand zu geben, gewiß gerecht und wird sich schnell als unentbehrliches Hilfsmittel für jeden erweisen, der öfter mit dem Gesundheitswesen zu tun hat." Reichsverwaltungsblatt.

4. Geistig-gewerblicher Rechtsschutz.

Pietzcker, Eduard, **Patentgesetz und Gebrauchsmusterschutzgesetz.** Kommentar unter Berücksichtigung der vorgeschlagenen und weiter beantragten Abänderungen des Patentgesetzes. Erster Halbband: §§ 1—12 PatG. Groß-Oktav. 427 Seiten. 1929. (Gewerbe- und Industrie-Kommentar Bd. V, 1.) . . . . . RM. 26.—, geb. RM. 28.—

„Die überall zutage tretende geistige Leistung macht Pietzckers Kommentar für jeden, der sich mit diesem Rechtsgebiet zu beschäftigen hat, zum unentbehrlichen Rüstzeug."

Markenschutz und Wettbewerb.

Seligsohn, Arnold, **Patentgesetz und Gesetz, betr. den Schutz von Gebrauchsmustern.** Siebente Auflage. Oktav. 1929. In Bearbeitung.

„Die Vorzüge des Buches sind bekannt. Klare, leichtfaßliche Sprache, wissenschaftliche Vertiefung, dabei starke Betonung der Praxis, lückenlose Behandlung aller Probleme sind die Vorzüge, die den Seligsohnschen Kommentar zum unentbehrlichen Rüstzeug jedes im gewerblichen Rechtsschutz Tätigen gemacht haben."

Mitteilungen vom Verband Deutscher Patentanwälte.

Lutter, R., **Patentgesetz.** Nebst Ausführungsbestimmungen, völkerrechtlichen Verträgen und Patentanwaltsgesetz, unter eingehender Berücksichtigung der Rechtsprechung des Reichsgerichts und der Praxis des Reichspatentamts. Neunte Auflage. Taschenformat. XV, 467 Seiten. 1928. (Guttentagsche Sammlung Deutscher Reichsgesetze Bd. 22.) Geb. RM. 10.—

„Der jetzige Verfasser hat einen völlig neuen Kommentar geschaffen, der in seiner Knappheit und Sparsamkeit dem ursprünglichen Zweck gerecht wird, aber an wissenschaftlicher Durcharbeitung und Gründlichkeit die vorangegangenen Auflagen weit überragt."

Gewerblicher Rechtsschutz und Urheberrecht.

Elster, Alexander, **Urheber- und Erfinder-, Warenzeichen- und Wettbewerbsrecht.** (Gewerblicher Rechtsschutz.) Zweite, stark erweiterte und völlig umgearbeitete Auflage. Mit Abdruck der Gesetzestexte. Oktav. XII, 611 Seiten. 1928. (Lehrbücher und Grundrisse der Rechtswissenschaft Bd. VIII.) . . . . RM. 18.—, geb. RM. 19.50

„Seit Kohler und Osterrieth endlich wieder das lang entbehrte Lehrbuch. Hier unternimmt ein wahrhaft selbständiger und ideenreicher Kopf den Versuch, eine wirkliche Synthese zu schaffen."

Juristische Rundschau.

Neuberg, J., **Der internationale gewerbliche Rechtsschutz.** 2. Auflage. 128 Seiten. 1923. (Sammlung Göschen Bd. 271.) . . . Geb. RM. 1.50

Neuberg, Johannes, **Gesetz, betr. das Urheberrecht an Mustern und Modellen,** und Gesetz, betr. den Schutz von Gebrauchsmustern, nebst den zu beiden Gesetzen ergangenen Ausführungsverordnungen und abgeschlossenen internationalen Verträgen. Textausgabe mit Einleitung, Anmerkungen und Sachregister. Taschenformat. 192 Seiten. 1911. (Guttentagsche Sammlung Deutscher Reichsgesetze Bd. 102.) Geb. RM. 2.40

„Die Anmerkungen sind kurz, klar, treffend, mit Nachweisungen aus der Judikatur und aus der Literatur versehen. Sie ermöglichen auch dem mit der Materie nicht vertrauten Praktiker eine schnelle Orientierung über den Stand der Frage."

Zeitschrift für das gesamte Handelsrecht.

Daude, Paul, **Die Reichsgesetze über das Urheberrecht an Werken der Literatur und der Tonkunst und das Verlagsrecht** vom 19. Juni 1901 in der Fassung des Gesetzes vom 22. Mai 1910 zur Ausführung der revidierten Berner Übereinkunft. Oktav. VIII, 293 Seiten. 1910. RM. 6.—

„Der Zusammenhang der erläuterten Gesetze mit dem Strafgesetzbuch, dem Bürgerlichen Gesetzbuch und anderen Gesetzen ist in leichtverständlicher Weise praktisch dargestellt. Es wird vorzügliche Dienste leisten." *Deutsche Literatur-Zeitung.*

Lindemann, O., **Gesetz, betr. das Urheberrecht** an Werken der Literatur und der Tonkunst. Vierte Auflage. Taschenformat. 171 Seiten. 1921. (Guttentagsche Sammlung Deutscher Reichsgesetze Bd. 60.) Geb. RM. 1.80

„Die Arbeit ist nicht bloß eine Gesetzesausgabe, sondern ein wertvoller Kommentar des Gesetzes. Das Werk sei jedermann auf das beste empfohlen." *Juristische Wochenschrift.*

Fuld, Ludwig, **Gesetz, betr. das Urheberrecht an Werken der bildenden Künste und der Photographie.** Zweite Auflage. Taschenformat. 192 Seiten. 1925. (Guttentagsche Sammlung Deutscher Reichsgesetze Bd. 81.) . . . . Geb. RM. 6.—

„Der zwar kleine, aber inhaltreiche und daher sehr beliebte Kommentar von Fuld erscheint in zweiter, völlig neubearbeiteter Auflage. Überall ist dem Stande der heutigen Rechtsprechung und wissenschaftlichen Auffassungen Rechnung getragen. In einem Anhang sind die einschlägigen internationalen Übereinkommen abgedruckt. Alle Interessenten werden mit Freuden die neue Auflage begrüßen."

Danziger Juristische Monatsschrift.

Heinitz, Ernst, und **Marwitz**, Bruno, **Das Reichsgesetz über das Verlagsrecht.** Textausgabe mit Einleitung, Anmerkungen und Sachregister. Dritte Auflage. Taschenformat. 136 Seiten. 1922. (Guttentagsche Sammlung Deutscher Reichsgesetze Bd. 61.) . . . . Geb. RM. 1.60

„Dieser kurze Kommentar ist durch seine knappen, das Wichtige klar vortragenden Darlegungen dazu berufen, eine Lücke auszufüllen, die sich für den Praktiker des Verlagsrechts seit Jahren ergab. Man darf deshalb das Erscheinen dieser neuen Auflage aus der Feder des Spezialisten des Verlagsrechts mit größter Freude begrüßen."
Börsenblatt für den Deutschen Buchhandel.

Elster, A., **Das deutsche Urheber- und Verlagsrecht.** 128 Seiten. 1923. (Sammlung Göschen Bd. 863.) . . . . Geb. RM. 1.50

„Erstaunlich ist, wie Elster diese beiden so viel umstrittenen Gesetze auf so engem Raum in vortrefflicher Weise zur Darstellung gebracht hat." *Deutscher Journalistenspiegel.*

Heymann, E., **Die zeitliche Begrenzung des Urheberrechts.** Oktav. 74 Seiten. 1927. (Sitzungsberichte der Preußischen Akademie der Wissenschaften zu Berlin.) . . . . RM. 5.—

Elster, A., **Das deutsche Erfinderrecht.** (Patent- und Musterschutzrecht). 118 Seiten. 1924. (Sammlung Göschen Bd. 891.) . . Geb. RM. 1.50

„Die Aufgabe, einen Überblick über das deutsche Erfinderrecht zu geben, ist im Rahmen der kurzen Erörterungen mit viel Geschick gelöst. Deshalb wird das Büchlein auch bei allen Gruppen der am Patentrecht interessierten Personen seine Freunde finden."
Gewerblicher Rechtsschutz und Urheberrecht.

Seligsohn, Jul., **Geheimnis und Erfindungsbesitz.** Groß-Oktav. 147 Seiten. 1921 . . . . RM. 3.—

Reininger, G., **Der Schutz des Urheberrechts im deutschen Rundfunk.** Oktav. 88 Seiten. 1929 . . . . RM. 4.—

„Eine interessante, zeitgemäße, namentlich auch für geistige Neuschöpfer wichtige Studie." *Badische Rechtspraxis.*

Wolff, F., und **Crisolli**, K.-A., **Das Recht der Reklame.** Lexikon-Oktav. 424 Seiten. 1929 . . . . RM. 20.—, geb. RM. 22.—

Mit diesem Buch ist erstmalig eine systematische erläuternde Zusammenstellung der hauptsächlichsten Bestimmungen gegeben, die von Reklame handeln, bzw. mit Reklame in irgendeinem Zusammenhang stehen. In der Praxis macht sich das Fehlen einer solchen Bearbeitung sehr bemerkbar, da die Reklame in der Gesetzgebung kein in sich abgeschlossenes Gebiet bildet, sondern ihre gesetzlichen Grundlagen in den mannigfachen Bestimmungen des privaten und öffentlichen Rechts findet. Die Verfasser haben die einschlägige Rechtsprechung und Literatur bis in die neueste Zeit berücksichtigt.

Pinner-Elster, Gesetz gegen den unlauteren Wettbewerb. Achte, sehr vermehrte und umgestaltete Auflage. Taschenformat. 254 Seiten. 1927. (Guttentagsche Sammlung Deutscher Reichsgesetze Bd. 37.) Geb. RM. 5.—

„Das Buch ist mehr als eine bloße ‚Textausgabe mit Anmerkungen', nämlich ein richtiger Kommentar, und wird in der Praxis ausgezeichnete Dienste tun."
Senatspräsident am Reichsgericht Dr. Lobe, Leipzig, i. d. Jurist. Wochenschrift.

Wassermann, Martin, **Der unlautere Wettbewerb** nach deutschem Recht. I. Generalklausel, Reklameauswüchse, Ausverkaufswesen, Angestelltenbestechung. 160 Seiten. 1911. II. Kreditschädigung, Firmen- und Namenmißbrauch, Verrat von Geheimnissen, Ausländerschutz. 151 Seiten. 1911. (Sammlung Göschen Bd. 339 u. 535.) . . . Geb. je RM. 1.50

Born, A., **Reichspreßgesetz** vom 7. Mai 1874 nebst den einschlägigen Bestimmungen der Reichsverfassung, des Reichsstrafgesetzbuches, der Gewerbeordnung usw. Mit Kommentar und Sachregister. Dritte Auflage. Taschenformat. 176 Seiten. 1924. (Guttentagsche Sammlung Deutscher Reichsgesetze Bd. 53.) . . . . Geb. RM. 4.—

„Das Werk bringt eine sehr reichhaltige Kommentierung des Stoffes, die um so wertvoller ist, als den Entscheidungen der Wortlaut der Urteilsbegründungen beigefügt ist. Sämtliche einschlägigen Bestimmungen der das Pressewesen berührenden Gesetze sind aufgeführt, eingehend besprochen und in Beziehung zueinander gebracht worden. Als Nachschlagewerk in Zweifelsfällen wird das Buch von großem Nutzen sein." Ministerialblatt für die preußische innere Verwaltung.

Hagens, Alfred, **Warenzeichenrecht.** Kommentar. Groß-Oktav. VIII, 408 Seiten. 1927. (Gewerbe- und Industrie-Kommentar Bd. III.) RM. 22.—, geb. RM. 24.—

„Eine ausführliche Darstellung, die zeigt, daß der Verfasser das gesamte Fachschrifttum und die reichhaltige Rechtsprechung restlos beherrscht. Ich habe gefunden, daß nicht ein einziger Fall von Bedeutung fehlt." Markenschutz und Wettbewerb.

Seligsohn, Arnold, **Gesetz zum Schutz der Warenbezeichnungen.** Dritte Auflage, bearbeitet in Gemeinschaft mit Martin Seligsohn in Berlin. Groß-Oktav. IV, 416 Seiten. 1925. RM. 15.—, geb. RM. 16.50

„Der Kommentar zeigt alle Vorzüge des in der Wissenschaft und Praxis des gewerblichen Rechtsschutzes gleich ausgezeichneten Juristen: volle theoretische und praktische Beherrschung des Stoffes, klare Darstellungsgabe, sorgsame Behandlung und treffsicheres Urteil." Badische Rechtspraxis.

Freund, G. S., **Magnus,** Julius, und **Jüngel,** Friedrich, **Das deutsche Warenzeichenrecht.** Sechste, neubearbeitete Auflage. Teil I: Die internationalen Verträge. VI, 247 Seiten. Mit 4 Tafeln. 1924. (Guttentagsche Sammlung Deutscher Reichsgesetze Bd. 87a.) Geb. RM. 9.—

„Das ganze Werk mit seiner Fülle von Gesetzen, Verordnungen, Verträgen, Bekanntmachungen bildet eine Quellensammlung für das internationale deutsche Zeichenrecht, ohne die man fortan nicht mehr auskommen kann." Gewerblicher Rechtsschutz und Urheberrecht.

IV. Zivilprozeß

Fischer, Otto, **Lehrbuch des deutschen Zivilprozeß- und Konkursrechts.** Groß-Oktav. XII, 488 Seiten. 1918 . . . RM. 8.—, geb. RM. 10.—

Kisch, Wilh., **Deutsches Zivilprozeßrecht.**

I. Band. Vierte, verbesserte Auflage. 115 Seiten. 1929. (Sammlung Göschen Bd. 428.) . . . . Geb. RM. 1.50

II. Band. Vierte, verbesserte Auflage. 168 Seiten. 1929. (Sammlung Göschen Bd. 429.) . . . . Geb. RM. 1.50

III. Band. Vierte, verbesserte Auflage. 148 Seiten. 1929 (Sammlung Göschen Bd. 430.) . . . . Geb. RM. 1.50

Diese Auflage wird jedem, der sich auf gemeinverständliche Weise über unser geltendes Zivilgerichtswesen unterrichten will, gute Dienste leisten, und kann namentlich den Studierenden des Rechts als Einführung bestens empfohlen werden.

Sydow, R., **Busch,** L., und **Krantz,** W., **Zivilprozeßordnung und Gerichtsverfassungsgesetz.** Neunzehnte Auflage. Groß-Oktav. VIII, 1335 Seiten. 1926. (de Gruytersche Sammlung Deutscher Gesetze. Handkommentare.) . . . . Geb. RM. 25.—

„Der Wert des Werkes ist längst anerkannt. Es gibt wohl keinen Praktiker, der sich seiner nicht mit besonderer Vorliebe bedient. Vollständigkeit, Übersichtlichkeit, Zuverlässigkeit und Ausführlichkeit der Erläuterungen sind auch diesmal dem allgemein beliebten Buche als seine hervorstechendsten Vorzüge treugeblieben. Für die Praxis ist es unentbehrlich."

Zeitschrift des Bundes Deutscher Justizamtmänner.

Zivilprozeßordnung mit Gerichtsverfassungsgesetz und Einführungsgesetzen in der Fassung der Bekanntmachung vom 13. Mai 1924 mit den bis 1. April 1929 ergangenen Abänderungen. Textausgabe mit Sachregister. Taschenformat. 440 Seiten. 1929. (Guttentagsche Sammlung von Textausgaben ohne Anmerkungen.) . . . Geb. RM. 3.50

Die handliche Ausgabe enthält den genannten Gesetzestext mit einem das Zurechtfinden sehr erleichternden Sachregister.

Sydow, R., **Busch,** L., und **Krantz,** W., **Gerichtsverfassungsgesetz** mit Einführungsgesetz. Unter besonderer Berücksichtigung der Entscheidungen des Reichsgerichts. Zehnte Auflage. Taschenformat. 347 Seiten. 1925. (Guttentagsche Sammlung Deutscher Reichsgesetze Bd. 14.)
Geb. RM. 6.—

„Das Buch bedarf keiner Empfehlung, es empfiehlt sich selbst durch die Fülle dessen, was es bietet. Gesetzgebung und Rechtsprechung sind bis in die neueste Zeit berücksichtigt."

Leipziger Zeitschrift für Deutsches Recht.

Rausnitz, Julius, **Gebührenordnung für Notare** vom 28. Oktober 1922 (GS. 404) nebst den einschlägigen Vorschriften des Preußischen Gerichtskostengesetzes vom 28. Oktober 1922 (GS. 363), beide in der Fassung der Gesetze vom 12. April 1923 (GS. 107), 18. Dezember 1923 (GS. 556) und der Verordnung vom 28. Juni 1924 (GS. 573). Sechste, umgearbeitete Auflage. Oktav. 158 Seiten. 1925. (Guttentagsche Sammlung Preußischer Gesetze Bd. 4.) . . . Geb. RM. 7.—

„Der in seiner äußeren Form sehr handlich und gut ausgestaltete Kommentar kann nur auf das wärmste empfohlen werden. Er wird sehr bald ein unentbehrlicher, weil nie versagender Ratgeber werden, der die Berufsarbeit sehr erleichtern wird." *Juristische Wochenschrift.*

Sydow, R., **Busch,** L., und **Krieg,** O., **Die Deutsche Gebührenordnung für Rechtsanwälte,** das Gesetz, betreffend die Erstattung von Rechtsanwaltsgebühren in Armensachen, und die Preußische Landesgebührenordnung mit Erläuterungen. Auf der Grundlage der Sydow-Busch'schen Textausgabe mit Anmerkungen in dreizehnter Auflage unter Mitaufnahme des Gesetzes über die Erstattung in Armensachen neubearbeitet. Taschenformat 496 Seiten. 1929. (Guttentagsche Sammlung Deutscher Reichsgesetze Bd. 17.) . . . . Geb. RM. 9.—

„Die Erläuterung der Gebührenordnung bietet besonders Wertvolles. Sie steht schon lange unter den Anmerkungsausgaben mit an erster Stelle. Und das mit Recht."

Zeitschrift des Bundes Deutscher Justizamtmänner.

Sydow, R., **Busch,** L., und **Krieg,** O., **Deutsches Gerichtskostengesetz nebst Gebührenordnung** für Gerichtsvollzieher und für Zeugen und Sachverständige in den neuesten Fassungen. Auf der Grundlage de: Sydow-Busch'schen Textausgabe mit Anmerkungen neubearbeitet in elfer Auflage. Taschenformat. XI, 433 Seiten. 1928. (Guttentagsch Sammlung Deutscher Reichsgesetze Bd. 15.) . . . . Geb. RM. 7.50

„Die neue Auflage bietet unter gründlicher Berücksichtigun: der gesamten einschlägigen Rechtsprechung eine zeitgemäße, überichtliche und erschöpfende Erläuterung des Gesetzes. Für den tägli hen Gebrauch in der Praxis erscheint diese Textausgabe mit Anm rkungen als unentbehrlich."

Dr. Natter in der „Württembergischen Zeitschrift für Recht pflege".

Lindemann, Otto, **Preußisches Gerichtskostengesetz** (neueste 'assung). Nach dem Tode des früheren Herausgebers P. Siméon :rläutert. Achte, völlig umgearbeitete Auflage. Taschenformat. 43' Seiten. 1928. (Guttentagsche Sammlung Preußischer Gesetze Bd. 17.)

Geb. IM. 8.—

„Die achte Auflage dieser bekannten Ausgabe des Preußis hen Gerichtskostengesetzes ist entsprechend den bedeutsamen Änderungen d: r letzten Jahre völlig umgearbeitet. Die gesamte Rechtsprechung wurde eingehend berücksichtigt, so daß hier eine Erläuterung vorliegt, die Zuverlässigkeit und Vollständigkeit in sich verbindet."

Mitteilungen des Preußischen Richtervereins.

Freiwillige Gerichtsbarkeit

Jastrow, Hermann, und **Günther,** Hermann, **Die Gesetze des Reiches und Preußens über die freiwillige Gerichtsbarkeit.** Textausgabe mt Einleitung, Anmerkungen und Sachregister. Siebente, vermehrte Auflage. Taschenformat. 548 Seiten. 1928. (Guttentagsche Smmlung Deutscher Reichsgesetze Bd. 46.) . . . . Geb. RM. 9.—

„Die Anmerkungen unterrichten in zuverlässiger Weise über die wichtigste Rechtsprechung des Reichsgerichts und der deutschen Oberlandesgerichte auf dem Gebiete der freiwilligen Gerichtsbarkeit. Ein ausführliches Sachregister erhöht die Brauchbarkeit des bewährten Buches, das auch in der neuen Auflage seinen Zweck auf dis beste erfüllen wird." *Juristische Wochenschrift.*

Szkolny, Felix, und **Kober,** Leopold, **Das Notariatsrecht,** unter besonderer Berücksichtigung des materiellen Rechts und des Steuer- und Stempelrechts erläutert. Oktav. 230 Seiten. 1926. (Guttentagsche Sammlung Deutscher Reichsgesetze Bd. 163.) . . . . Geb. RM. 8.50

„Die Darlegung des materiellen Rechts, soweit es in der täglichen Anwendung den Notar hauptsächlich beschäftigt. Es wird die Beurkundung einzelner Rechtsgeschäfte und anderer Rechtsvorgänge behandelt Die Ausführungen verwerten die neueste Lehre und Rechtsprechung eingehend, die Darstellung ist leicht faßlich und klar, einzelne Muster vervollkommnen das anschauliche Bild."

Zeitschrift des Deutschen Notarvereins.

Szkolny, Felix, **Die Belehrungspflicht des Notars.** Oktav. 52 Seiten. 1927. . . . . RM. 2.—

„Ein trotz seines geringen Umfanges sehr nützliches Buch, für das wir dem Verfasser Dank wissen müssen. Es ist zu begrüßen, daß die Beschäftigung mit dem Notariatsrecht zunimmt, und es besteht die Hoffnung, daß dies eine günstige Einwirkung auf die Handhabung des Notariats nicht verfehlen wird."

Zeitschrift des Deutschen Notarvereins.

Konkursordnung und Zwangsvollstreckung

Jaeger, Ernst, **Kommentar zur Konkursordnung** und den Einführungsgesetzen. Mit einem Anhang, enthaltend das Anfechtungsgesetz, die Vergleichsordnung, Auszüge aus den Kostengesetzen, Ausführungsgesetze und Geschäftsordnungen. Sechste und siebente, neubearbeitete Auflage. Groß-Oktav. Der Umfang des Gesamtwerkes umfaßt etwa 100 Bogen. Die Ausgabe erfolgt in Lieferungen.
Gesamtpreis etwa RM. 80.—

Erster Band. Erste Lieferung (§§ 1—16). 296 Seiten. 1928.
RM. 16.—

Erster Band. Zweite Lieferung (§§ 17—27). Seite 297—472. 1929.
RM. 10.—

„Das Jaegersche Werk ist ohne Zweifel der beste von den mehreren guten Kommentaren zur Konkursordnung, die wir besitzen."
Zeitschrift für Deutschen Zivilprozeß.

Sydow, R., **Busch,** L., und **Krieg,** O., **Konkursordnung** und Anfechtungsgesetz mit Erläuterungen. Auf der Grundlage der Sydow-Buschschen Textausgabe mit Anmerkungen in fünfzehnter Auflage unter Mitaufnahme der Vergleichsordnung neubearbeitet. Taschenformat. 816 Seiten. 1929. (Guttentagsche Sammlung Deutscher Reichsgesetze Nr. 13.) . . . . Geb. RM. 12.—

„Die Erläuterungsbücher von Sydow-Busch sind als Kommentare mittleren Umfanges seit vielen Jahren in der Juristenwelt rühmlichst bekannt." *Juristische Rundschau.*

Fischer, K., und **Schäfer,** L., **Die Gesetzgebung, betr. die Zwangsvollstreckung in das unbewegliche Vermögen** im Reiche und in Preußen. Bearbeitet von J. Krech und O. Fischer. Zweite Auflage. Lexikon-Oktav. XVI, 728 Seiten. 1910 . . . RM. 15.—, geb. RM. 18.—

„Unter den zahlreichen Bearbeitungen des Zwangsvollstreckungsgesetzes ist der Kommentar von Fischer und Schäfer wohl der wissenschaftlich bedeutendste. Überall sind die Erläuterungen systematisch, manchmal geradezu lehrbuchartig aufgebaut, die leitenden Gedanken treten trotz der Fülle der behandelten Einzelfragen klar und deutlich hervor."
Zeitschrift für Rechtspflege in Bayern.

Krech, J., und **Fischer,** O., **Die Gesetzgebung, betr. die Zwangsvollstreckung in das unbewegliche Vermögen** im Reiche und in Preußen. Textausgabe mit Einleitung, Anmerkungen und Sachregister. Zehnte Auflage, bearbeitet von O. Fischer. Taschenformat. 266 Seiten. 1929. (Guttentagsche Sammlung Deutscher Reichsgesetze Bd. 43.)
Geb. RM. 5.—

„Einer besonderen Empfehlung dieser handlichen Ausgabe, deren Hauptteil das Gesetz über die Zwangsversteigerung und Zwangsverwaltung bildet, bedarf es nicht. Gesetzgebung, Rechtsprechung und Rechtslehre sind bis zur Gegenwart berücksichtigt."
Sächsisches Archiv für Rechtspflege.

Samter, M. K., **Handbuch zum Verfahren der Zwangsversteigerung und Zwangsverwaltung** nach dem Reichsgesetz vom 24. März 1897 (Fassung vom 20. Mai 1898). Zweite Auflage, vermehrt durch einen Nachtrag und ein Selbstexaminatorium. VIII, 400 Seiten. 1912.
RM. 5.—

Im ersten Teil dieses Handbuches sind, seinem Einführungszweck entsprechend, die allgemeinen und materiellrechtlichen Grundlagen des Verfahrens kurz dargestellt, deren Aneignung jüngeren Juristen besonders schwer fällt. Im zweiten Teil ist das Verfahren in organischer Plastik zur Darstellung gelangt, um auch älteren Juristen, in strepitu fori, eine leichte und doch voll ausreichende Übersicht der in Betracht kommenden Vorschriften und Rechtsgrundsätze zu gewähren.

Kretzschmar, F., **Die Zwangsversteigerung und die Zwangsverwaltung.** 110 Seiten. 1911. (Sammlung Göschen Bd. 523.) . . Geb. RM. 1.50

V. Strafrecht und Strafprozeß

Strafgesetzbuch

Ebermayer, Ludwig, **Lobe,** Adolf und **Rosenberg,** Werner, **Das Reichsstrafgesetzbuch,** Leipziger Kommentar mit besonderer Berücksichtigung der Rechtsprechung des Reichsgerichts. Vierte, vermehrte und verbesserte Auflage. Lexikon-Oktav. X, 1282 Seiten. 1929.
RM. 56.—, in Halbleder geb. RM. 63.—

„Zusammenfassend wird man sagen müssen, daß der Kommentar nun wohl endgültig an die Spitze der großen Kommentare zum StGB. getreten ist.“ Zeitschrift für Rechtspflege in Bayern.

Kohlrausch, Eduard, **Strafgesetzbuch für das Deutsche Reich mit Nebengesetzen.** Textausgabe mit Anmerkungen und Sachregister. Achtundzwanzigste Auflage. Taschenformat. XII, 589, *52 Seiten. 1928. (Guttentagsche Sammlung Deutscher Reichsgesetze Bd. 2.)
Geb. RM. 8.—

„Ein Buch, an Hand dessen eine schnelle und zuverlässige Orientierung über die wichtigsten Auslegungsfragen möglich ist. Es dient in gleicher Weise dem Studierenden zur Einführung in eine Lektüre des Gesetzes wie dem Praktiker zur schnellen Auffindung einer Entscheidung.“
Rechtsanwalt Dr. Max Alsberg in der „Juristischen Wochenschrift“.

Liszt, Fr. v., **Lehrbuch des deutschen Strafrechts.** Fünfundzwanzigste, vollkommen durchgearbeitete und zum Teil umgestaltete Auflage, besorgt von Dr. E. Schmidt, Professor an der Universität Breslau. Groß-Oktav. XXXIV, 976 Seiten. 1927.
RM. 27.50, geb. RM. 30.—

„Das Lisztsche Lehrbuch wird auch in dieser neuen Bearbeitung seinen ersten Platz und seinen Weltruf sich bewahren.“
Zeitschrift des Deutschen Notarvereins.

Gerland, H. B., **Das deutsche Reichsstrafrecht.** Oktav. 600 Seiten. 1922. (Lehrbücher und Grundrisse der Rechtswissenschaft Bd. XVI.)
RM. 10.—, geb. RM. 11.50

„Durch knappe, geradezu klassische Kürze zeigende Darstellung gelang es Gerland auf engem Raume eine ungeheure Fülle des Stoffes zu bieten und auf jede Frage Antwort zu geben.“
Juristische Wochenschrift.

Zeitschrift für die gesamte Strafrechtswissenschaft. Gegründet von **Fr. von Liszt** und **A. Dochow.** Unter ständiger Mitarbeiterschaft hervorragender Fachmänner herausgegeben von Dr. K. von Lilienthal, Professor in Heidelberg, Dr. Ed. Kohlrausch, Professor in Berlin, und Dr. W. Gleispach, Professor in Wien. Der Jahrgang besteht aus 8—9 Heften. Quart.

Bd. 1—43. 1881—1922. Je RM. 15.—. Bd. 44. 1922. RM. 25.—. Bd. 45. 1924. RM. 21.—. Bd. 46—49. 1925—1929. Je RM. 30.—.

Sammlung außerdeutscher Strafgesetzbücher in deutscher Übersetzung. Herausgegeben von den Schriftleitungen der Zeitschrift für die gesamte Strafrechtswissenschaft und der Mitteilungen der Internationalen Kriminalistischen Vereinigung.

Nr. 1—43. 1881—1914. Preise auf Anfrage.

Nr. 44:

Japanische Strafgesetze. I. Schwurgerichtsordnung vom 18. April 1923 und strafrechtliche Nebengesetze. Übersetzt von Hyoichiro Kusano, Reichsgerichtsrat in Tokio, Tadao Sugiura, Oberlandesgerichtsrat in Sapporo, und Dr. jur. Fritz Bartelt in Berlin. II. Strafvollzugsgesetz vom 28. März 1908 nebst Ausführungsverordnung vom 16. Juni 1908. Übersetzt von Dr. jur. Toshita Tokiwa, Gerichtsassessor in Tokio, und Dr. jur. Werner Gentz, Justizrat beim Strafvollzugsamt in Kiel. Oktav. 55 Seiten. 1927. RM. 3.—

Nr. 45:

Die Auslieferungsgesetze Norwegens, Schwedens und Finnlands. Mit einer systematischen Darstellung der Grundzüge des nordischen Auslieferungsrechts im Hinblick auf den Erlaß eines deutschen Auslieferungsgesetzes Von Dr. jur. Ernst Wolgast, Privatdozent in Königsberg i. Pr. Groß-Oktav. VIII, 487 Seiten. 1928. . . RM. 20.—

Nr. 46:

Das Türkische Strafgesetzbuch vom 1. März 1926. Gesetz Nr. 765. (Türkisches Gesetzblatt Nr. 320 vom 13. März 1926.) Das Ausführungsgesetz zum Türkischen Strafgesetzbuch vom 26. April 1926. Deutsche Übersetzung von Dr. jur. Kurt Ziemke. Oktav. 138 Seiten. 1927 . . . . RM. 5.—

Nr. 47:

Entwurf eines griechischen Strafgesetzbuches. Übersetzt und eingeleitet von Demetrius G. Venturas, Rechtsanwalt in Korfu, Griechenland. Oktav. 123 Seiten. 1928 . . . . RM. 7.—

Nr. 48:

Italienischer Vorentwurf zu einem neuen Strafgesetzbuch. (Progetto di un nuovo codice penale.) In deutscher Übersetzung von Dr. K. Bunge, Landgerichtsrat in Berlin. Oktav. XXXII, 244 Seiten. 1928. RM. 10.—

Nebengesetze

Lindemann, Otto, **Sammlung der wichtigsten preußischen Strafgesetze.** Zweite Auflage. Taschenformat. 372 Seiten. 1912. (Guttentagsche Sammlung Preußischer Gesetze Bd. 34.) . . . . . Geb. RM. 3.50

„Die durch mehrere wichtige Gesetze erweiterte zweite Auflage dieses unentbehrlichen Ergänzungsbandes zu den in Einzelausgaben erschienenen Preußischen Gesetzen ist durch die Wiedergabe der noch geltenden vereinzelten alten Strafvorschriften nebst trefflich unterrichtenden Vorbemerkungen und Erläuterungen besonders wertvoll. Nur mittels einer solchen ausgezeichneten Sammlung ist es möglich, auch die zerstreuten Gebiete des Strafrechts völlig zu beherrschen.“

Deutsche Juristen-Zeitung.

Kirchner, Rudolf, **Gesetz über den Verkehr mit Kraftfahrzeugen.** Vierte Auflage. (Guttentagsche Sammlung Deutscher Reichsgesetze Bd. 92.) In Vorbereitung.

„Ein sehr wertvolles Hilfsmittel für Anwendung und Auslegung des wichtigen Gesetzes.“ Leipziger Zeitschrift für deutsches Recht.

Lindemann, Otto, **Polizeiverordnungen in Preußen.** Zweite Auflage. Taschenformat. 189 Seiten. 1912. (Guttentagsche Sammlung Preußischer Gesetze Bd. 36.) . . . . Geb. RM. 2.50

Abhandlungen des Kriminalistischen Instituts an der Universität Berlin. Herausgegeben von Dr. **Franz von Liszt,** o. Professor der Rechte. Sonderverzeichnis kostenlos. Vierte Folge. I. Band.

Heft 1:

Dannenberg, Herbert, **Liberalismus und Strafrecht im 19. Jahrhundert unter Zugrundelegung der Lehren Karl Georg von Waechters.** Oktav. IV, 66 Seiten. 1925 . . . . RM. 3.—

Heft 2:

Tarnowski, Dr. Hans, **Die systematische Bedeutung der adäquaten Kausalitätstheorie für den Aufbau des Verbrechensbegriffs.** Oxtav. X, 340 Seiten. 1927 . . . . RM 18.—

Heindl, Robert, **System und Praxis der Daktyloskopie** und der sonstigen technischen Methoden der Kriminalpolizei. Dritte, neubearbeitete und vermehrte Auflage. 900 Abbildungen im Text und 21 Bildertafeln. 780 Seiten. Groß-Oktav. 1927 . . . . . RM. 36, geb. RM 40.—

„Ein Werk, mit dem wohl für geraume Zeit die Literatur dieses Gebiets ihren krönenden Abschluß gefunden haben dürfte. — Es darf erwartet werden, daß jeder Richter, Rechtsanwalt und Verteidiger sich dieses vorzüglichen Werkes bedient." *Deutsche Juristenzeitung.*

Kleine kriminalistische Bücherei.

Band 1:

Schneickert, Hans, **Die strafrechtlichen Aufgaben der Polizei.** Für den Polizeiunterricht und die Polizeipraxis. Taschenformat. 182 Seiten. 1921. RM. 2.—

„Das Werk stellt ein brauchbares Hilfsmittel für Unterricht und Praxis dar, dessen Benutzung noch durch ein eingehendes Sachregister erleichtert wird." *Ministerialblatt für die preußische Verwaltung.*

Band 2:

Philipp, Lothar, **Beobachtungs- und Ermittlungspraxis im Polizei- und Detektivdienst.** Taschenformat. 180 Seiten. 1923 . . . RM. 2.—

„Alles in allem: ein Buch, für den Fachmann lesenswert, für den Anfänger ein guter Leitfaden, für den Laien interessant."
Zeitschrift für gerichtliche Schriftvergleichung.

Band 3:

Manteuffel, H. v., **Falschspieler.** Formen und Technik des Spielbetruges, nebst einem Anhange: Der Spielprofessor und sein angeblich sicheres System beim Spiele gegen eine öffentliche Roulettebank. Taschenformat 90 Seiten. 1923 . . . . RM. 2.—

Gerade heutzutage, wo die Spielleidenschaft so weite Kreise zieht, ist es von besonderem Reiz, diese klare, flüssige und lehrreiche Darstellung zu verfolgen.

Band 4:

Schneickert, Hans, **Kriminalistische Spurensicherung.** Sammlung dienstlicher Anweisungen und sachverständiger Ratschläge für den Dienstgebrauch und für Polizeischulen. Zweite, vermehrte und verbesserte Auflage. Taschenformat. 96 Seiten. Mit 2 Abbildungen. 1925. Geb. RM. 3.—

„Alle Einzelheiten werden hervorgehoben und als möglicherweise wichtige Beweismomente in einem vielarmigen System zusammengefaßt. In der Durchführung seiner Aufgabe hat der Verfasser tatsächlich alles berücksichtigt, was für das Beweisverfahren von Bedeutung ist und sein könnte." *Archiv für Kriminologie.*

Band 5:

Rehfeld, P., **Gerichtsärztliche Tatbestandsfeststellungen** im Dienste der Polizei. Ein Leitfaden für Polizei- und Kriminalbeamte. Taschenformat. 133 Seiten. 1927 . . . . Geb. RM. 3.50

„Die Bearbeitung gibt eine geschlossene, einheitliche Behandlung des Stoffgebietes durch einen Arzt, wie sie anderweitig in der kriminalistischen Literatur nicht vorhanden ist.“ Deutsches Polizeiarchiv.

Strafprozeßordnung

Kohlrausch, Eduard, **Strafprozeßordnung** und Gerichtsverfassungsgesetz mit Nebengesetzen. Einundzwanzigste Auflage. Taschenformat. XI, 526 Seiten. 1927. (Guttentagsche Sammlung Deutscher Reichsgesetze Bd. 12.) . . . . Geb. RM. 7.50

„Das Buch ist nicht nur für den Praktiker, der sich rasch unterrichten will, sondern auch für den Studierenden, zumal wenn ihm die wirtschaftlichen Verhältnisse die Anschaffung umfangreicher Kommentare nicht ermöglichen, von größtem Wert.“
Oberreichsanwalt Dr. Ebermayer in der „Juristischen Wochenschrift“.

Feisenberger, Albert, **Strafprozeßordnung und Gerichtsverfassungsgesetz.** Handkommentar. Groß-Oktav. IX, 517 Seiten. 1926. Mit Nachtrag. 1927. (de Gruytersche Sammlung Deutscher Gesetze. Handkommentare.) . . . . Geb. RM. 17.—

„Der vorliegende Handkommentar ist eine glänzende Arbeit, die bald in der Hand jedes Strafrichters und Rechtsanwalts sein wird. Er hält die Mitte zwischen Textausgabe und den umfangreichen Kommentaren. Geradezu vorbildlich ist er für den Umfang der Heranziehung der Rechtsprechung. Alles Wesentliche ist berücksichtigt.“
Danziger Juristische Monatsschrift.

Beling, E., **Deutsches Reichsstrafprozeßrecht** mit Einschluß des Strafgerichtsverfassungsrechts. Oktav. XIV, 568 Seiten. 1928. (Lehrbücher und Grundrisse der Rechtswissenschaft Bd. XVII.)
RM. 15, geb. RM. 16.50

Die Eigenart des vorliegenden Lehrbuches des Reichsstrafprozeßrechts ist, daß es dem Verständnis der Gesetzestexte vorarbeiten und zu ihnen hinführen will. Gerade das, was nicht im Gesetz steht, ist die Hauptsache; die Gesetzesparagraphen sind Ziel, nicht Ausgangspunkt. Insbesondere aber stellt der Verfasser die Regelungsinhalte des geltenden Rechts in die heutige rechtspolitische Gedankenwelt hinein und gibt ein auch äußerlich scharf hervortretendes System, das den Lernenden befähigt, die Fülle der Einzelheiten unter allgemeinen Ordnungsgesichtspunkten zusammenzusetzen.

Rosenfeldt, E. H., **Deutsches Strafprozeßrecht.** 2 Bände. 128 und 148 Seiten. 1926. (Sammlung Göschen Bd. 938/939.) . Geb. RM. 1.50

„Eine wissenschaftlich hochstehende, auf einem knappen Raum zusammengedrängte, klar und originell geschriebene Einführung in den deutschen Strafprozeß.“ Schweizer. Zeitschrift für Strafrecht.

Löwe, F., und **Rosenberg,** Werner, **Die Strafprozeßordnung für das Deutsche Reich** vom 22. März 1924 nebst dem Gerichtsverfassungsgesetz. Kommentar. Achtzehnte, neubearbeitete Auflage. Lexikon-Oktav. 1332 Seiten. 1929 . . . . RM. 44.—, in Halbleder geb. RM. 50.—

„Der Löwesche Kommentar hat sich in Wissenschaft und Rechtsprechung eine so hervorragende Stellung erworben, daß er zum unentbehrlichen Ratgeber für Theoretiker und Praktiker geworden ist. Der Kommentar steht nach wie vor an erster Stelle und ist ein Meisterwerk in der Kunst einer klaren, übersichtlichen und erschöpfenden Darstellung dieses außerordentlich spröden Stoffes.“
Zeitschrift des deutschen Notarvereins.

Feisenberger, Albert, **Strafprozeßordnung und Gerichtsverfassungsgesetz,** in alter und neuer Fassung synoptisch gegenübergestellt. Mit ausführlichem Sachregister. Taschenformat. 265 Seiten. 1924. Mit Nachtrag. 1927. (Guttentagsche Sammlung Deutscher Reichsgesetze Bd. 158.) . . . . Geb. RM. 4.50

„Die Ausgabe ist für die Praxis auf längere Zeit unentbehrlich. Die synoptische Darstellung erleichtert die Arbeit und schützt vor Gedächtnisfehlern." *Juristische Wochenschrift.*

VI. Öffentliches Recht.

1. Staats- und Völkerrecht.

Fischbach, O. G., **Allgemeine Staatslehre.** Zweite Auflage. 136 Seiten. 1928. (Sammlung Göschen Bd. 358.) . . . . . . Geb. RM. 1.50

„Das Buch darf einer breiten Öffentlichkeit als ausgezeichnete Einführung, den Fachgenossen aber, jung und alt, als Musterbeispiel wissenschaftlichen Bemühens um die denkbar beste Leistung anempfohlen werden, wie man ihm heute nicht allzu häufig mehr begegnet." *Reichsverwaltungsblatt.*

Fischbach, O. G., **Allgemeines Staatsrecht.**
I. Teil. 139 Seiten. 1923. (Sammlung Göschen, Bd. 415.) Geb. RM. 1.50
II. Teil. 151 Seiten. 1923. (Sammlung Göschen Bd. 416.) Geb. RM. 1.50

Diese Bearbeitung bringt nicht bloß einen leicht faßlichen gemeinverständlichen Überblick über alle Zweige des Staatsrechtes, sondern auch in den einzelnen Partien viele gründliche wissenschaftliche Erörterungen der einschlagenden Probleme und kritischen Beleuchtung der verschiedenen Rechtsansichten.

Stier-Somlo, Fritz, **Deutsches Reichs- und Landesstaatsrecht I.** Oktav. XVI, 726 Seiten. 1924. (Lehrbücher und Grundrisse der Rechtswissenschaft Bd. XVIII.) . . . . RM. 16.50, geb. RM. 18.-

„. . . Von den zurzeit vorhandenen größeren Lehrbüchern des Reichsstaatsrechts das geeignetste." *Juristische Wochenschrift.*

Stier-Somlo, Fritz, **Reichsstaatsrecht.** I. Grundbegriffe des Staatsrechts. Verfassungsgeschichte vom Ende des 18. Jahrhunderts bis zur Reichsverfassung vom 11. August 1919. 108 Seiten. 1927. (Sammlung Göschen Bd. 967.) . . . . Geb. RM. 1.50
II. Das geltende Reichsstaatsrecht. 114 Seiten. 1927. (Sammlung Göschen Bd. 968.) . . . . Geb. RM. 1.50

Stier-Somlo, Fritz, **Preußisches Staatsrecht.** Zweite Auflage. 136 Seiten 1927. (Sammlung Göschen Bd. 298.) . . . Geb. RM. 1.50

„Die drei schmalen Bändchen werden nicht allein als wünschenswertes Orientierungsmittel für den Laien und den angehenden Juristen zu begrüßen sein, sondern auch dem im praktischen Berufsleben stehenden Juristen Anregung und Belehrung bieten." *Juristische Wochenschrift.*

Arndt, Adolf, **Die neue Verfassung des Deutschen Reiches.** Dritte Auflage. Taschenformat. 1927. (Guttentagsche Sammlung Deutscher Reichsgesetze Bd. 137.) . . . . RM. 8.—

„Für alle, die sich auf dem schwierigen Gebiet der Reichverfassung orientieren wollen, liegt hier ein vorzügliches Nachschlagewerk von gediegener Wissenschaftlichkeit vor." *Staats- und Selbstverwaltung.*

Stier-Somlo, Fritz, **Kommentar zur Verfassung des Freistaates Preußen.** Groß-Oktav. 319 Seiten. 1921 . . . . Geb. RM. 3.—

„Die Darstellung ist flüssig und knapp und ist als treffliche Orientierung über das neue Verfassungswerk, eine Orientierung, die ihre notwendige Ergänzung in dem vorzüglichen Kommentar Stier-Somlos findet, sehr zu empfehlen." Zeitschrift für öffentliches Recht.

Arndt, Adolf, **Die Verfassung des Freistaats Preußen** vom 30. November 1920. Mit Einleitung, vollständigem Kommentar, Landeswahlgesetz und Sachregister. Taschenformat. 158 Seiten. 1921. (Guttentagsche Sammlung Preußischer Gesetze Bd. 1.)
Geb. RM. 2.—

„Die Einleitung ist eine vortreffliche staatsrechtliche Abhandlung, die unter Berücksichtigung und Verwertung der einschlägigen Literatur in die Entstehungsgeschichte und in die Bedeutung der Verfassungsurkunde einführt. Der Kommentar wird denjenigen, die sich mit den einzelnen Bestimmungen der Verfassung vertraut machen wollen, ein willkommener Ratgeber sein."
Zeitschrift für Polizei- und Verwaltungsbeamte.

Veröffentlichungen der Vereinigung deutscher Staatsrechtslehrer.
Heft 1: Der deutsche Föderalismus. Oktav. 1924 . . . RM. 5.—
Heft 2: Der Schutz des öffentlichen Rechts. Oktav. 1925. RM. 12.—
Heft 3: Die Gleichheit vor dem Gesetz. Der Einfluß des Steuerrechts auf die Begriffsbildung des öffentlichen Rechts. Oktav. 1927. RM. 7.—
Heft 4: Das Recht der freien Meinungsäußerung. — Der Begriff des Gesetzes in der Reichsverfassung. Oktav. 1928 . . . . . RM. 10.—
Heft 5: Wesen und Entwicklung der Staatsgerichtsbarkeit. — Überprüfung von Verwaltungsakten durch die ordentlichen Gerichte. Oktav. 1929 . . . . RM. 12.—

Sehling, Emil, **Kirchenrecht.** Zweite Auflage.
I. Teil. Einleitung. Quellen, Verfassung und Verwaltung der katholischen Kirche. Anhang: Die griechisch-orthodoxe Kirche. 119 Seiten. 1922. (Sammlung Göschen Bd. 377.) . . . . Geb. RM. 1.50
II. Teil: Das evangelische Kirchenrecht. Die Stellung des Staates zur Kirche und das Verhältnis der Religionsgesellschaften zueinander. 87 Seiten. 1927. (Sammlung Göschen Bd. 954.) . . . Geb. RM. 1.50

Edler v. Hoffmann, H., **Deutsches Kolonialrecht.** 150 Seiten. 1907. (Sammlung Göschen Bd. 318.) . . . . Geb. RM. 1.50

Reier, Otto, **Sozialisierungsgesetze.** Taschenformat. 214 Seiten. 1920. (Guttentagsche Sammlung Deutscher Reichsgesetze Bd. 141.)
Geb. RM. 2.20

„Das Werk stellt die erste zusammenfassende kommentarische Darstellung der Sozialisierungsgesetzgebung dar und ist für alle Interessenten unentbehrlich." Zentralblatt der Reichsversicherung.

Delius, H., **Die Beamtenhaftpflichtgesetze** des Reiches und der Länder. Vierte, vermehrte und vollkommen neubearbeitete Auflage. Taschenformat. 384 Seiten. 1929. (Guttentagsche Sammlung Deutscher Reichsgesetze Bd. 94.) . . . . Geb. RM. 10.—

Hohenstein, Adolf, und **Goldbaum,** Wenzel, **Reichsschädengesetze.** Textausgabe mit Anmerkungen. Oktav. 360 Seiten. 1922. (Guttentagsche Sammlung Deutscher Reichsgesetze Bd. 150.) . . . Geb. RM. 4.—

„Im ganzen ist das vorliegende Werk nicht nur ein wertvolles Hilfsmittel für den Fachmann, sondern ist besonders jedem Geschädigten zu empfehlen, der sich über seine Ansprüche orientieren will."
Auslandswarte.

Wörterbuch des Völkerrechts und der Diplomatie. Begonnen von Professor Dr. Julius **Hatscheck** †. Fortgesetzt und herausgegeben von Dr. Karl **Strupp,** Professor an der Universität Frankfurt a. M., Associé de l'institut de droit international, membre de l'Academie Diplomatique Internationale. Lexikon-Oktav.

Band I: Aachen—Lynchfall. VI, 860 Seiten. 1924.
RM. 35.—, in Halbleder geb. RM. 40.—

Band II: Maas—Utschiali. 779 Seiten. 1925.
RM. 35.—, in Halbleder geb. RM. 40.—

Band III (Schluß): Vasallenstaaten—Zwangsverschickung. Ferner Anhang: Abessinien—Weltgerichtshof; Sachverzeichnis und Mitarbeiterregister. II, 1316 Seiten. 1929.
RM. 62.—, in Halbleder geb. RM. 67.—

„Der Vorsprung, den entsprechende Werke in französischem Sprachgewande bisher hatten, ist nunmehr in Deutschland eingeholt. Die Form der alphabetischen Zergliederung des Stoffes ermöglicht eine breitere Behandlung der Einzelfälle, die im internationalen Rechtsleben nicht selten von größerer Bedeutung als vorzeitig aufgestellte Abstraktionen sind." Zeitschrift für Völkerrecht.

Anzilotti, Lehrbuch des Völkerrechts. Übersetzt und herausgegeben vom Institut für ausländisches öffentliches Recht und Völkerrecht, Berlin. I. Band. Groß-Oktav. 444 Seiten. 1929. RM. 19.—, geb. RM. 20.—

Mit der Herausgabe der Übersetzung dieses Lehrbuches des berühmten Völkerrechtlers ist das Institut für ausländisches öffentliches Recht und Völkerrecht einem in Deutschland außerordentlich fühlbaren Bedürfnis entgegengekommen. Das Buch ist nicht schlechthin eine Übersetzung der italienischen Originalausgabe, sondern berücksichtigt auch die gesamte Rechtsprechung und Literatur der letzten Zeit und stellt somit das zurzeit modernste Lehrbuch des Völkerrechts überhaupt dar.

Niemeyer, Theodor, **Völkerrecht.** 168 Seiten. 1925. (Sammlung Göschen Bd. 865.) . . . . Geb. RM. 1.50

Dieses Bändchen gibt in gedrängter Form eine vollständige Übersicht über das Völkerrecht.

Beiträge zum ausländischen öffentlichen Recht und Völkerrecht. Herausgegeben im Auftrage des Instituts für ausländisches öffentliches Recht und Völkerrecht in Berlin in Gemeinschaft mit Friedrich Glum, Ludwig Kaas, Rudolf Smend, Heinrich Triepel von Viktor **Bruns.** Groß-Oktav.

Eine Sammlung einschlägiger wissenschaftlicher Abhandlungen, Materialsammlungen, Übersetzungen besonders wertvoller ausländischer Werke u. a.

Heft 1:

Staatsrecht und Politik. Rede beim Antritt des Rektorats der Friedrich-Wilhelms-Universität zu Berlin am 15. Oktober 1926. Von Heinrich **Triepel.** 40 Seiten. 1927 . . . . RM. 2.—

Heft 2:

Volksentscheid und Volksbegehren. Ein Beitrag zur Auslegung der Weimarer Verfassung und zur Lehre von der unmittelbaren Demokratie. Von Dr. Carl **Schmitt,** o. ö. Professor der Rechte an der Universität Bonn. 54 Seiten. 1927 . . . . RM. 2.60

Heft 3:

Der Aufbau des britischen Reiches. (Der Verhandlungsbericht der Reichskonferenz von 1926.) Eingeleitet und herausgegeben von Gerichtsassessor Dr. K. **Heck,** Referent am Institut für ausländisches öffentliches Recht und Völkerrecht. 152 Seiten. 1927 . . RM. 6.—

Heft 4:

Die Souveränität. Ein Beitrag zur Theorie des Staats- und Völkerrechts. Von Dr. H. **Heller,** Privatdozent und Referent am Institut für ausländisches öffentliches Recht und Völkerrecht. 177 Seiten. 1927 RM. 8.50

Heft 5:

Die Missionsfreiheit nach den Bestimmungen des geltenden Völkerrechts. Von Dr. Theodor **Grentrup,** S. V. D. 112 Seiten. 1928. RM. 5.50

Heft 6:

Das Minoritätenproblem und seine Literatur. Kritische Einführung in die Quellen und die Literatur der europäischen Nationalitätenfrage der Nachkriegszeit, unter besonderer Berücksichtigung des völkerrechtlichen Minderheitenschutzes.

Allgemeiner Teil. Von Jakob **Robinson,** Rechtsanwalt in Kaunas (Litauen). 265 Seiten. 1928 . . . . RM. 9.—

Heft 7:

Der Reichssparkommissar. Von Dr. Karl **Bilfinger,** o. ö. Professor der Rechte an der Universität Halle. 68 Seiten. 1928 . . . RM. 3.60

Heft 8:

Die völkerrechtliche Stellung der fremden Truppen im Saargebiet. Von Dr. jur. J. M. **Bumiller,** Referent am Institut für ausländisches öffentliches Recht und Völkerrecht, Berlin. 156 Seiten. 1928. RM. 9.—

Heft 9:

Das Recht des Ausnahmezustands im Auslande (Frankreich, Belgien, Niederlande, Italien, England, Irland). Bearbeitet im Institut für ausländisches öffentliches Recht und Völkerrecht. 296 Seiten. 1928. RM. 14.—

Heft 10:

Die Beziehungen zwischen dem Parlament und den Gerichten in England. Eine rechtsvergleichende Studie. Von Heinrich B. **Gerland.** 137 Seiten 1928 . . . . RM. 8.—

Heft 11:

Zu den Problemen des fascistischen Verfassungsrechts. Akademische Antrittsvorlesung. Von Dr. Gerhard **Leibholz,** Privatdozent an der Universität Berlin, Referent am Institut für ausländisches öffentliches Recht und Völkerrecht. 112 Seiten. 1928 . . . . RM. 5.—

Heft 12:

Der deutsche und der französische Reichswirtschaftsrat. Ein Beitrag zu dem Problem der Repräsentation der Wirtschaft im Staat. Von Dr. Friedrich **Glum,** Privatdozent an der Universität Berlin, Wissenschaftliches Mitglied des Instituts für ausländisches öffentliches Recht und Völkerrecht. 188 Seiten. 1929 . . . . RM. 9.—

Heft 13:

Das Wesen der Repräsentation unter besonderer Berücksichtigung des Repräsentativsystems. Ein Beitrag zur allgemeinen Staats- und Verfassungslehre. Von Dr. Gerhard **Leibholz,** Privatdozent an der Universität Berlin, Referent am Institut für ausländisches öffentliches Recht und Völkerrecht. Groß-Oktav. 214 Seiten. 1929 . . . . RM. 14.—

Zeitschrift für ausländisches öffentliches Recht und Völkerrecht. Im Auftrage des Instituts für ausländisches öffentliches Recht und Völkerrecht herausgegeben von Dr. Viktor **Bruns**, Professor an der Universität Berlin, Leiter des Instituts.
Band I . . . . Im Druck.
Diese neue Zeitschrift enthält wissenschaftliche Abhandlungen aus dem Gebiete des Völkerrechts und des ausländischen Staats- und Verwaltungsrechts von deutschen und ausländischen Mitarbeitern. Der Materialteil wird aus denselben Gebieten in systematischer Anordnung Urkunden im Wortlaut und kurz dokumentierte Berichte bringen.

Kraus, H., **Internationale Schiedssprechung.** Eine Sammlung der für das Deutsche Reich verbindlichen Verträge und Vertragsbestimmungen, die sich auf internationale Gerichtsbarkeit, Schiedsgerichtsbarkeit, sowie Vergleichsverfahren beziehen, nebst den dazugehörigen deutschen Regierungsdenkschriften. Taschenformat. XXXVI, 348 Seiten. 1929. (Guttentagsche Sammlung Deutscher Reichsgesetze Bd. 174. . . . . Geb. RM. 10.—
„Die vorliegende Dokumentensammlung füllt eine Lücke aus, da es bisher schwer war, alle schiedsrichterlichen Verpflichtungen des Deutschen Reiches auf einmal einzusehen.“ *Friedenswarte.*

Strupp, Karl, **Das Werk von Locarno.** Eine völkerrechtlich-politische Studie. Oktav. 180 Seiten. 1926 . . . . RM. 10.—
„Die lückenlose Mitteilung aller für das Verständnis und die Auslegung wichtiger Urkunden macht das aktuelle Buch zu einem außerordentlich wertvollen Mittel der Erkenntnis des Inhalts und der Tragweite dieser grundlegenden Staatsverträge.“ *D. A. Z.*

Deutschland unter dem Dawes-Plan. Entstehung, Rechtsgrundlagen, wirtschaftliche Wirkungen der Reparationslasten. Von Professor Max **Sering**, Universität Berlin. Oktav. VIII, 237 Seiten. 1928. RM. 10.—
„Nicht nur dem Juristen und Volkswirtschaftler, sondern auch dem Laien verständlich, gibt das Werk einem jeden wertvollen Einblick in Deutschlands wirtschaftspolitische Abhängigkeit, die sich bis in die kleinsten Betriebe hineinzieht, die jedes einzelne Glied des deutschen Volkes betrifft.“ *Prakt. Rundschau.*

2. Verwaltungsrecht.

Reichsrecht

Blume, E., und **Weirauch**, W., **Die Eisenbahn-Verkehrsordnung** vom 16. Mai 1928 mit Allgemeinen Ausführungsbestimmungen sowie dem Internationalen Übereinkommen über den Eisenbahnfrachtverkehr vom 30. Mai 1925 und dem Internationalen Übereinkommen über den Eisenbahn-Personen- und Gepäckverkehr vom 12. Juni 1925. Textausgabe mit Anmerkungen. Vierte Auflage. Taschenformat. X, 482 Seiten. 1928. (Guttentagsche Sammlung Deutscher Reichsgesetze Bd. 91.)
Geb. RM. 9.—
„Ein treffliches Hilfsbuch für alle, die sich mit dem Eisenbahnverkehrsrecht theoretisch und praktisch zu beschäftigen haben. Der Kommentar wird besonders auch den Gerichten und den Anwälten gute Dienste leisten, da die Ausführungsbestimmungen zur Eisenbahnverkehrsordnung, die vollständig abgedruckt werden, sonst nur in den Tarifen veröffentlicht werden, die in den Kreisen der Juristen weniger bekannt sind. Allen, die es angeht, kann daher die Anschaffung der neuen Auflage dringend empfohlen werden.“
Juristische Wochenschrift.

Fischer, D., und **Staedler**, E., **Die deutsche Post- und Telegraphengesetzgebung.** Teil I: Postrecht (mit Ausschluß des internationalen Rechts). Siebente Auflage. 47*, 586 Seiten. 1929. (Guttentagsche Sammlung Deutscher Reichsgesetze Bd. 7.) . . . . Geb. RM. 15.—

Mit der vorliegenden Neuauflage dieser lange Zeit vergriffen gewesenen Ausgabe wird dem Wunsche zahlreicher Interessenkreise entsprochen: Die neue Bearbeitung ist gegenüber der letzten Auflage wesentlich vermehrt und in allen Teilen neugestaltet. Sie enthält die Quellen des Postrechts, wobei die Postordnung in ihrer letzten Fassung (vom Januar 1929) erscheint.

Dem Ganzen wurde erstmalig eine Systematik des geltenden Postrechts vorangestellt; die Gesetzestexte wurden sorgfältig erläutert, Rechtsprechung und die einschlägige Literatur bis auf die letzte Zeit berücksichtigt.

Sebba, Julius, **Seewasserstraßenordnung.** (Polizeiverordnung zur Regelung des Verkehrs auf den deutschen Seewasserstraßen vom 31. März 1927.) Taschenformat. 493 Seiten. 1928. (Guttentagsche Sammlung Deutscher Reichsgesetze Bd. 171.) . . . . Geb. RM. 8.50

„Es bedarf hierbei wohl nicht der besonderen Hervorhebung, daß die Kommentierungsmethode des rühmlichst bekannten Neu-Herausgebers von Schaps-Seerecht auch in dem vorliegenden Werke eine knappe und doch gründliche geworden ist."

Verkehrsrechtliche Praxis.

Busse, Rudolf, **Luftrecht einschließlich Luftverkehrsgesetz und Pariser Luftverkehrsabkommen.** Taschenformat. XVIII, 448 Seiten. 1928. (Guttentagsche Sammlung Deutscher Reichsgesetze Bd. 170.) Geb. RM. 10.—

Das vorliegende Buch sucht in einem nationalen und internationalen Teil einen klaren Überblick über das gesamte Luftrecht zu geben; der neueste Stand der Rechtsprechung ist hierbei berücksichtigt. Den erläuterten Gesetzesabkommenstexten ist eine systematische Einführung in das gesamte Luftrecht mit seinen vielseitigen Rechtsdisziplinen vorausgeschickt.

Zeitschrift für das gesamte Luftrecht (ZLR.). Herausgegeben von Dr. jur. Otto **Schreiber**, o. Professor an der Universität Königsberg i. Pr., Geh. Regierungsrat, Leiter des Instituts für Luftrecht. Erscheint in Bänden zu je vier Heften.

Band I 1926/28 . . . . RM. 50.—, geb. RM. 55.—
Band II, Heft 1 . . . . RM. 10.—

„Organisation und Inhalt der Zeitschrift machen einen vorzüglichen Eindruck. Im Interesse ihres hohen sachlichen Zieles sind ihr weite Verbreitung und bester Erfolg zu wünschen."

Weltwirtschaftliches Archiv.

Volkmann, Kurt, **Die Straßenverkehrsordnungen** nebst den einschlägigen Nebenbestimmungen. Taschenformat. 312 Seiten. 1929. (Guttentagsche Sammlung Deutscher Reichsgesetze Bd. 175.) . . . Geb. RM. 7.—

„Das übersichtliche Werkchen, das uns eine schnelle Information über auftauchende Rechtsfragen auf diesem besonderen Verkehrgebiete verschafft, kann Polizeibeamten, Gerichten, Anwälten, Fuhrwerksbesitzern, Kraftfahrern und Radfahrern zur Anschaffung empfohlen werden."

Verkehrsrechtl. Rundschau.

Kirchner, Rudolf, **Gesetz über den Verkehr mit Kraftfahrzeugen** vom 3. Mai 1909. Vierte, völlig neubearbeitete Auflage. (Guttentagsche Sammlung Deutscher Reichsgesetze Bd. 92.) . . In Vorbereitung.

„Der Verfasser hat sich mit der nicht unschwierigen Materie auf das beste vertraut gemacht und seine Kenntnisse mit großer Gewandtheit in logischen, klaren und ausführlichen Erläuterungen zum Gesetze verwertet." *Zeitschrift für Polizei- und Verwaltungsbeamte.*

Aumer, Georg, **Der Kraftfahrzeugverkehr.** Richtlinien für Polizeibeamte und Kraftfahrer. Mit 79 Abbildungen und Figuren. Zweite Auflage. Taschenformat. 208 Seiten. 1928 . . . . Geb. RM. 4.50

„Ein kleines, aber nicht nur für jeden Polizeibeamten, sondern für jeden bei einem Kraftfahrzeugunfall — sei es nur als Zeuge — Beteiligten interessantes Kapitel über Hinweise auf Feststellungen bei Unglücksfällen und eine Übersicht über den Kraftfahrzeugbestand schließen die interessante Schrift, die — wenn sie sich auch ihrem Zweck entsprechend von juristischen Erörterungen fernhält — doch auch dem Juristen eine Fülle rechtstatsächlichen Materials, das gerade auf diesem Gebiete besonders wichtig ist, bietet."

Juristische Wochenschrift.

Holzapfel, W., **Die Siedlungsgesetzgebung** im Reich und in Preußen. 347 Seiten. 1920. (Guttentagsche Sammlung Deutscher Reichsgesetze Bd. 140.) . . . . Geb. RM. 3.—

„Die zur Ausführung jener Gesetze bestimmten Behörden und auch die literarische Forschung wird dem Verfasser für seine mühevolle Arbeit Anerkennung zollen." *Archiv für öffentliches Recht.*

Behrend, Ernst, und **Stranz-Hurwitz,** Helene, **Sammlung von Wohlfahrtsgesetzen** des Deutschen Reichs und Preußens nebst den allgemeinen Wohlfahrtsgesetzen von Sachsen, Thüringen, Hamburg, Mecklenburg-Schwerin und -Strelitz, Oldenburg, Lippe und Lübeck.

Teil I: Taschenformat. 560 Seiten. 1923 . . . . . . Geb. RM. 5.—

Teil II: Nebst Ausführungsgesetzen sämtlicher Länder zum Reichsjugendwohlfahrtsgesetz. Taschenformat. XVI, 551 Seiten. 1925. (Guttentagsche Sammlung Deutscher Reichsgesetze Bd. 152 und 152a.)

Geb. RM. 9.—

Teil I und II zus. RM. 12.—

„Die kurzen, alles Wesentliche zusammenfassenden Einleitungen zu den einzelnen Gesetzen sind mit außerordentlicher Sachkunde und Klarheit geschrieben; sie genügen zusammen mit den Literaturangaben völlig für den Praktiker, um die Gesetzestexte richtig handhaben zu können. Das Werk ist für alle in der Wohlfahrtspflege Arbeitenden unentbehrlich und sehr praktisch."

Nachrichtendienst des Deutschen Vereins für öffentliche Fürsorge.

Wegner, Arthur, **Jugendrecht.** Ein Lehrbuch zur Einführung. Oktav. IX, 219 Seiten. 1929 . . . . RM. 6.—, geb. RM. 7.50

„Ein gleichartiges und gleichwertiges Werk über das Jugendrecht gibt es noch nicht." *Breslauer Zeitung.*

Drewes, Paul, und **Sandré,** Emil, **Das Reichsgesetz für Jugendwohlfahrt** vom 9. Juli 1922 und **Jugendgerichtsgesetz** vom 16. Februar 1923 nebst Nebengesetzen. Zweite Auflage. Taschenformat. XVI, 496 Seiten. 1928. (Guttentagsche Sammlung Deutscher Reichsgesetze Bd. 154.)

Geb. RM. 11.—

„Eine sehr handliche Gesetzesausgabe. Sie bietet in ausführlichen geschichtlichen und rechtlichen Vorbemerkungen und Einleitungen wertvolles Material zur Einführung in den Willen und Geist beider Gesetze und gibt in knappen, aber ausreichenden Erläuterungsbemerkungen zu den einzelnen Bestimmungen dem Praktiker die erforderlichen Unterlagen zur richtigen Anwendung. Das Werk dürfte sich in der Praxis beliebt machen." *Blätter für öffentliche Fürsorge*

Sandré, Emil **Verordnung über die Fürsorgepflicht.** Vom 14. Februar 1924. Mit Einschluß der für die Durchführung dieser Verordnung in Frage kommenden reichs- und landesgesetzlichen Bestimmungen. Taschenformat. 342 Seiten. 1925. (Guttentagsche Sammlung Deutscher Reichsgesetze Bd. 160.) . . . . Geb. RM. 6.—

„Die Zusammenstellung der bis in die jüngste Zeit ergangenen gesetzlichen Bestimmungen, die in Beziehung zur Fürsorgepflichtverordnung stehen, gibt der Sandréschen Arbeit ihre besondere Bedeutung. Die Anmerkungen sind zahlreich und zeichnen sich durch einen feinen, klaren Stil aus. Das Buch ist übersichtlich geordnet und leicht zu handhaben." *Schleswig-Holsteinsche Wohlfahrtsblätter.*

Szczesny, Viktor, **Das Lichtspielgesetz** vom 12. Mai 1920 mit der Ausführungsverordnung Einleitung, Gebührenordnung und Sachregister. Taschenformat. 106 Seiten. 1920. (Guttentagsche Sammlung Deutscher Reichsgesetze Bd. 147.) . . . . Geb. RM. 1.50

„Das neue Lichtspielgesetz hat hier eine ausführliche Kommentierung gefunden. Das Buch kann bei der gründlichen Behandlung des Stoffes als ein geeignetes Hilfsmittel für die Praxis bezeichnet werden." *Preußische Gemeinde-Zeitung.*

Wündisch, Ernst, **Das Gesetz über Schußwaffen und Munition** vom 12. April 1928 (RGBl. I S. 143) nebst der Ausführungsverordnung der Reichsregierung vom 13. Juli 1928 (RGBl. I S. 198) und dem Preußischen Erlaß zur Durchführung des Gesetzes vom 7. September 1928 (MBliV. S. 925). Taschenformat. 139 Seiten. 1928. (Guttentagsche Sammlung Deutscher Reichsgesetze Bd. 173.) . . . . . Geb. RM. 5.—

Durch das neue Gesetz über Schußwaffen und Munition vom 12. April 1928 sind auf diesem für die Öffentlichkeit so wichtigen Gebiet neue Rechtsverhältnisse geschaffen worden, für die die Praxis exakte Erläuterungen wünscht. Eine solche Erläuterung stellt das vorliegende Buch dar, das, von einem auf diesem Gebiet besonders erfahrenen Sachkenner bearbeitet, eine absolut zuverlässige Darstellung der neuen Bestimmungen enthält. Außer dem Gesetzestext sind die für die Praxis wichtigen Ausführungsbestimmungen des Reiches und Preußens abgedruckt. Auf Übersichtlichkeit, Leichtverständlichkeit und Vollständigkeit der Erläuterungen, die die Hauptvorzüge der Guttentagschen Sammlung sind, wurde auch bei diesem Gesetze Wert gelegt.

Fraustädter, W., und **Kreutzberger,** M., **Das deutsche Ausländerrecht.** Die Bestimmungen des Reichsrechts und preußischen Landesrechts. Textausgabe mit Erläuterungen und Sachregister. Taschenformat. 396 Seiten. 1927. (Guttentagsche Sammlung Deutscher Reichsgesetze Bd. 166.) Geb. RM. 9.—

„Eine höchst begrüßenswerte Veranstaltung, aus dem Bedürfnis der Praxis hervorgegangen und mit vollendetem Sachverständnis unternommen. Sowohl die Vollständigkeit der mannigfach verstreuten gesetzlichen Bestimmungen als deren Anordnung, Registrierung und Erläuterung durch Ausführungsbestimmungen, Gerichtsentscheidungen, Verwaltungspraxis ist vortrefflich." *Niemeyers Zeitschrift für internationales Recht.*

Voß, Werner, **Die reichs- und landesrechtlichen Bestimmungen auf dem Gebiete des Gesundheitswesens.** Zusammengestellt und mit Anmerkungen versehen. Taschenformat. 608 Seiten. 1929. (Guttentagsche Sammlung Deutscher Reichsgesetze Bd. 172.) . . . . . . Geb. RM. 11.—

„Der Band enthält eine Sammlung der Gesetze, Verordnungen und Bestimmungen auf dem Gebiete des Gesundheitswesens, wie sie in dieser Vollständigkeit sonst nicht besteht. Dadurch erst ist ein zuverlässiger und rascher Überblick über die einschlägigen weit verstreuten Bestimmungen gewährleistet." *Württ. Zeitschr. f. Rechtspflege.*

Hippel, W. von, **Reichsviehseuchengesetz** vom 26. Juni 1909 nebt Ausführungsvorschriften und dem preußischen Ausführungsgesetz. Zweite Auflage. Taschenformat. 486 Seiten. 1913. (Guttentagsche Sammlung Deutscher Reichsgesetze Bd. 103.) . . . . Geb. RM. 4.—

Boxberger, L. von, **Vogelschutzgesetz** vom 30. Mai 1908 nebst den das Flugwild betreffenden Bestimmungen der Preußischen Jagdodnung. Taschenformat. 57 Seiten. 1909. (Guttentagsche Sammlung Dutscher Reichsgesetze Bd. 89.) . . . . Geb. RM. 1.—

Landesrecht

Bitter, von, **Handwörterbuch der Preußischen Verwaltung.** Dritte, vollständig umgearbeitete Auflage. Unter Mitwirkung zahlreicher hoher Reichs- und preußischer Staatsbeamten herausgegeben von D. Bill Drews, Staatsminister a. D., Präsident des Pr. Oberverwaltungsgerichts, und Dr. Franz Hoffmann, Wirklicher Geheimer Oberregierungsrat, Berlin. Lexikon-Oktav. 1928. RM. 120.—, geb. RM 132.—
Erster Band, 1. Halbband: Abbaugerechtigkeiten—Fleisch- und Viehagenten. 552 Seiten.
2. Halbband: Fleischvergiftung—Kyffhäuserbund. Seite 553 bis 1134 und IX Seiten.
Zweiter Band: Lackfabriken—Zwischenkredit. VII, 1220 Seiten.
(Im Verlage der Firmen: Walter de Gruyter & Co., Berlin; Carl Heymanns Verlag, Berlin; Roßberg'sche Verlagsbuchhandlung, Leipzig.)
Das zentrale Werk der Praxis des Verwaltungsrechts.

Reichelt, H., **Verwaltungsgesetzbuch für Preußen.** Systematische Zusammenstellung der wichtigsten Verwaltungsgesetze und Verordnungen für Praxis und Unterrichtszwecke. Lexikon-Oktav. VII, 1302 Seiten. 1914 . . . . Geb. RM. 7.60

„Das Buch ist sehr wertvoll, dem Praktiker unentbehrlich und leistet demjenigen, der sich auf eine Prüfung vorbereitet, vorzügliche Dienste. Allen Verwaltungsbehörden wird das Buch warm empfohlen."
Preußische Verwaltungs- und Finanz-Zeitung.

Friedrichts, K., **Die Gesetzgebung über die allgemeine Landesverwaltung** und Zuständigkeit der Verwaltungs- und Verwaltungsgerichtsbehörden. Dritte, durchgesehene Auflage. Taschenformat. XXIII, 295 Seiten. 1927. (Guttentagsche Sammlung Preußischer Gesetze Bd. 42.) Geb. RM. 5.—

„Der Wert dieser Arbeit liegt darin, daß er eine erschöpfende und klare Übersicht über das tatsächlich geltende Verwaltungsrecht bringt. Das Werk ist ein vorzügliches und nie versagendes Hilfsmittel."
Gesetz und Recht.

Pfafferoth, Carl, **Preußische Beamtengesetzgebung.** Fünfte Auflage. XIV, 280 Seiten. 1916. (Guttentagsche Sammlung Preußischer Gesetze Bd. 2.) . . . . Geb. RM. 2.40

Dultzig, Eugen von, **Das preußische Disziplinargesetz für die nichtrichterlichen Beamten.** Taschenformat. XIV, 364 Seiten. 1914. (Guttentagsche Sammlung Preußischer Gesetze Bd. 51.) . . . . Geb. RM. 4.20

„Der Verfasser kennt das Disziplinarrecht aus eigener Tätigkeit und aus langer Erfahrung. Diese hat er zu einem praktischen Nachschlagebuch für alle praktischen Fragen des Disziplinarrechts ausgestaltet. Bei tunlichster Kürze sind doch recht erschöpfende, klare und anschauliche Erläuterungen entstanden, die das Verständnis und die Anwendung des Disziplinarrechts in zweckmäßiger Weise erleichtern. Das Büchlein verdient volle Beachtung."
Zeitschrift für Polizei- und Verwaltungsbeamte.

Hagemann, Rudolf, **Hinterlegungsordnung** vom 21. April 1913. Taschenformat. 175 Seiten. 1914. (Guttentagsche Sammlung Preußischer Gesetze Bd. 53.) . . . . Geb. RM. 2.20

„Das in der vorteilhaft bekannten Guttentagschen Sammlung erschienene Buch darf als ein Hilfsmittel zu dem nicht immer ganz einfachen Verständnis der neuen Hinterlegungsvorschriften bestens empfohlen werden; es ist klar, übersichtlich und ausführlich."
Zentralblatt für freiwillige Gerichtsbarkeit.

Aschrott, P. F., **Gesetz über die Fürsorgeerziehung Minderjähriger.** Vom 2. Juli 1900. Nebst Ausführungsanweisungen. Dritte Auflage. Taschenformat. 374 Seiten. 1917. (Guttentagsche Sammlung Preußischer Gesetze Bd. 28.) . . . . Geb. RM. 2.80

„Das Buch gewährt nicht nur einen klaren Einblick in die gegenwärtige Gestaltung der Fürsorgeerziehung in Preußen, sondern es gibt auch über die Zweifelsfragen, welche bei der Auslegung des technisch ziemlich unvollkommenen Fürsorgeerziehungsgesetzes in besonders reicher Fülle auftauchen, durchweg eine erschöpfende und zutreffende Auskunft." *Das Recht.*

Marcks, A., **Gesetz, betr. die Unterhaltung der öffentlichen Volksschulen.** Taschenformat. 194 Seiten. 1906. (Guttentagsche Sammlung Preußischer Gesetze Bd. 39.) . . . . Geb. RM. 1.80

„Das handliche Büchlein wird, von sachkundiger Seite herrührend und praktisch angelegt, Verwaltungsbeamten, Schulvorständen, Lehrern beim Gebrauch gute Dienste leisten."
Schulblatt der Provinz Brandenburg.

Ledermann, W., und **Brühl,** L., **Die Städteordnung für die sechs östlichen Provinzen Preußens.** Zweite Auflage. Taschenformat. 593 Seiten. 1913. (Guttentagsche Sammlung Preußischer Gesetze Bd. 32.) Geb. RM. 6.—

„Der Kommentar, eine hervorragende Arbeit, ist von der Kritik und der Praxis so einmütig günstig aufgenommen worden, daß er auch in seiner zweiten durch Gesetzgebung, Literatur und Rechtsprechung der letzten zehn Jahre bereicherten Ausgabe keiner weiteren Empfehlung bedarf." *Kommunale Praxis.*

Wölbling, P., **Bildung der neuen Stadtgemeinde Berlin.** Zweite Auflage. Taschenformat. 114 Seiten. 1920. (Guttentagsche Sammlung Preußischer Gesetze Bd. 59.) . . . . Geb. RM. 1.40

„Die Ebenmäßigkeit mit den Kommentaren anderer Gesetze der Guttentagschen Sammlung erringt der Verfasser durch seine strenge Sachlichkeit. Damit muß seinem Werk die Beachtung bei der Durchführung des Gesetzes und bleibender Wert gesichert erscheinen."
Soziale Praxis.

Holzapfel, W., **Umlegungsordnung.** Taschenformat. 144 Seiten. 1921. (Guttentagsche Sammlung Preußischer Gesetze Bd. 60.) . . RM. 1.80

„Holzapfel, der hervorragende Kenner der Auseinandersetzungsgesetze, erläutert die Vorschriften der Umlegungsordnung in seiner scharfsinnigen Art in durchaus erschöpfender Weise und gibt in diesen Erläuterungen ein außerordentlich anschauliches Bild von der Umlegung der Grundstücke. Das Buch ist auch für Laien leicht und gut verständlich und kann jedem, der für die Umlegung Interesse hat, zur Benutzung angelegentlich empfohlen werden."
Preußisches Verwaltungsblatt.

Holzapfel W., **Gesetz über Landeskulturbehörden.** Taschenformat. 176 Seiten. 1919. (Guttentagsche Sammlung Preußischer Gesetze Bd. 57.) Geb. RM. 2.—

„Der Titel gibt den Inhalt des Werkchens vollständig an, hinzuzufügen ist aber, daß die Erläuterung, die umfangreich und eingehend ist und der praktischen Handhabung des Gesetzes Schritt für Schritt folgt, aus der Feder eines Mannes herrührt, der durch seine sachliche Qualifikation als gründlicher Kenner der Materie für eine zuverlässige Führung die größte Gewähr bietet. Dankenswert ist die Gründlichkeit der im bescheidenen Rahmen geleisteten Arbeit."
Verwaltungs-Archiv.

Meyer, O., **Gesetz, betr. die Anlegung und Veränderung von Straßen und Plätzen in Städten und ländlichen Ortschaften.** Taschenformat. 211 Seiten. 1913. (Guttentagsche Sammlung Preußischer Gesetze Bd. 50.) RM. 3.—

Strauß-Torney, Hugo von und **Saß,** Carl, früher **Friedrichs,** R., **Gesetz, betr. Anlegung und Veränderung von Straßen und Plätzen** in Städten und ländlichen Ortschaften. (Straßen- und Baufluchtengesetz.) Kommentar. Sechste Auflage. Groß-Oktav. 211 Seiten. 1920. RM. 8.—, geb. RM. 9.50

„Das Werk zeigt eine Reichhaltigkeit und Vollständigkeit, die sonst wenigen Kommentaren eigen ist, und übertrifft hierin noch weit die früheren Auflagen. Besonders erwähnenswert ist die geschickte Anordnung der Erläuterungen und das praktische Inhaltsverzeichnis."
Wochenschrift des Architektenvereins zu Berlin.

Heine, H. **Die preußischen Baupolizeigesetze** nebst den sonstigen einschlägigen Reichs- und Landesgesetzen. Taschenformat. 404 Seiten. 1928. (Guttentagsche Sammlung Preußischer Gesetze Bd. 64.) Geb. RM. 8.—

Diesem Band ist die Aufgabe gestellt, die in erster Linie in Betracht kommenden Gesetze und sonstigen Vorschriften und die im Zusammenhang hiermit entstehenden Rechtsfragen in übersichtlicher Weise zusammenzufassen und zu erörtern. Die Rechtsprechung des Oberverwaltungsgerichts und anderer Gerichte ist hierbei berücksichtigt worden.

Goldschmidt, O., **Gesetze gegen die Verunstaltung landschaftlich hervorragender Gegenden mit Ausführungsanweisungen.** Taschenformat. 152 Seiten. 1912. (Guttentagsche Sammlung Preußischer Gesetze Bd. 49.) Geb. RM. 2.40

„Der Kommentar bietet eine sachgemäße, sorgfältige und erschöpfende Erläuterung der einzelnen gesetzlichen Bestimmungen. Er wird als ein durch Vollständigkeit und Zuverlässigkeit ausgezeichnetes Hilfsmittel jedem Freunde des Heimatschutzes ein willkommener Ratgeber sein." *Jahrbuch des Verwaltungsrechts.*

Wulff, G., und **Herold,** F., **Wassergesetz** vom 7. April 1913. Mit Einleitung, Erläuterungen und Sachregister. Zweite, umgearbeitete Auflage von G. Wulff. Taschenformat. XVI, 665 Seiten. 1928. (Guttentagsche Sammlung Preußischer Gesetze Bd. 52.) . . Geb. RM. 12.—

„Gründlichkeit und trefflichere Kürze bilden einen besonderen Vorzug des Werkes." *Ministerialblatt f. d. preuß. innere Verwaltung.*

Lohmann, W., **Gesetz, betr. die Feuerbestattung.** Taschenformat. 79 Seiten. 1912. (Guttentagsche Sammlung Preußischer Gesetze Bd. 47.) Geb. RM. 1.50

„Der Verfasser, der als Mitglied der Kommission des Abgeordnetenhauses an dem Zustandekommen des Gesetzes hervorragend beteiligt war, konnte als zuständiger Bearbeiter des Gesetzes in erster Linie gelten. Der kleine Kommentar ist besonderer Aufmerksamkeit sicher."
Jahrbuch des Verwaltungsrechts.

Holtgreven, A., und **Wolff, Th., Das Wildschadengesetz** vom 11. Juli 1891. Kommentar. Vierte, vermehrte und verbesserte Auflage. Oktav. VIII, 216 Seiten. 1902 . . . . RM. 4.—

„Dieses Werkchen will einerseits die juristisch zweifelhaften Punkte des Wildschadengesetzes wissenschaftlich erörtern und klarstellen und andererseits allen denjenigen, welche bei der Handhabung dieses Gesetzes in irgendeiner Weise, sei es als Private, Beamte, Grundbesitzer oder als Jagdberechtigte, beteiligt sind, ein praktischer Berater sein."
Allgemeine Forst- und Jagdzeitung.

Born, A., Das preußische Fischereigesetz vom 11. Mai 1916 in der geltenden Fassung. Taschenformat. 428 Seiten. 1928. (Guttentagsche Sammlung Preußischer Gesetze Nr. 62.) . . . . Geb. RM. 7.50

Die Ausgabe bietet eine bis jetzt fehlende neue Darstellung des Fischereigesetzes, in der vor allem die neue Rechtsprechung eingehend verwertet ist. Außer dem Fischereigesetz, das eine ausführliche Erläuterung gefunden hat, sind die wichtigen Ausführungsverordnungen und im Anhang die einschlägigen Bestimmungen anderer für die Anwendung des Fischereigesetzes in Frage kommenden Gesetze berücksichtigt.

Born, A., Die preußischen Jagdgesetze in ihrer geltenden Fassung. Mit Erläuterungen versehen. Taschenformat. 433 Seiten. 1928. (Guttentagsche Sammlung Preußischer Gesetze Nr. 63.) . . . Geb. RM. 8.—

„Das Buch kann zur Belehrung und Handgebrauch den Gerichten, Landratsämtern, Gemeinden und Forstbehörden sowie allen jagdlich interessierten Personen warm empfohlen werden."
Leipziger Ztsch. f. dtsch. Recht.

Kunze, F., Das Jagdscheingesetz. Zweite Auflage. Taschenformat. 157 Seiten. 1899. (Guttentagsche Sammlung Preußischer Gesetze Bd. 19.) . . . . Geb. RM. 2.—

„Die eingehenden Anmerkungen und die im Titel hervorgehobenen Beigaben machen den kleinen Kommentar zu einem vortrefflichen, in der Praxis schwer entbehrlichen Hilfsmittel zur Auslegung des Gesetzes." *Zeitschrift für die gesamte Strafrechtswissenschaft.*

Caro, H., Gesetz, betr. Austritt aus der Landeskirche, vom 14. Mai 1873. Taschenformat. 190 Seiten. 1911. (Guttentagsche Sammlung Preußischer Gesetze Bd. 46.) . . . . Geb. RM. 2.40

„Ein sehr praktisches Buch, das in den Anmerkungen zum Wortlaut des Gesetzes eine reiche Fülle von Material bietet für alle möglichen Fragen, die mit Aus- und Übertritt zusammenhängen. Das genau gearbeitete Inhaltsverzeichnis ermöglicht bei gelegentlicher Benutzung ein leichtes Auffinden des Nötigen."
Deutsch-Protestantische Bücherschau.

Kollenscher, M., Rechtsverhältnisse der Juden in Preußen. Taschenformat. VIII, 199 Seiten. 1910. (Guttentagsche Sammlung Preußischer Gesetze Bd. 45.) . . . . RM. 2,40

„Eine zusammenfassende, erschöpfende Darstellung der in den verschiedensten Quellen zerstreuten zahlreichen Judengesetze und Verordnungen. Jede Synagogengemeinde und jeder, der sich mit jüdischen Angelegenheiten beschäftigt, müßte dieses Buch besitzen."
Jüdische Rundschau.

3. Steuerrecht

Nieberl, A., **Reichsabgabenordnung** vom 13. Dezember 1919 nebst Einführungsverordnung vom 18. Dezember 1919 und Übergangsverordnung vom 11. Oktober 1921. Textausgabe mit Anmerkungen und ausführlichem Sachregister. Zweite, neubearbeitete Auflage. Taschenformat. 1927. (Guttentagsche Sammlung Deutscher Reichsgesetze Bd. 143.) . . . . Geb. RM. 12.—

„Die Darstellung ist leicht verständlich und klar. Das Sachregister ist gründlich bearbeitet. Jedenfalls wird das Buch, das einen mit der praktischen Handhabung der RAbgO. vertrauten Verfasser erkennen läßt, nicht nur den Steuerbeamten, sondern auch dem rechtsuchenden Publikum und seinen Beratern ein willkommener guter Führer auf diesem Gebiet sein." Juristische Wochenschrift.

Michaelis, Richard, **Die Dritte Steuernotverordnung** vom 14. Februar 1924. Mit besonders ausführlicher Berücksichtigung der Vorschriften über die Aufwertung und die öffentlichen Anleihen. Taschenformat. VIII, 388 Seiten. 1924. (Guttentagsche Sammlung Deutscher Reichsgesetze Bd. 157.) . . . . Geb. RM. 7.—

„Ganz besonders zu rühmen ist der Kommentar von Michaelis, der dank seiner eingehenden und gründlichen Bearbeitungsweise erheblichen Einfluß auf die Praxis gewonnen hat." Juristische Wochenschrift.

Hollaender, Adolf, **Einkommensteuergesetz und Körperschaftsteuergesetz** nebst den zugehörigen Aus- und Durchführungsbestimmungen, Verordnungen und Erlassen. Taschenformat. XXXIX, 697 Seiten. 1926. Mit Nachtrag. 1928. (Guttentagsche Sammlung Deutscher Reichsgesetze Bd. 151.) . . . . Geb. RM. 24.—

„Das auf die Bedürfnisse der Praxis abgestellte und ihnen gerecht werdende Buch wird jedem gute Dienste leisten, der sich handelnd oder leitend auf dem äußerst unsicheren, ohne Hilfsmittel überhaupt nicht begehbaren Boden der heutigen Einkommensteuer zurechtfinden muß." Juristische Rundschau.

Pick, Reichsbewertungsgesetz. Textausgabe mit Anmerkungen. In Bearbeitung.

Wrzeszinski, Richard, und **Simon**, H. Veit, **Vermögenssteuergesetz und Reichsbewertungsgesetz.** Kommentar . . . . . . In Bearbeitung.

Schachian, Herbert, **Erbschaftsteuergesetz**, Fassung vom 22. August 1925, mit Anmerkungen. Vierte Auflage. Oktav. 65 Seiten. 1926. RM. 2.50

„Eine vollständige Darstellung des Erbschaftssteuerrechts und der zugrunde liegenden bürgerlich-rechtlichen Vorschriften des Erbrechts. Als wissenschaftliche und praktische Leistung steht der klar und scharf geschriebene Kommentar in vorderster Reihe unter seinen Rivalen; er ist als Wegweiser besonders zu empfehlen." Juristische Wochenschrift.

Hoffmann, U., **Die preußischen Erbschaftsteuergesetze.** Taschenformat. 561 Seiten. 1905. (Guttentagsche Sammlung Preußischer Gesetze Bd. 20.) . . . . RM. 3.—

Lindemann, Otto, **Umsatzsteuergesetz** (neueste Fassung) mit Ausführungsbestimmungen. Vierte, vermehrte und verbesserte Auflage. Taschenformat. 518 Seiten. 1926. (Guttentagsche Sammlung Deutscher Reichsgesetze Bd. 132.) . . . . Geb. RM. 10.—

„Es handelt sich um einen ausführlichen, gediegenen und klar abgefaßten Kommentar, der den weiteren Vorzug besitzt, auf dem laufenden zu sein. Das Werk kann allen Interessenten nur warm empfohlen werden." Industrie- und Handelszeitung.

Meyer, E. H., **Gesetzgebung über Steuer- und Kapitalflucht.** Zweite Auflage. Taschenformat. 129 Seiten. 1921. (Guttentagsche Sammlung Deutscher Reichsgesetze Bd. 145.) . . . . Geb. RM. 1.60

„Das Büchlein enthält den Text der einschlagenden vier Gesetze samt den vier Verordnungen gegen die Kapitalabwanderung bzw. Kapitalflucht, eine kurze Übersicht über den Inhalt der Gesetze und sehr knapp gehaltene Anmerkungen. Sein Wert liegt in der handlichen Zusammenfassung der einschlagenden Vorschriften."
Juristische Wochenschrift.

Lindemann, Otto, **Grunderwerbsteuergesetz** (neueste Fassung) mit den Ausführungsbestimmungen. Zweite, völlig umgearbeitete Auflage. Taschenformat. 186 Seiten. 1926. Mit Nachtrag 1927. (Guttentagsche Sammlung Deutscher Reichsgesetze Bd. 139.) . . . . Geb. RM. 4.—

„Das Buch wird manchem in den mannigfachen Streitfragen des in der Praxis sehr einschneidenden Gesetzes ein willkommener Ratgeber sein. Die Erläuterungen zeichnen sich durch Klarheit und Gemeinverständlichkeit im besten Sinne aus." Württembergische Industrie.

Hagelberg, E., und **Krämer**, L., **Grunderwerbsteuergesetz** vom 12. September 1919 (RGBl. S. 1617) in der Fassung des Gesetzes vom 11. März 1927 (RGBl. I S. 72) nebst Einleitung, Sachregister und Ausführungsbestimmungen und der einschlägigen Vorschriften des Finanzausgleichs-Steuermilderungsgesetzes und Steuerstrafrechts. Für die Praxis erläutert. Zweite, völlig umgearbeitete und erweiterte Auflage. 1928. Groß-Oktav. 355 Seiten . . . . Geb. RM. 15.—

„Die verhältnismäßige Kürze ihrer Erläuterungen bei großer Vollständigkeit ist zu rühmen. Das Buch ist nicht nur für den Juristen, sondern auch für den gebildeten Laien, namentlich Grundstücksmakler und Hausbesitzer, von großem, praktischen Wert."
Zeitschrift d. Deutsch. Notarvereins.

Hoepker, Heinrich, **Die Industriebelastungsgesetze** vom 30. August 1924 nebst den Durchführungsbestimmungen zum Gesetz über die Industriebelastung. Taschenformat. XV, 200 Seiten. 1925. Mit Nachträgen. (Guttentagsche Sammlung Deutscher Reichsgesetze Bd. 159.)
Geb. RM. 4.—

„Die Anmerkungen sind erschöpfend und führen den Leser mit Geschick in die schwierige und neue Materie ein. Rechtsanwälte sowie Kaufleute, für welche die Industriebelastung in Frage kommt, werden das mit einem guten Sachregister ausgestattete Werk mit gleichem Nutzen gebrauchen!" Industrie- und Handels-Zeitung.

Eiffler, Kurt, **Staatliche Verwaltungsgebühren.** Gesetz über staatliche Verwaltungsgebühren vom 29. September 1923 nebst Gebührenordnungen und Ausführungsbestimmungen. Taschenformat. 192 Seiten. Mit Nachtrag. 1925. (Guttentagsche Sammlung Preußischer Gesetze Bd. 61.)
Geb. RM. 6.—

„Das Buch ist für alle preußischen staatlichen und kommunalen Behörden unentbehrlich." Deutsches Beamtenarchiv.

Loeck, P., und **Eiffler**, K., **Preußisches Stempelsteuergesetz** mit den gesamten Ausführungsbestimmungen. Unter besonderer Berücksichtigung der Entscheidungen der Verwaltungsbehörden und der Gerichte herausgegeben. Zehnte, neubearbeitete Auflage. Taschenformat. 476 Seiten. 1928. (Guttentagsche Sammlung Preußischer Gesetze Bd. 18.)
Geb. RM. 13.—

„Die zahlreichen Auflagen zeugen für die Güte und praktische Brauchbarkeit des Buches, das durch den von Eiffler hinzugefügten Anhang auf den gegenwärtigen Rechtsstand gebracht ist."
Finanz-Ministerialblatt.

Lebbin, Georg, **Nahrungsmittelgesetze** mit Erläuterungen. Zweite, stark vermehrte Auflage in zwei Bänden.
Zweiter Band: **Getränkegesetze und Getränkesteuergesetze** (Wein, Bier, Branntwein, Mineralwasser). Unter Mitarbeit von Rechtsanwalt Dr. Kniebe. Taschenformat. XII, 400 Seiten. 1926. (Guttentagsche Sammlung Deutscher Reichsgesetze Bd. 54b.) . . . . . . Geb. RM. 10.—

„Die wichtigsten Gesetze sind eingehend kommentiert und durch die einschlägigen Verordnungen, Ausführungsbestimmungen, Erlasse, Entscheidungen oberster Gerichte und nicht zuletzt die internationalen Abkommen so vollständig ergänzt, daß die Sammlung als unentbehrliches Hilfsmittel, wie es in dieser Art bislang noch fehlte, für den Sachbearbeiter bei Behörden und Verbänden sowohl als auch für den Kaufmann der Branche zu begrüßen ist."
Württembergische Wirtschafts-Zeitschrift.

Wündisch, Friedrich, **Das Tabaksteuergesetz** vom 12. September 1919 nebst den Ausführungsbestimmungen vom 26. Februar 1920. Taschenformat. 286 Seiten. 1920. Mit Nachtrag 1925. (Guttentagsche Sammlung Deutscher Reichsgesetze Bd. 146.) . . . . Geb. RM. 4.—

„Endlich ein Kommentar zum Tabaksteuergesetz! Die Ausgabe kommt den Wünschen der Praxis nach einer erschöpfenden Darstellung des neuen Gesetzes in umfassender Weise entgegen. Außer den Behörden und Beamten, in deren Hand die Durchführung des Gesetzes gelegt ist, bildet das Buch auch für die Steuerzahler eine ausgezeichnete Informationsquelle für alle Fragen, die in der Praxis vorkommen. Die zahlreichen ausführenden Verordnungen sind abgedruckt."
Deutsche Tabak-Zeitung.

VII. Entscheidungs-Sammlungen und Zeitschriften.

Entscheidungen des Reichsarbeitsgerichts. Herausgegeben von den Mitgliedern des Reichsarbeitsgerichts. Oktav.

Band I. 1928 . . . . RM. 6.50, geb. RM. 8.—
Band II. 1928/29 . . . . RM. 6.50, geb. RM. 8.—
Band III. 1929 . . . . RM. 6.50, geb. RM. 8.—

Entscheidungen des Reichsgerichts. Herausgegeben von den Mitgliedern des Gerichtshofes und der Reichsanwaltschaft. Oktav. (Zwei Sammlungen.)

1. **Entscheidungen in Zivilsachen.** (Werden in Heften im Umfange von etwa 5 bis 6 Bogen sowie in vollständigen Bänden, geheftet und gebunden, ausgegeben. Jährlich 4 Bände.) 1.—121. Band.
Je RM. 6.50, geb. RM. 8.—

2. **Entscheidungen in Strafsachen.** (Werden in Heften im Umfange von 5 bis 6 Bogen sowie in vollständigen Bänden, geheftet und gebunden, ausgegeben. Jährlich 1 Band.) 1.—62. Band. Je RM. 6.50, geb. RM. 8.—

Zeitschrift für die gesamte Strafrechtswissenschaft. Gegründet von Fr. von **Liszt** und **A. Dochow.** Unter ständiger Mitarbeiterschaft hervorragender Fachmänner herausgegeben von Dr. K. **von Lilienthal,** Professor in Heidelberg, Dr. Ed. **Kohlrausch,** Professor in Berlin, und Dr. W. **Gleispach,** Professor in Wien. Der Jahrgang besteht aus 8—9 Heften. Quart.

Bd. 1—43. 1881—1922. Je RM. 15.—. Bd. 44. 1922. RM. 25.—. Bd. 45. 1924. RM. 21.—. Bd. 46—49. 1925—1929. Je RM. 30.—.

Kolibri 360 GmbH
Ferdinand-Jühlke-Straße 7
99095 Erfurt, Deutschland
produktsicherheit@kolibri360.de